21世纪特殊教育创新教材

主编单位
华东师范大学学前与特殊教育学院
南京特殊教育师范学院
华中师范大学教育科学学院
陕西师范大学教育学院
总主编：方俊明
副主编：杜晓新　雷江华　周念丽

学术委员会
主　任：方俊明
副主任：杨广学　孟万金
委　员：方俊明　杨广学　孟万金　邓　猛　杜晓新　赵　微
　　　　刘春玲

编辑委员会
主　任：方俊明
副主任：丁　勇　汪海萍　邓　猛　赵　微
委　员：方俊明　张　婷　赵汤琪　雷江华　邓　猛　朱宗顺
　　　　杜晓新　蒋建荣　胡世红　贺荟中　刘春玲　赵　微
　　　　周念丽　李闻戈　苏雪云　张　旭　李　芳　李　丹
　　　　孙　霞　杨广学　王　辉　王和平

21世纪特殊教育创新教材·理论与基础系列

主编：杜晓新　　　　　审稿人：杨广学　孟万金

- 特殊教育的哲学基础（华东师范大学：方俊明）
- 特殊教育的医学基础（南京特殊教育师范学院：张婷、赵汤琪）
- 融合教育导论（华中师范大学：雷江华）
- 特殊教育学（雷江华、方俊明）
- 特殊儿童心理学（方俊明、雷江华）
- 特殊教育史（浙江师范大学：朱宗顺）
- 特殊教育研究方法（华东师范大学：杜晓新、宋永宁）
- 特殊教育发展模式（纽约市教育局：任颂羔）

21世纪特殊教育创新教材·发展与教育系列

主编：雷江华　　　　　审稿人：邓　猛　刘春玲

- 视觉障碍儿童的发展与教育（华中师范大学：邓猛）
- 听觉障碍儿童的发展与教育（华东师范大学：贺荟中）
- 智力障碍儿童的发展与教育（华东师范大学：刘春玲）
- 学习困难儿童的发展与教育（陕西师范大学：赵微）
- 自闭症谱系障碍儿童的发展与教育（华东师范大学：周念丽）
- 情绪与行为障碍儿童的发展与教育（华南师范大学：李闻戈）
- 超常儿童的发展与教育（华东师范大学：苏雪云；北京联合大学：张旭）

21世纪特殊教育创新教材·康复与训练系列

主编：周念丽　　　　　审稿人：方俊明　赵　微

- 特殊儿童应用行为分析（天津体育学院：李芳；武汉麟洁健康咨询中心：李丹）
- 特殊儿童的游戏治疗（华东师范大学：周念丽）
- 特殊儿童的美术治疗（南京特殊教育师范学院：孙霞）
- 特殊儿童的音乐治疗（南京特殊教育师范学院：胡世红）
- 特殊儿童的心理治疗（华东师范大学：杨广学）
- 特殊教育的辅具与康复（南京特殊教育师范学院：蒋建荣、王辉）
- 特殊儿童的感觉统合训练（华东师范大学：王和平）

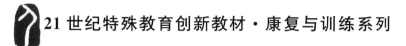

21世纪特殊教育创新教材·康复与训练系列

特殊儿童的音乐治疗

胡世红　编著

图书在版编目(CIP)数据

特殊儿童的音乐治疗/胡世红编著.—北京：北京大学出版社，2011.12
（21世纪特殊教育创新教材·康复与训练系列）
ISBN 978-7-301-19816-2

Ⅰ.①特… Ⅱ.①胡… Ⅲ.①儿童教育：特殊教育–音乐疗法–高等学校–教材 Ⅳ.①G76

中国版本图书馆CIP数据核字(2011)第252237号

书　　　名	特殊儿童的音乐治疗 TESHU ERTONG DE YINYUE ZHILIAO
著作责任者	胡世红　编著
丛 书 策 划	周雁翎
丛 书 编 辑	李淑方
责 任 编 辑	于　娜
标 准 书 号	ISBN 978-7-301-19816-2
出 版 发 行	北京大学出版社
地　　　址	北京市海淀区成府路205号　100871
网　　　址	http://www.pup.cn　　新浪微博：@北京大学出版社
微信公众号	通识书苑（微信号：sartspku）　科学元典（微信号：kexueyuandian）
电 子 邮 箱	编辑部 jyzx@pup.cn　　总编室 zpup@pup.cn
电　　　话	邮购部 010-62752015　发行部 010-62750672　编辑部 010-62767857
印 刷 者	北京鑫海金澳胶印有限公司
经 销 者	新华书店
	787毫米×1092毫米　16开本　14.25印张　350千字 2011年12月第1版　2025年1月第7次印刷
定　　　价	49.00元

未经许可，不得以任何方式复制或抄袭本书之部分或全部内容。
版权所有，侵权必究
举报电话：010-62752024　电子邮箱：fd@pup.cn
图书如有印装质量问题，请与出版部联系，电话：010-62756370

顾明远序

去年国家颁布的《国家中长期教育改革和发展规划纲要》专门辟一章特殊教育，提出："全社会要关心支持特殊教育。"这里指的特殊教育主要是指："促进残疾人全面发展、帮助残疾人更好地融入社会。"当然，广义的特殊教育还包括超常儿童与问题儿童的教育。但毕竟残疾人是社会的弱势群体中的弱势人群，他们更需要全社会的关爱。

发展特殊教育（这里专指残疾人教育），首先要对特殊教育有一个认识。所谓特殊教育的特殊，是指这部分受教育者在生理上或者心理上有某种缺陷，阻碍着他的发展。特殊教育就是要帮助他排除阻碍他发展的障碍，使他得到与普通人一样的发展。残疾人并非所有智能都丧失，只是丧失一部分器官的功能。通过教育我们可以帮助他弥补缺陷，或者使他的损伤的器官功能得到部分的恢复，或者培养其他器官的功能来弥补某种器官功能的不足。因此，特殊教育的目的与普通教育的目的是一样的，就是要促进儿童身心健康的发展，只是他们需要更多的爱护和帮助。

至于超常儿童教育则又是另一种特殊教育。超常儿童更应该在普通教育中发现和培养，不能简单地过早地确定哪个儿童是超常的。不能完全相信智力测验。这方面我没有什么经验，只是想说，现在许多家长都认为自己的孩子是天才，从小就超常地培养，结果弄巧成拙，拔苗助长，反而害了孩子。

在特殊教育中倒是要重视自闭症儿童。我国特殊教育更多的是关注伤残儿童，不大关心自闭症儿童。其实他们非常需要采取特殊的方法来矫正自闭症，否则他们长大以后很难融入社会。自闭症不是完全可以治愈的。但早期的鉴别和干预对他们日后的发展很有帮助。国外很关注这些儿童，也有许多经验，值得我们借鉴。

我在改革开放以后就特别感到特殊教育的重要。早在1979年我担任北京师范大学教育系主任时就筹办了我国第一个特殊教育专业,举办了第一次特殊教育国际会议。但是我个人的专业不是特殊教育,因此只能说是一位门外的倡导者,却不是专家,说不出什么道理来。

方俊明教授是改革开放后早期的心理学家,后来专门从事特殊教育二十多年,对特殊教育有深入的研究。在我国大力提倡发展特殊教育之今天,组织五十多位专家编纂这部"21世纪特殊教育创新教材"丛书,真是恰逢其时,是灌浇特殊教育的及时雨,值得高兴。方俊明教授要我为丛书写几句话,是为序。

中国教育学会理事长

北京师范大学副校长

2011年4月5日于北京求是书屋

沈晓明序

　　由于专业背景的关系，我长期以来对特殊教育高度关注。在担任上海市教委主任和分管教育卫生的副市长后，我积极倡导"医教结合"，希望通过多学科、多部门精诚合作，全面提升特殊教育的教育教学水平与康复水平。在各方的共同努力下，上海的特殊教育在近年来取得了长足的发展。特殊教育的办学条件不断优化，特殊教育对象的分层不断细化，特殊教育的覆盖面不断扩大，有特殊需要儿童的入学率达到上海历史上的最高水平，特殊教育发展的各项指标均位于全国特殊教育前列。本市中长期教育改革和发展规划纲要，更是把特殊教育列为一项重点任务，提出要让有特殊需要的学生在理解和关爱中成长。

　　上海特殊教育的成绩来自于各界人士的关心支持，更来自于教育界的辛勤付出。"21世纪特殊教育创新教材"便是华东师范大学领衔，联合四所大学，共同献给中国特殊教育界的一份丰厚的精神礼物。该丛书全篇近600万字，凝聚中国特殊教育界老中青50多名专家三年多的心血，体现出作者们潜心研究、通力合作的精神与建设和谐社会的责任感。丛书22本从理论与基础、发展与教育、康复与训练三个系列，全方位、多层次地展现了信息化时代特殊教育发展的理念、基本原理和操作方法。本套丛书选题新颖、结构严谨，拓展了特殊教育的研究范畴，从多学科的角度更新特殊教育的研究范式，让人读后受益良多。

　　发展特殊教育事业是党和政府坚持以人为本、弘扬人道主义精神和保障人权的重要举措，是促进残障人士全面发展和实现"平等、参与、共享"目标的有效途径。《国家中长期教育改革和发展规划纲要》明确提出，要关心和支持特殊教育,要完善特殊教育体系,要健全特殊教育保障机制。我相信,随着我国经济的发展,教育投入的增加,我国特殊教育的专业队伍会越来越壮大,科研水平会不断地提高,特殊教育的明天将更加灿烂。

沈晓明

上海交通大学医学院教授、博士生导师

世界卫生组织新生儿保健合作中心主任

上海市副市长

2011 年 3 月

丛书总序

特殊教育是面向残疾人和其他有特殊教育需要人群的教育,是国民教育体系的重要组成部分。特殊教育的发展,关系到实现教育公平和保障残疾人受教育的权利。改革和发展我国的特殊教育是全面建设小康社会、促进社会稳定与和谐的一项急迫任务,需要全社会的关心与支持并不断提升学科水平。

半个多世纪以来,由于教育民主思想的渗透以及国际社会的关注,特殊教育已成为世界上发展最快的教育领域之一,它在一定程度上也综合反映出一个国家或地区的政治、经济、文化和国民素质的综合水平,成为衡量社会文明进步程度的重要标志。改革开放30多年以来,在党和政府的关心下,我国的特殊教育也得到了前所未有的大发展,进入了我国历史上最好的发展时期。在"医教结合"基础上发展起来的早期教育、随班就读和融合教育正在推广和深化,特殊职业教育和高等教育也有较快的发展,这些都标志着我国特殊教育的发展进入了一个全球化、信息化的时代。

但是,作为一个发展中国家,由于起点低、人口多、各地区发展不均衡,我国特殊教育的整体发展水平与世界上特殊教育比较发达的国家和地区相比,还有一定的差距,存在一些亟待解决的主要问题。例如:如何从狭义的仅以盲、聋、弱智等残疾儿童为主要服务对象的特殊教育逐步转向包括各种行为问题儿童和超常儿童在内的广义的特殊教育;如何通过强有力的特教专项立法来保障特殊儿童接受义务教育的权利,进一步明确各级政府、儿童家长和教育机构的责任,使经费投入、鉴定评估等得到专项法律法规的约束;如何加强对"随班就读"的支持,使融合教育的理念能被普通教育接受并得到充分体现;如何加强对特教师资和相关的专业人员的培养和训练;如何通过跨学科的合作加强相关的基础研究和应用研究,较快地改变目前研究力量薄弱、学科发展和专业人员整体发展水平偏低的状况。

为了迎接当代特殊教育发展的挑战和尽快缩短与发达国家的差距,三年前,我们在北京大学出版社出版意向的鼓舞下,成立了"21世纪特殊教育创新教材"的丛书编辑委员会和学术委员会,集中了国内特殊教育界具有一定教学、科研能力的高级职称或具有本专业博士学位的专业人员50多人共同编写了这套丛书,以期联系我国实际,全面地介绍和深入地探讨当代特殊教育的发展理念、基本原理和操作方法。丛书分为三个系列,共22本,其中有个人完成的专著,还有多人完成的编著,共约600万字。

理论与基础系列。

本系列着重探讨特殊教育的理论与基础。讨论特殊教育的存在和思维的关系,特殊教育的学科性质和任务,特殊教育学与医学、心理学、教育学、教学论等相邻学科的密切关系,力求反映出现代思维方法、相邻学科的发展水平以及融合教育的思想对现代特教发展的影响。本系列特别注重从历史、现实和研究方法的演变等不同角度来探讨当代特殊教育的特点和发展趋势。本系列由以下8种组成：

《特殊教育的哲学基础》《特殊教育的医学基础》《融合教育导论》《特殊教育学》《特殊儿童心理学》《特殊教育史》《特殊教育研究方法》《特殊教育发展模式》。

发展与教育系列。

本系列从广义上的特殊教育对象出发，密切联系日常学前教育、学校教育、家庭教育、职业教育和高等教育的实际，对不同类型特殊儿童的发展与教育问题进行了分册论述。着重阐述不同类型儿童的概念、人口比率、身心特征、鉴定评估、课程设置、教育与教学方法等方面的问题。本系列由以下7种组成：

《视觉障碍儿童的发展与教育》《听觉障碍儿童的发展与教育》《智力障碍儿童的发展与教育》《学习困难儿童的发展与教育》《自闭症谱系障碍儿童的发展与教育》《情绪与行为障碍儿童的发展与教育》《超常儿童的发展与教育》。

康复与训练系列。

本系列旨在体现"医教结合"的原则，结合中外的各类特殊儿童，尤其是有比较严重的身心发展障碍儿童的治疗、康复和训练的实际案例，系统地介绍了当代对特殊教育中早期鉴别、干预、康复、咨询、治疗、训练教育的原理和方法。本系列偏重于实际操作和应用，由以下7种组成：

《特殊儿童应用行为分析》《特殊儿童的游戏治疗》《特殊儿童的美术治疗》《特殊儿童的音乐治疗》《特殊儿童的心理治疗》《特殊教育的辅具与康复》《特殊儿童的感觉统合训练》。

"21世纪特殊教育创新教材"是目前国内学术界有关特殊教育问题覆盖面最广、内容较丰富、整体功能较强的一套专业丛书。在特殊教育的理论和实践方面，本套丛书比较全面和深刻地反映出了近几十年来特殊教育和相关学科的成果。一方面大量参考了国外和港台地区有关当代特殊教育发展的研究资料；另一方面总结了我国近几十年来，尤其是建立了特殊教育专业硕士、博士点之后的一些交叉学科的实证研究成果，涉及5000多种中英文的参考文献。本套丛书力求贯彻理论和实际相结合的精神，在反映国际上有关特殊教育的前沿研究的同时，也密切结合了我国社会文化的历史和现实，将特殊教育的基本理论、基础理论、儿童发展和实际的教育、教学、咨询、干预、治疗和康复等融为一体，为建立一个具有前瞻性、符合科学发展观、具有中国历史文化特色的特殊教育的学科体系奠定基础。本套丛书在全面介绍和深入探讨当代特殊教育的原理和方法的同时，力求阐明如下几个主要学术观点：

1. 人是生物遗传和"文化遗传"两者结合的产物。生物遗传只是使人变成了生命活体和奠定了形成自我意识的生物基础；"文化遗传"才可能使人真正成为社会的人、高尚的人、成为"万物之灵"，而教育便是实现"文化遗传"的必由之路。特殊教育作为一个联系社会学科和自然学科、理论学科和应用学科的"桥梁学科"，应该集中地反映教育在人的种系发展和个体发展中所发挥的巨大作用。

2. 当代特殊教育的发展是全球化、信息化教育观念的体现，它有力地展现了人类社会发展过程中物质文明与精神文明之间发展的同步性。马克思主义很早就提出了两种生产力的概念，即生活物资的生产和人自身的繁衍。伴随生产力的提高和社会的发展，人类应该有更多的精力和能力来关注自身的繁衍和一系列发展问题，这些问题一方面是通过基因工程来防治和减少疾病,实行科学的优生优育,另一方面是通过优化家庭教育、学校教育和社会教育的环境,来最大限度地增加教育在发挥个体潜能和维护社会安定团结与文明进步等方面的整体功能。

3. 人类由于科学技术的发展、生产能力的提高,已经开始逐步地摆脱了对单纯性、缓慢性的生物进化的依赖,摆脱了因生活必需的物质产品的匮乏和人口繁衍的无度性所造成"弱肉强食"型的生存竞争。人类应该开始积极主动地在物质实体、生命活体、社会成员的大系统中调整自己的位置,更加注重作为一个平等的社会成员在促进人类的科学、民主和进步过程中所应该承担的责任和义务。

4. 特殊教育的发展,尤其是融合教育思想的形成和传播,对整个教育理念、价值观念、教育内容、学习方法和教师教育等问题,提出了全面的挑战。迎接这一挑战的方法只能是充分体现时代精神,在科学发展观的指导下开展深度的教育改革。当代特殊教育的重心不再是消极地过分地局限于单纯的对生理缺陷的补偿,而是在一定补偿的基础上,积极地努力发展有特殊需要儿童的潜能。无论是特殊教育还是普通教育都应该强调培养受教育者积极乐观的人生态度和做人的责任,使其为促进人类社会的进步最大限度地发挥自身的潜能。

5. 当代特殊教育的发展,对未来的教师和教育管理者、相关的专业人员的学识、能力和人格提出了更高的要求。未来的教师和教育管理者、相关的专业人员不仅要做到在教学相长中不断地更新自己的知识,还要具备从事普通教育和特殊教育的能力,具备新时代的人格魅力,从勤奋、好学、与人为善和热爱学生的行为中,自然地展示出对人类未来的美好憧憬和追求。

6. 从历史上来看,东西方之间思维方式和文化底蕴方面的差异,导致对残疾人的态度和特殊教育的理念是大不相同的。西方文化更注重逻辑、理性和实证,从对特殊人群的漠视、抛弃到专项立法和依法治教,从提倡融合教育到专业人才的培养,从支持系统的建立到相关学科的研究,思路是清晰的,但执行是缺乏弹性的,综合效果也不十分理想,过度地依赖法律底线甚至给某些缺乏自制力和公益心的人提供了法律庇护下的利己方便。东方哲学特别重视人的内心感受、人与自然和人与人之间的协调,以及社会的平衡与稳定,但由于封建社会落后的生产力水平和封建专制,特殊教育长期停留在"同情""施舍""恩赐""点缀""粉饰太平"的水平,缺乏强有力的稳定的实际支持系统。因此,如何通过中西合璧,结合本国的实际来发展我国的特殊教育,是一个需要深入研究的问题。

7. 当代特殊教育的发展是高科技和远古人文精神的有机结合。与普通教育相比,特殊教育只有200多年的历史,但近半个世纪以来,世界特殊教育发展的广度和深度都令人吃惊。教育理念不断更新,从"关心"到"权益",从"隔离"到"融合",从"障碍补偿"到"潜能开发",从"早期干预""个别化教育"到终身教育及计算机网络教学的推广,等等,这些都充分地体现了对人本身的尊重、对个体差异的认同、对多元文化的欣赏。

本套丛书力求帮助特殊教育工作者和广大特殊儿童的家长:① 进一步认识特殊教育的本质,勇于承担自己应该承担的责任,完成特殊教育从慈善关爱型向义务权益型转化;② 进一步明确特殊教育和普通教育的目标,促进整个国民教育从精英教育向公民教育转化;③ 进一步尊重差异,发展个性,促进特殊教育从隔离教育向融合教育转型;④ 逐步实现特殊教育的专项立法,进一步促进特殊教育从号召型向依法治教的模式转变;⑤ 加强专业人员的培养,进一步促进特殊教育从低水平向高质量的转变;⑥ 加强科学研究,进一步促进特殊教育学科水平的提高。

我们希望本套丛书的出版能对落实我国中长期的教育发展规划起到积极的作用,增加人们对当代特殊教育发展状况的了解,使人们能清醒地认识到我国特殊教育发展所取得的成就、存在的差距、解决的途径和努力的方向,促进中国特殊教育的学科建设和人才培养。在教育价值上进一步体现对人的尊重、对自然的尊重;在教育目标上立足于公民教育;在教育模式上体现出对多元文化和个体差异的认同;在教育方法上本着实事求是的精神实行因材施教,充分地发挥受教育者的潜能,发展受教育者的才智与个性;在教育功能上进一步体现我国社会制度本身的优越性,促进人类的科学与民主、文明与进步。

在本套丛书编写的三年时间里,四个主编单位分别在上海、南京、武汉组织了三次有关特殊教育发展的国际论坛,使我们有机会了解世界特殊教育最新的学科发展状况。在北京大学出版社和主编单位的资助下,丛书编委会分别于 2008 年 2 月和 2009 年 3 月在南京和上海召开了两次编写工作会议,集体讨论了丛书编写的意图和大纲。为了保证丛书的质量,上海市特殊教育资源中心和华东师范大学特殊教育研究所为本套丛书的编辑出版提供了帮助。

本套丛书的三个系列之间既有内在的联系,又有相对的独立性。不同系列的著作可作为特殊教育和相关专业的教材,也可供不同层次、不同专业水平和专业需要的教育工作者以及关心特殊儿童的家长等读者阅读和参考。尽管到目前为止,"21 世纪特殊教育创新教材"可能是国内学术界有关特殊教育问题研究的内容丰富、整体功能强、在特殊教育的理论和实践方面覆盖面最广的一套丛书,但由于学科发展起点较低,编写时间仓促,作者水平有限,不尽如人意之处甚多,寄望更年轻的学者能有机会在本套丛书今后的修订中对之逐步改进和完善。

本套丛书从策划到正式出版,始终得到北京大学出版社教育出版中心主任周雁翎和责任编辑李淑方、华东师范大学学前教育学院党委书记兼上海特殊教育发展资源中心主任汪海萍、南京特殊教育职业技术学院院长丁勇、华中师范大学教育科学学院院长邓猛、陕西师范大学教育科学学院副院长赵微等主编单位领导和参加编写全体同仁的关心和支持,在此由衷地表示感谢。

最后,特别感谢丛书付印之前,中国教育学会理事长、北京师范大学副校长顾明远教授和上海市副市长、上海交通大学医学院教授沈晓明在百忙中为丛书写序,对如何突出残疾人的教育,如何进行"医教结合",如何贯彻《国家中长期教育改革和发展规划纲要》等问题提出了指导性的意见,给我们极大的鼓励和鞭策。

"21 世纪特殊教育创新教材"
编写委员会
(方俊明执笔)
2011 年 3 月 12 日

前 言

　　1950年,美国成立了世界上第一家音乐治疗学会,它标志着一个在多学科交叉边缘上发展起来的特殊学科——"音乐治疗"诞生了。半个世纪以来,音乐治疗应用于临床并积累了大量成功的经验,随后,研究者和治疗师们又把目光投向了特殊儿童等更广泛的领域,音乐治疗理论逐步完善,形成了多个音乐治疗学派。由于人类大脑不但能在处理声音和语言的区域参与音乐活动,而且还能在一些神经中枢等多个区域同时参与音乐活动。因此,可以让音乐去引领特殊儿童调控情绪、培养适应行为、感受生活、学习自立、提高生活质量。

　　根据2000年11月我国进行的第五次人口普查,我国残疾人总数为6202万,残疾儿童总数为982万。[①] 另外,我国的儿童、青少年中,有许多人受到各种情绪障碍和行为问题的困扰,有特殊问题的儿童就更多。而儿童精神医学专家队伍缺口巨大,人数少得可怜。从事特殊儿童音乐治疗或音乐康复的专业人才就更少,可以用凤毛麟角来形容。虽然早在中国汉代《黄帝内经》中就有了关于"五音"与"五行"关系及其辩证地运用于相应疾病的记载,但是,相比美国等发达国家,中国的现代音乐治疗起步却较晚。所以,培养和造就具有音乐、心理学、精神病学、社会学等专业知识的特殊儿童音乐治疗师或者具有相关音乐治疗知识的特殊学校的音乐教师也就成为时代的迫切需要。

　　现在,许多高校开始建立音乐治疗学本科、研究生专业,南京特殊教育职业技术学院(下文简称为:南京特教学院)也建立了专科层次的音乐康复专业,属于"特殊儿童音乐治疗"。但是,针对特殊儿童音乐治疗的教材却非常稀少。笔者作为南京特教学院音乐康复专业课的教师,义不容辞地承担了《特殊儿童的音乐治疗》这本书的编写工作。

　　本书在编写上力求既具有知识性,又具有实用性和操作性,且简洁明了。本书既可作为特殊教育学院(学校)学生及相关人员的专业用书,又可作为特殊儿童家长了解特殊儿童音乐治疗内容的启蒙读物。全书内容包括:音乐治疗的概述、特殊儿童音乐治疗、音乐治疗的流派、自闭症儿童的音乐治疗、多动症儿童的音乐治疗、智力障碍儿童的音乐治疗、脑瘫儿童的音乐治疗、特殊儿童的音乐心理剧治疗、特殊儿童的舞动治疗等。

　　由于我们水平所限,其中概括不全和错误之处,诚恳希望同行们和广大读者批评指正。

编　者
2011年9月30日

---

① 顾定倩.特殊教育导论[M].大连:辽宁师范大学出版社,2001:10.

目　　录

顾明远序	(1)
沈晓明序	(1)
丛书总序	(1)
前　言	(1)

第 1 章　音乐治疗的概述 …………………………………………………… (1)
　第 1 节　音乐治疗的定义 ………………………………………………… (1)
　第 2 节　音乐治疗的功效 ………………………………………………… (3)
　　一、音乐治疗功效的实例 ……………………………………………… (3)
　　二、音乐治疗的目的和目标 …………………………………………… (4)
　　三、音乐的效用 ………………………………………………………… (5)
　第 3 节　音乐治疗的发展 ………………………………………………… (8)
　　一、中国音乐治疗简述 ………………………………………………… (8)
　　二、外国音乐治疗简述 ………………………………………………… (12)
　第 4 节　音乐治疗的主要元素 …………………………………………… (14)
　　一、音乐治疗师 ………………………………………………………… (14)
　　二、患者 ………………………………………………………………… (18)
　　三、音乐 ………………………………………………………………… (19)
　　四、治疗关系 …………………………………………………………… (20)
　第 5 节　音乐治疗的分类 ………………………………………………… (20)
　　一、音乐治疗的形式 …………………………………………………… (20)
　　二、音乐治疗的方法 …………………………………………………… (22)
　　三、音乐治疗的多元化 ………………………………………………… (26)
　第 6 节　音乐治疗室 ……………………………………………………… (28)
　　一、音乐治疗室的概念 ………………………………………………… (28)
　　二、音乐治疗室的建设 ………………………………………………… (29)
　　三、音乐治疗专用设备 ………………………………………………… (31)

第 2 章　特殊儿童音乐治疗 ………………………………………………… (36)
　第 1 节　特殊儿童的概念 ………………………………………………… (36)
　第 2 节　音乐对特殊儿童的意义及作用 ………………………………… (37)
　　一、语言脑和音乐脑 …………………………………………………… (37)
　　二、儿童的"音乐临界期" ……………………………………………… (38)

第3节　特殊儿童音乐治疗的概念 …………………………………………(39)
第4节　特殊儿童音乐治疗的程序 …………………………………………(41)
　　一、前期准备 ……………………………………………………………(41)
　　二、制订治疗计划 ………………………………………………………(42)
　　三、实施干预和中期评估 ………………………………………………(43)
　　四、治疗成效评估和终结治疗 …………………………………………(44)
第5节　特殊儿童音乐治疗的应用 …………………………………………(44)
　　一、感知觉和肢体障碍 …………………………………………………(44)
　　二、生理和心理障碍 ……………………………………………………(44)
　　三、沟通能力的缺失 ……………………………………………………(44)
　　四、注意缺乏 ……………………………………………………………(45)
　　五、自信心和自尊心的低弱 ……………………………………………(45)
　　六、人际互动障碍 ………………………………………………………(45)
　　七、言语和认知障碍 ……………………………………………………(45)
　　八、自娱自乐 ……………………………………………………………(45)
第6节　特殊教育与音乐治疗 ………………………………………………(45)
　　一、特殊儿童的音乐教育 ………………………………………………(46)
　　二、特殊学校的音乐治疗 ………………………………………………(46)
　　三、音乐教育与音乐治疗的区别 ………………………………………(47)

第3章　音乐治疗的流派 ……………………………………………………(50)
第1节　鲁道夫-罗宾逊音乐治疗 …………………………………………(50)
　　一、鲁道夫-罗宾逊音乐治疗的概述 …………………………………(51)
　　二、鲁道夫-罗宾逊音乐治疗的方法 …………………………………(56)
　　三、鲁道夫-罗宾逊音乐治疗的实例 …………………………………(61)
第2节　临床奥尔夫音乐治疗 ………………………………………………(63)
　　一、奥尔夫的核心概念 …………………………………………………(63)
　　二、奥尔夫理念临床应用及方法 ………………………………………(64)
　　三、奥尔夫理念临床应用的实例 ………………………………………(67)
第3节　柯达伊理念的临床应用 ……………………………………………(68)
　　一、柯达伊基本理念 ……………………………………………………(68)
　　二、柯达伊理念运用于治疗 ……………………………………………(69)
第4节　达尔克罗兹节奏教学的临床应用 …………………………………(71)
　　一、达尔克罗兹的核心理念 ……………………………………………(71)
　　二、达尔克罗兹理念运用于临床 ………………………………………(72)
第5节　其他音乐治疗流派简介 ……………………………………………(73)
　　一、精神分析的音乐治疗 ………………………………………………(73)
　　二、应用行为矫正的音乐治疗 …………………………………………(74)
　　三、人本主义理论的音乐治疗 …………………………………………(74)

四、发展性音乐治疗 ·· (75)
　　　五、节奏性听觉刺激法 ·· (75)

第 4 章 自闭症儿童的音乐治疗 ·· (77)
　第 1 节　自闭症儿童音乐治疗的导入 ··· (77)
　　　一、自闭症儿童简述 ·· (77)
　　　二、自闭症儿童与音乐 ·· (78)
　　　三、导入音乐治疗的技巧 ·· (80)
　　　四、导入的注意事项 ·· (85)
　第 2 节　自闭症儿童音乐治疗的方案 ··· (88)
　　　一、音乐治疗目标的确定 ·· (88)
　　　二、音乐治疗计划的确定原则 ·· (90)
　　　三、音乐治疗计划的确定方法 ·· (91)
　　　四、自闭症儿童音乐治疗的评估 ·· (98)

第 5 章 多动症儿童的音乐治疗 ··· (102)
　第 1 节　多动症儿童音乐治疗的导入 ·· (102)
　　　一、多动症儿童简述 ·· (102)
　　　二、多动症儿童与音乐 ·· (104)
　　　三、导入音乐治疗的技巧 ·· (104)
　　　四、实例分析 ·· (108)
　第 2 节　多动症儿童音乐治疗的方案 ·· (110)
　　　一、制订治疗计划的目标 ·· (110)
　　　二、治疗计划的确定原则 ·· (111)
　　　三、治疗计划的确定方法 ·· (112)
　　　四、多动症儿童音乐治疗的评估 ·· (116)

第 6 章 智力障碍儿童的音乐治疗 ··· (121)
　第 1 节　智力障碍儿童音乐治疗的导入 ·· (121)
　　　一、智力障碍儿童简述 ·· (122)
　　　二、智力障碍儿童与音乐 ·· (122)
　　　三、导入音乐治疗的技巧 ·· (123)
　第 2 节　智力障碍儿童音乐治疗的方案 ·· (129)
　　　一、音乐治疗目标的确定 ·· (129)
　　　二、音乐治疗方案的确定原则 ·· (130)
　　　三、音乐治疗方案的确定方法 ·· (132)
　　　四、智力障碍儿童音乐治疗的评估 ·· (140)

第 7 章 脑瘫儿童的音乐治疗 ··· (144)
　第 1 节　脑瘫儿童音乐治疗的导入 ·· (144)
　　　一、脑瘫儿童的分类与特点 ·· (145)
　　　二、脑瘫儿童与音乐 ·· (145)

三、导入音乐治疗的技巧 ………………………………………… (146)
　第2节　脑瘫儿童音乐治疗的方案 ………………………………… (151)
　　一、音乐治疗目标的确定 ………………………………………… (151)
　　二、治疗方案的确定原则 ………………………………………… (152)
　　三、治疗方案的确定方法 ………………………………………… (153)
　　四、脑瘫儿童音乐治疗的实例 …………………………………… (157)

第8章　特殊儿童的音乐心理剧治疗 ……………………………… (160)
　第1节　音乐心理剧简介 …………………………………………… (160)
　　一、心理剧的缘起 ………………………………………………… (161)
　　二、心理剧的理论源流 …………………………………………… (163)
　　三、心理剧的应用 ………………………………………………… (165)
　第2节　音乐心理剧的构架 ………………………………………… (167)
　　一、音乐心理剧的基本要素 ……………………………………… (168)
　　二、音乐心理剧的基本程序 ……………………………………… (169)
　　三、音乐心理剧的技术应用 ……………………………………… (172)

第9章　特殊儿童的舞动治疗 ……………………………………… (176)
　第1节　舞动治疗发展简述 ………………………………………… (176)
　　一、舞动治疗的概念 ……………………………………………… (176)
　　二、舞动治疗的起源及发展 ……………………………………… (178)
　　三、舞动治疗的主要流派 ………………………………………… (180)
　　四、舞动治疗的效用及原则 ……………………………………… (182)
　第2节　舞动治疗的方法及程序 …………………………………… (185)
　　一、舞动治疗的方法 ……………………………………………… (185)
　　二、舞动治疗的程序 ……………………………………………… (187)
　第3节　自闭症儿童的舞动治疗 …………………………………… (188)
　　一、自闭症儿童舞动治疗的导入 ………………………………… (189)
　　二、自闭症儿童治疗计划的制订 ………………………………… (191)
　　三、自闭症儿童舞动治疗的方法 ………………………………… (192)
　　四、自闭症儿童舞动治疗的效果评估 …………………………… (199)

参考文献 …………………………………………………………… (204)
后　　记 …………………………………………………………… (207)

第1章　音乐治疗的概述

学习目标

1. 了解中、外音乐治疗的发展简史。
2. 掌握音乐治疗的定义及主要元素。
3. 熟悉音乐治疗的形式和方法。

音乐是一门表现感情的艺术,对人具有最为直接、最为强烈的情感引发作用。也就是说,音乐对人的心理能产生一种比其他艺术更强烈、更深刻的感染力和影响力。特别是对人的情绪,其影响尤为明显,而人的情绪活动,对人的身心健康又会产生极为重要的影响。音乐通过人的听觉器官进入身体后,可以作为能量被储存。人体在吸收了音乐能量后会激发体内能量,身体有节奏地运动,使人从静态变为动态,心理、生理全方位地运动起来,令人兴奋、热烈、活跃,带来愉快情绪的体验及自发性动作增加的效应。音乐还能培养人的娱乐兴趣,增加人与人之间的亲密感,从而使不良状态的改善或消除得以实现。音乐治疗就是让患者通过接触音乐后产生一系列生理、心理的变化而达到治疗的目的。

本章分为6节,分别介绍音乐治疗的定义、功效、发展、主要元素、分类以及音乐治疗室的建设等基本内容,引导读者了解音乐治疗的基本概念。同时,通过成功案例的介绍,使读者对音乐治疗的整体轮廓有个正确的认识。

第1节　音乐治疗的定义

现代社会由于竞争日趋激烈,因心理压力、社会因素致病的患者激增,有的疾病吃药打针根本不能解决问题。其原因在于患者不仅是个有血、有肉、有肌体的生物人,更是个有思想、有感情、有复杂心理活动的社会人。对于那些患有身心疾病的人,心理因素不解除,仅靠服药打针是不能从根本上解决问题的。因此各种辅助治疗的价值就日益显现,这其中包括"音乐治疗"。

音乐治疗又称"音乐治疗学",它是音乐学、心理学、医学、人类学等学科交叉综合的结晶,属于新兴的边缘学科。音乐治疗被确立为一门正式的学科,是在1950年美国国家音乐治疗协会(National Association for Music Therapy,简称NAMT)成立之时。"音乐治疗"这个名称是由英文music therapy翻译得来,采用至今已有六十多年的历史。

对于音乐治疗的内涵和定义,音乐治疗师和理论家们是这样进行阐述的。例如:

音乐治疗学,顾名思义,就是指运用音乐来作为主要治疗手段,使患者最终战胜疾病而

得以康复的一门学科——一门新发展起来的、涉及多领域的交叉边缘学科。①

所谓音乐治疗,简单地说,就是有计划、有组织地使用音乐(或音乐活动、音乐经验),帮助个体(患者)达到生理、心灵、情绪、认知等方面治疗效果。②

音乐疗法是指运用音乐的非语言的审美体验和演奏音乐的活动来达到心理调节目的的治疗技术。③

世界音乐治疗联合会主席苏赞·B. 汉斯尔(Suzanne B. Hanser)博士把音乐治疗定义为:"用音乐来提高语言和非语言交流及社会、情绪、教育和运动行为。"④

随着时间的推移,音乐治疗的定义渐趋扩大与完整。例如:

布鲁夏(Kenneth E. Brusica)博士是著名音乐治疗学者,他认为音乐治疗的内涵应包含六个要点:① 人际互动历程;② 治疗师;③ 音乐要素;④ 音乐治疗的功能;⑤ 患者;⑥ 音乐治疗的方法与形式。⑤

中央音乐学院张鸿懿教授的定义为:音乐治疗是新兴的边缘学科。它以心理治疗的理论和方法为基础,运用音乐特有的生理、心理效应,使患者在音乐治疗师的共同参与下,通过各种专门设计的音乐行为,经历音乐体验,达到消除心理障碍,恢复或增进身心健康的目的。在治疗中,音乐治疗师与患者建立关系是至关重要的。⑥

中央音乐学院高天教授认为这样的定义更为精辟:"音乐治疗是一个系统的干预过程,在这个过程中,治疗师运用各种形式的音乐体验,以及在治疗过程中发展起来的,作为治疗的动力的治疗关系来帮助治疗对象(患者)达到健康的目的。"⑦

美国音乐治疗协会是这样定义的:音乐治疗是一种系统的干预过程,治疗师利用各种音乐体验形式帮助患者达到健康目的。这些音乐体验形式包括唱歌、乐器演奏、作曲和跳舞。⑧

我国台湾的音乐治疗师吴佳慧认为:音乐治疗是运用音乐对人生理及心理所可能产生的影响,配合治疗技巧,来协助个体(患者)达到维持及增进身心健康的目标。在此"音乐"并不单指聆听音乐,而是泛指一切与音乐相关的经验,包括歌唱、乐器弹奏、肢体律动、音乐创作及音乐与其他艺术形式的结合(如绘画、戏剧、舞蹈、诗词等)。而"治疗"则是帮助、处理、照顾之意。⑨

笔者通过学习和实践认为:音乐治疗是音乐治疗师在多学科理论和方法的指导下,运用音乐对人生理、心理特有的效应,有目的和有计划地选用音乐治疗技术,与患者一同参与和共同分享当下生成或预设的各种音乐活动及与音乐有关的活动,来缓解、消退患者的情绪及心理障碍,从而达到身心健康的目的。

---

① 何化均.音乐治疗[M].北京:北京科学普及出版社,1995:1.
② 张初穗.音乐与治疗[M].台北:先知出版社,2002:22.
③ 杨东.艺术治疗[M].重庆:重庆出版社,2007:323.
④ [美]苏赞·B. 汉斯尔.音乐治疗师手册[C]//第五届学术年会论文集.苏琳,译.北京:中国音乐治疗学会,1999:49.
⑤ 吴幸如,黄创华.音疗十四讲[M].北京:化学工业出版社,2010:13.
⑥ 张鸿懿.音乐治疗学基础[M].北京:中国电子音像出版社,2000:6.
⑦ 高天.音乐治疗学基础理论[M].北京:世界图书出版公司,2007:14.
⑧ 张鸿懿.音乐治疗学基础[M].北京:中国电子音像出版社,2000:5.
⑨ 张初穗.音乐与治疗[M].台北:先知出版社,2002:208.

第2节 音乐治疗的功效

柏拉图(Plato)说过,音乐是一种天赐的能力,促使我们内部运转的不和谐趋于次序与平衡。音乐对人的影响,无论是内心体验还是行为活动,实际上是对人的生理、心理的影响。音乐治疗就是一种运用音乐来改善人类生理、心理的不良症状及不当行为的治疗方法。因为音乐能使人们内心世界剧烈变化,让人如痴如醉,为之倾倒。如:轻快的音乐使人舒适、愉悦、安宁;雄健有节奏感的音乐,则使人精神振奋、心情舒畅等。正因为音乐对人体有着这样巨大的生理和心理作用,才使它成为治疗师手中一种增进健康、治疗疾病的工具。

所以,音乐治疗的功效有预防、教育、矫正、复健等多项,它既是精神上的疗法,也是生理机能上的疗法。

一、音乐治疗功效的实例

现代社会,由于竞争造成工作、生活节奏加快,使人长期处于一种紧张状态之中,给人造成很大的精神负担。持续的紧张状态会大量消耗人的生理及心理能量,从而导致心理的失衡,造成精神失常和器质性病变。然而,音乐对于人们宣泄心理和生理的压力、消除紧张状态、治疗疾病有着极为显著的作用,有的甚至出现了人类病史上的奇迹。

实例 1-1

流行歌曲唤醒歌迷

德国曾报道一件趣事,在交通事故中受重伤昏迷的一位25岁女青年艾丝德(Aslrid),是流行歌手伊里阿斯(Ilias)的歌迷。精神病学专家迪高(Deko)医师得知此情,立即开了一张独特的处方——每日为艾丝德不停地播放伊里阿斯的歌曲。两周后,艾丝德终于睁开了双眼,身体功能亦逐渐恢复,最后完全康复。伊里阿斯获悉是他的歌曲唤醒了艾丝德,便高兴地赠送给她一件礼物——终身免费入场欣赏他的音乐会。

实例 1-2

巴赫和音乐治疗

据有关文献记载,古典音乐大师巴赫(J. S. Bbach)曾专为治疗疾病而创作音乐。1740年,有一位伯爵派遣使者向巴赫求作一组作品,以解除心头的烦闷。巴赫创作了三十首大键琴变奏曲。伯爵听了以后大为赞赏,说是这些和谐柔媚的音乐让他心情平静,多年失眠的疾病也豁然而愈。

实例 1-3

卡雷拉斯和白血病史

世界三大男高音之一的何塞·卡雷拉斯(José Carreras)披露抗白血病史,称"音乐是治疗秘方"。这位歌王接受采访时,破天荒地披露了自己究竟是如何战胜白血病魔的故事。"每当化疗时,我心中经常默默地唱咏叹调。化疗其实只要半个小时,可这半个小时总像没完没了永不停止似的。这时候我也会听拉赫玛尼诺夫(Sergei Vassilievitch Rachmaninoff)第二钢琴协奏曲,并从中汲取精神力量。这支曲子我很多年前就听过,一直很喜欢。在我生病期间,音乐给了我巨大的力量、强烈的希望和坚定的决心。"

实例 1-4

历史文献记载

《欧阳文公全集》记载,北宋文学大师欧阳修曾经患了忧郁症,虽然辞宫闲居在家调养,总治不好。后来向友人孙道滋学弹琴,学习了几支宫调的曲子,久而久之,居然忘了自己有病在身,就这样治好了痼疾。欧阳修并以自己的亲身体会写下了《送杨宾序》,劝告好友杨宾也学琴治病。

据文献记载,1737 年,西班牙国王菲利浦(Philip)五世患有严重的抑郁症,终日不理国家大事。在百药无效的时候,王后召请了当时最知名的意大利歌唱家法里纳利(Farinelli)进宫,让他在国王的邻室里演唱。当动人的歌声飘进国王的耳朵后,感人的音乐打动了委靡不振的国王,他渐渐从沮丧中走出来。经过一段时间,他终于恢复了治理国家的能力。

二、音乐治疗的目的和目标

音乐治疗和日常的音乐活动、音乐鉴赏或音乐教育相关却不相同,它是一种音乐的特殊运用,而不是以音乐审美或技巧训练为最终目的。音乐治疗是在音乐治疗师的参与下逐步消除患者不良症状,增进人与人的交流,让患者生理、心理等逐渐达到健康状态。

音乐治疗的目的:促进健康、交流和表达。

音乐治疗的目标:改善身体、情绪、认知的社会功能;消除不良症状、提高自我觉察力;促进人格转变和适应社会生活。

值得注意的是,患者经过音乐治疗后的好转,并不是音乐治疗师治疗的"杰作",而是在音乐治疗师所设计的音乐活动中患者自身产生的由内而外的改变,从而达到了音乐治疗的目标。因此,在进行音乐治疗时,重点不是追求音乐活动的艺术性和高水平的演奏能力,而是运用适合于患者的音乐,以此作为接近身心障碍患者的媒介。以音乐作为媒介工具来开启患者紧闭的心门,使患者自身产生内在的动力,消除、改善不良症状,以适应社会生活。

音乐治疗师通过音乐活动评估患者的身心问题,从而确定治疗目标,帮助患者改善障碍问题。但是,由于每个患者有着不同的文化生活背景、深浅不一的音乐造诣、参差不齐的年龄和学习能力等,因此,音乐治疗师在治疗过程中要善于创新,设计不同的方案、运用不同的技巧和使用不同的音乐来达成音乐治疗的目标。

三、音乐的效用

人们对音乐的认识是通过接受音乐语汇来感受音乐的。音乐语汇来自于乐音的组成,它是以音的高低、长短、强弱、音色这四要素,以及其他音乐语汇,如旋律、节奏、节拍、速度、力度、音区、和声、复调、调式、调性等元素组成。而在音乐治疗中,旋律、高低、速度、节奏、力度、音色也是不可缺少的重要因素。

(一)音乐要素

1. 旋律

旋律又叫曲调,是按照一定的高低、长短和强弱关系组成乐音的线条。它是塑造音乐形象最主要的手段,是音乐的灵魂。在音乐中,代表主要乐句的旋律,又让人记忆深刻的,叫主旋律。音乐治疗中,当主旋律出现时,相比其他乐句,会引发人们较多的生理、心理反应。优美动听的旋律会使人心情舒畅;欢快活跃的旋律会使人喜悦愉快;嘈杂怪诞的旋律会使人精神紧张、烦躁不安;委靡不振的旋律会使人情绪低下、意志消沉。

2. 高低

高低是音的绝对高度。音高取决于发音体的振动频率,频率越大,音就越高;频率越小,音就越低。音乐治疗中,音的高低是非常重要的因素,人耳主要是靠音高接收外界音频信息,然后产生反应。特别是对听觉障碍的患者和特殊儿童来说,音的高低尤其重要。人的听觉器官对在 $16 \sim 20000 \mathrm{Hz}$ 之内的声音才能感觉到;音乐上所用的音,则在 $16 \sim 7000 \mathrm{Hz}$ 的范围之内。

3. 速度

速度是音乐作品在演奏(演唱)时的快慢程度。为使音乐准确地表达出所要表现的思想感情,必须使作品按一定的速度演唱或演奏。音乐治疗中,快速的音乐往往表现兴奋、激动、欢乐、活泼等情绪;中速的音乐则表现平静、安宁、松弛、舒畅等情绪;而慢速的音乐则常表现沉重、恐惧、紧张、回忆等情绪。但是,不同的患者对音乐的感受力是不同的,治疗师应选择速度不同的音乐,在治疗过程中反复试用,仔细验证,获得患者适宜的音乐速度,以达到对患者最佳的治疗效果。

4. 节奏

节奏是音乐中,音的长短、强弱的组织形态。由于不同高低的音,同时也是不同长短和不同强弱的音组合,因此旋律中必然包含节奏这一要素。在音乐治疗中,对于内在混乱、无次序,外在表现行为异常的患者使用节奏训练,有助于调整、改善其内在混乱,逐渐达到规则化、次序化,使异常的行为得以缓和或修正。

5. 力度

力度是音的强弱程度,是由音的振幅(声压)的大小决定的,振幅大,音则强;振幅小,音则弱。音的强弱变化对塑造音乐形象起着很重要的作用。音乐治疗中,可以用力度训练来调整患者的情绪问题。例如,当音乐的力度由弱渐强时,会给人以兴奋、前进的感觉;相反,由强渐弱的进行则会使人的情绪趋于平静。但是,过强的音量却会刺激人的神经,引起烦躁、不安的反应。

6. 音色

音色就是音的色彩,取决于发音体的质料、形状及振动方式。音色是不同人声、不同乐器及其不同组合的音响上的特色。不同的乐器或人声器官所发出同一高度的音,其音仍有其特点,这种区别就在于它们音色的不同,亦称音品或音质。通过音色的对比和变化,可以丰富和加强音乐的表现力。在音乐治疗中,音色也有举足轻重的地位。例如,每个人都有自己喜欢的音色,有人喜欢钢琴、有人喜欢小提琴、有人喜欢铜管乐、有人喜欢木管乐、有人喜欢琵琶、有人喜欢古筝,如果音乐治疗师能够把握患者对音色的好恶,在治疗时就会事半功倍。

(二)音乐的特性

首先,音乐是作曲家用乐音和噪音按照一定的结构组织起来的,并由演唱或演奏变为具体的音响,以一种艺术的形式去引发人们各种的情绪反应和情感体验,而不同的声音音色也将给人以不同的感觉。因此,音乐是一种声音的艺术,这种艺术是用时间来陈述。确定的时间也就成为音乐作品固有的特性。音乐时间的改变将会使乐曲的风格、情感迥然不同。音乐离开了时间也将是不复存在的。因此,音乐被称为是时间的艺术。

其次,人类对音乐的接受取决于听觉器官,因为人类的听觉在诸感觉系统中最为敏锐,再通过人对音乐的理解,去影响心理、生理的变化,因此,音乐也是听觉的艺术。

再次,音乐本身就具有感情色彩,欣赏者在聆听音乐时是以各自的情感经验去感受和体验音乐,必将引起人与音乐的感情的共鸣。因此,音乐是情感的艺术。

最后,在人际交往中,有许多语言是只能意会而难以言传的。音乐则可以成为达到这一目的最适当的手段。尤其对于因各种障碍不能用语言交流的患者,音乐便成了他们感情交流的唯一媒介。人类与音乐旋律和节奏有一种神秘联系,科学家至今也没能研究出其中最深层的东西,好像音乐比语言更能深入人的本质。因此,音乐也是交流和沟通的艺术。

音乐的这些特性正可以应用于音乐治疗上,并为许多在医疗上无法解决的问题提供另一个思考空间与解决问题的渠道。

(三)音乐在治疗中的特性

(1) 音乐具有极大的力量,可直接触及人类的心灵深处;

(2) 音乐能影响人的情绪、创造情境、引发情感;

(3) 音乐提供了现实与非现实、意识与非意识间的桥梁;

(4) 音乐能分别作用于自我、本我及超我上,而这三者有时是在自己的正常意识下,也不见得能分析与了解的;

(5) 音乐上的经验,能提供欲望及心灵需求上的满足,人往往能在某种音乐背景衬托下,回忆起某种情境;

(6) 音乐是一种非语言的沟通,能在无法以语言沟通时,达到沟通的效果。[1]

---

[1] 庄婕筠.音乐治疗[M].台北:心理出版社,2000:89-90.

总之,从音乐治疗的观点来看音乐特性,概括起来有三个方面,即情绪、联想及沟通。

音乐是一种声音的艺术,一种特殊的语言,一种传情达意的符号,它是由高低、长短、强弱、音色、节奏、和声及配器等要素组织起来的一组有规律的音响,来表达一定思想感情,反映现实生活。治疗师就利用音乐的非语言表达感情的特点,以音乐作为与患者建立良好关系的媒介,并提供患者心灵需求的满足。患者在治疗师创设的音乐情境中,被引发情绪的改变,产生联想和想象,学习运用语言特别是非语言与他人的沟通技术,来提高社会适应性行为,达到身心健康。

(四) 科学研究对音乐治病的阐述

古希腊人认为,音乐是通过其音调影响人的情绪来治病的,如 C 调和蔼、D 调热烈、E 调安定、F 调浮躁、G 调祥和、A 调高扬、B 调哀伤。古希腊伟大的哲学家、科学家和教育家亚里士多德(Aristotle)推崇 C 调,认为 C 调最宜于陶冶情操。

现代科学研究证实,音乐主要是通过节奏和旋律的变化对人的生理产生影响。音乐节奏的频率和声波振动是一种物理能量,适度的物理能量会引起人体腔体和组织细胞发生共振现象,产生生理反应,这就是"共振原理"(ISO Principle)。它是早期的音乐治疗先驱艾拉(Ira Altshuler)于 1948 年以生理学为基础所提出的重要理念,是目前许多音乐治疗理论共同秉持的基本原则。ISO 和物理共振现象类似:振动频率类似的两个物体,当一个物体的原本振动模式将被另一个物体的振动模式所改变或取代,它们会趋向于和谐共振。[①] 实验测出,人体皮肤表层细胞都做着微小的振动,而心脏、大脑、肠胃等处细胞的微振动则更为突出;大脑活动电波似振动,肠胃有节律的蠕动,心脏有力的搏动等都是有规律的。当人体机能失调时,体内的微振动也就处于非正常状态,这时我们可以选用某种有规律的声波振动——音乐,来影响、调试人体内部的微振动。声波的频率和声压会引起人心理上的反应,从而协调人体各器官的节奏,激发出体内的潜能。

医学生理研究还告诉我们,人的躯体无处不在进行着振动,这些动作既具有振动性,又有一定的节律。当音乐的节奏、旋律和自己体内所感受到的节奏吻合时,就能使身体发生共振,就会提高大脑皮层的兴奋性,改善情绪,激发感情,振奋精神,产生心理的愉悦和快感。音乐能使皮层下中枢植物神经产生相应活动,稳定情绪,消除心理紧张、焦虑、忧郁、恐怖等不良状态,协调全身各系统的功能,从而能使人消除疲劳、提高应激能力。借助音乐的力量,调整体内微振,使其恢复到和谐共振,可以抵抗、预防疾病。

现代神经生理学家证明,音乐对神经结构,特别是大脑皮层,有直接影响。不同乐曲作用于人的感觉器官,从而调节情绪,稳定体内环境,达到镇痛、降压、催眠等效果。当人处于优美动听的音乐环境时,通过调整体内微振动可以改善神经、心血管、内分泌等系统的功能。神经系统的调节,可使人体分泌一些有益于健康的激素、酶和乙酰胆碱等活性物质,对调节血流量、改善血液循环、增强肠胃道蠕动、促进唾液等消化液的分泌和加强新陈代谢等都有重要的作用。就是当所用乐曲与患者的情绪、精神的节律同步时,音乐就能发挥其有效的作用。这被心理音乐疗法称作"同质原理"。

[①] 吴幸如,黄创华.音疗十四讲[M].北京:化学工业出版社,2010:100-101.

观察和实验表明,音乐节奏与人体内部的紧张与松弛、运动与静止等生理节奏存在着相似性,音乐的节奏可以刺激肌肉的活动而产生人体行为的节奏。音乐节奏具有内驱力的作用,它可以不通过语言而使人产生"共鸣"的活动,从这种意义上说,音乐治疗兼有心理治疗和物理治疗的作用。① 现代科学也发现了音乐治疗在现代科技和医学中的作用,西方的许多医院里都开设了音乐治疗科。现代医学研究从科学上更进一步拓宽了音乐医疗、养生、康复领域,而且在用音乐进行胎教、催产、增重、降压、益智、催眠、治病等方面均取得了进展。

第3节 音乐治疗的发展

自古以来,音乐就被认为可以影响人的身心,运用音乐来治疗疾病和健康养生。中国的音乐治疗和国外的音乐治疗都经历了各自的发展时期。

一、中国音乐治疗简述

我国是个历史悠久的文明古国,古代中国的医学和音乐都很发达。历代以来无论是在理论方面还是在实践方面都积累了宝贵的经验,有许多有关音乐用于身心医疗的记载和传说。

1. 古代文献记载

远古时代的两大部落首领黄帝和蚩尤作战,黄帝久攻不克,一晚梦见九天玄女告之,蚩尤是铜颈铁脑,唯有音波足以降服。因此黄帝用怪兽——夔牛之皮制成战鼓,声如雷霆,震破敌胆,取得胜利。只是没想到黄帝军中的部分士兵也因音波而昏迷,大臣风后以竹管之声使其清醒。但病重士兵仍然无法痊愈,因此黄帝又命人制作两个大弦琴,弹奏给士兵们听,所有士兵就都痊愈了。② 据史料记载,舜帝"喜弹五弦之琴,歌南风之诗",常和百姓一起歌唱、娱乐。因此得享长寿,活到了110岁。战国末期,魏文侯的乐师窦公,因"自小失明,父母哀之,教习鼓琴",也活逾一百多岁。

正是因为音乐具有治疗疾病和健康养生的作用,中国的圣贤哲人,将音乐视为人生必修科目。孔子所教授的课程"六艺"(礼、乐、射、御、书、数)中就有"乐",强调学习音乐的重要性。但是,秦始皇"焚书坑儒"烧了无数的书简,包括珍贵典籍和大量乐谱,使记载音乐的相关资料化为灰烬,中医音乐治病也因此失传。现在有关音乐治疗的研究,我们只能在断简残篇以及出土文物中一点一滴地寻找到相关记载。

在《吕氏春秋》中,可以看到《大乐》、《侈乐》、《适音》、《古乐》等有关音乐、歌曲与人情性关系的专篇论述。《左传·昭公元年医和论乐》中也提及:当有选择、有节制地欣赏音乐和演奏音乐时,对人身心大有益处,反之则有害。汉代司马迁在《史记》中说:"故音乐者,所以动荡血脉,通流精神而和正心也。故宫动脾而和正圣,商动肺而和正义,角动肝而和正仁,徵动心而和正礼,羽动肾而和正智。故闻宫音,使人温舒而广大;闻商音,使人方正而好义;闻角音,使人恻隐而爱人;闻徵音,使人乐善而好施;闻羽音,使人整齐而好礼。"嵇康觉得音乐能"祛病纳正,宣和养气"。(《琴赞》)元代名医朱震亨指出:"乐者,亦为药也。"他主张用音

---

① 邱鸿钟.音乐的精神分析[M].广州:暨南大学出版社,2006:7.
② 张乃文.儿童音乐治疗[M].台北:心理出版社,2004:37.

乐作为一种精神疗法。吴尚在《理瀹骈文》中说："七情之病,看花解闷,听曲消愁,有胜于服药者也。"金代医家张从正认为音乐是一味很好的良药,对于情志、精神郁闷不舒所引起的疾病,只要不断给予"笙笛"一类的音乐"良药",就能治愈。

 知识链接

　　《吕氏春秋》是战国末年(公元前221年前后)秦国丞相吕不韦组织属下门客们集体编纂的杂家著作,又名《吕览》,在公元前239年写成,当时正是秦国统一六国前夕。此书共分为十二纪、八览、六论,共二十六卷,一百六十篇,二十余万字。书中尊崇道家,肯定老子顺应客观的思想,但含弃了其中消极的成分。同时,融合儒、墨、法、兵众家长处,形成了包括政治、经济、哲学、道德、军事各方面的理论体系。吕不韦的目的在于综合百家之长,总结历史经验教训,为以后的秦国统治提供长久的治国方略。

　　书中还提出了适情节欲、运动达郁的健身之道,有着唯物主义因素。司马迁在《史记》里将《吕览》与《周易》等并列,表示了他对《吕氏春秋》的重视。东汉的高诱还为其作注释,认为此书"大出诸子之右",即超过了诸子的成就。《汉书·艺文志》则将该书列入杂家,所以儒家学者不再重视。①

　　《史记》是中国历史上第一部纪传体通史,作者是西汉时期的司马迁。司马迁继任父亲太史令之职,开始写《史记》,十多年后,终于完成。此书记事始于传说中的黄帝,下限到汉武帝时期,前后跨越三千多年历史。全书共一百三十篇,有十二本纪、十表、八书、三十世家、七十列传,五十二万六千五百字。"本纪"是全书提纲,按年月记述帝王的言行政绩。"表"用表格来简列世系、人物和史事。"书"则记述制度发展,涉及礼乐制度、天文兵律、社会经济、河渠地理等诸方面内容。"世家"记述子孙世袭的王侯封国史迹。"列传"是重要人物传记。其中的本纪和列传是主体。他亲自采访,进行实地调查,然后对材料精心选择使用,治学态度异常严谨。《史记》不但规模巨大,体系完备,而且对此后的纪传体史书影响很深,历朝正史基本都用这种体裁撰写。同时,书中文字的生动性,叙事的形象性也是成就最高的,鲁迅先生对其评价也很高。②

　　嵇康,字叔夜(223—263),三国时期文学家,"竹林七贤"之一,今安徽宿县人。嵇康的文学创作,主要是诗歌和散文。代表作有《赠秀才入军》18首以及《幽愤诗》。早年丧父,家境贫困,但仍励志勤学,文学、玄学、音乐等无不博通。他娶曹操曾孙女长乐亭主为妻,曾任中散大夫,史称"嵇中散"。司马昭曾想拉拢他,但嵇康在当时的政争中倾向皇室一边,对于司马氏采取不合作态度,因此颇招忌恨。临刑,嵇康神色自若,奏《广陵散》一曲,从容赴死。嵇康认为,神仙禀之自然,非修炼所能致,然而如导养得法,常人也能够长寿。他著有《养生论》,强调"修性以保神,安心以全身"等精神上的自我修养功夫。③

---

① 艺术中国.中国古籍全集.子库·杂家.吕氏春秋[DB/OL].(2005-07).http://guji.artx.cn/article/9634.html.keys=%C2%C0%CA%CF%B4%BA%C7%EF.
② 艺术中国.中国古籍全集.史库·正史.史记[DB/OL].(2005-07).http://guji.artx.cn/article/2194.html.
③ 艺术中国.中国古籍全集.专题库·诗词全集.嵇康全集(魏)[DB/OL].(2005-07).http://guji.artx.cn/article/11370.html.keys=%EF%FA%BF%B5.

在具体应用方面,《黄帝内经》的《五音五味篇》中,针对不同的疾病,运用宫、商、角、徵、羽等不同调式的音乐,采取"对症配乐"的治疗方法。《素问·阴阳应象大论》中,还可找到五脏致病的原因:"……怒伤肝……喜伤心……思伤脾……忧伤肺……恐伤肾……"中国宋代文豪欧阳修自己就记录过一段病史:"昨因患两手中指拘挛,医者言唯数运动以导其气之滞者,谓唯弹琴为可。"医师认为欧阳修中指因为气血阻塞,要用弹琴来慢慢疏泄导气方法治疗。后来受朋友的影响学习琴艺,久而久之也爱上了弹琴,不知不觉之间已忘记疾病缠身。其实,对于心理疾病,药物治疗只能攻其疾之聚,而不如音乐能和其心之所不平。心而平,不和者和,则疾病自愈。所以,《荀子·乐论》道:"君子以钟鼓道志,以琴瑟乐心。"这样,音乐治疗可以解释为:心病—用药—用"乐"—用"心乐"—乐心。

知识链接

《黄帝内经》简称《内经》,是古代医者托黄帝之名所作,包括《灵枢》和《素问》两部分,各卷81篇,共80余万言。《黄帝内经》的主要内容是反映战国时期医学理论的水平,基本定稿时期应不晚于战国时期。在《黄帝内经》中,阴阳五行学说,已被引入医学理论中。经络与针灸,居于主体地位。完整和系统地论述了经络学、腧穴分布;持针法则、针刺器材的制备以及各种疾病的针刺疗法。

《黄帝内经》总结了战国以前的医学成就,并为战国以后的中国医学发展提供了理论指导,为中医学奠定了理论基础,具有深远影响。历代著名医家在理论和实践方面的创新和建树,大多与《黄帝内经》有着密切的渊源关系。《黄帝内经》的著成,标志着中国医学由经验医学上升为理论医学的新阶段。不仅在中国受到历代医家的广泛推崇,即使在国外的影响也不容低估。日本、朝鲜等国都曾把《黄帝内经》列为医生必读课本,而部分内容还先后被译成英、法、德等国文字,在世界上流传。近年来一些欧美国家的针灸组织也把《黄帝内经》列为针灸师的必读参考书。[1]

2. 中国传统音乐疗法

在甲骨文中,乐和药二字同源,即为藥、藥,说明古人很早就认识到两者对人的治疗作用有着天然的联系。古代中乐和中医理论一同建立在中国阴阳五行的哲学基础之上,也具有同源性。中国古老的阴阳五行哲学认为宇宙万物是由金、木、水、火、土五种元素组成的,既相生又相克,称为"五行"(见图1-1和图1-2)。

图1-1 五行相生　　　　　　　　　　图1-2 五行相克

---

[1] 艺术中国.中国古籍全集.子库·医家.黄帝内经[DB/OL].(2005-07). http://guji.artx.cn/article/8445.html. keys=%BB%C6%B5%DB%C4%DA%BE%AD.

《黄帝内经》中曰：……天有五音，人有五脏；天有六律，人有六腑……此人之与天相应也。(《灵枢·邪客》)中国传统医学认为，人有五脏和六腑，是应对天道的，即所谓"天人合一"。在此基础上产生了"五行五音"的说法，提出五音主五脏，又通五行的理论。这就是具有中国传统的音乐疗法——"五行五音疗法"。它是"按照中医的阴阳五行理论，将五音与五行、五脏对应，编制出音乐用于治疗"的、土生土长的中国特色音乐疗法。它指出了音乐与人的身心健康密切相关。

五音：宫、商、角、徵、羽，对应五行，即：商对金、角对木、羽对水、徵对火、宫对土。五脏：心、脾、肝、肺、肾，对应五行，即：心属火、脾属土、肝属木、肺属金、肾属水。五脏、五音和五行的关系为：肺属金，商为金音通于肺，商—金—肺；肝属木，角为木音通于肝，角—木—肝；肾属水，羽为水音通于肾，羽—水—肾；心属火，徵为火音通于心，徵—火—心；脾属土，宫为土音通于脾，宫—土—脾(见图1-3和图1-4)。

图1-3　五行五音五脏相生　　　　图1-4　五行五音五脏相克

中医古籍记载："人身中各有自然之五音；脾音为歌，歌者宫也；肝音为笑，笑者角也；心音为言，言者徵也；肺音为哭，哭者商也；肾音为叫，叫者羽也。此天地之元声之变也。"这样，五音(宫、商、角、徵、羽)可通过五脏(脾、肺、肝、心、肾)直接或间接地影响人的暴躁、孤独、悲哀、愤怒、绝望等情态。例如：暴躁，在五行中属"火"。在情绪暴怒时，应选听属"火"的徵调音乐，缓和、克制急躁情绪。

中国的传统音乐，也正是以五声音阶为主体而形成了中国音乐的主流，并成为音乐养生、音乐治疗的基础(见表1-1)。

表1-1　中国传统音乐治疗

五行	五声	器官	情绪	曲例
土	宫调	脾	孤独	宫调：《闹元宵》(河南筝曲)等
金	商调	肺	悲哀	商调：《将军令》(浙江筝曲)等
木	角调	肝	愤怒	角调：《四合如意》(浙江筝曲)等
火	徵调	心	暴躁	徵调：《高山流水》(武林筝曲)等
水	羽调	肾	绝望	羽调：《瑶族舞曲》(改编筝曲)等

需要指出的是，音乐治疗选曲应根据患者个体差异、视具体情况等而定。目前，此疗法还有争议，关键是在实践中检验。

3．现代音乐治疗

中国现代的音乐治疗起步较晚。1980年，美国音乐治疗专家刘邦瑞教授到中央音乐学院讲学,第一次将音乐治疗介绍到中国。1988年,文化部教育司同意试办音乐治疗专业并批准招收在职音乐治疗专科生,于是中国音乐学院开设了音乐治疗专业。1989年,我国成立了中国音乐治疗学会,成为和国际接触的窗口,促进了中国音乐治疗事业的发展。1995年,中国音乐治疗学会作为团体会员加入了世界音乐治疗联合会。1996年,中国代表参加了在德国汉堡举行的世界音乐治疗联合会第八届学术会议,使中国音乐治疗真正开始与国际接轨。1996年,原中国音乐学院的音乐治疗专业转至中央音乐学院,该院还建立了音乐治疗研究中心。2003年,中央音乐学院开始招收音乐治疗学本科生和专门攻读该专业的硕士研究生。许多高校开始建立音乐治疗学本科专业,如武汉科技大学、四川音乐学院等。2007年,南京特殊教育职业技术学院还建立了专科层次的音乐康复专业。

音乐治疗在我国台湾也得以迅速发展,台北医科大学医学研究所的医学人文组,在研究所开设了音乐治疗课程,并且在多所大专院校大学部特教系、幼教系、音乐系、心理卫生系等开设音乐治疗课程的选修学分,以上各系所是由音乐治疗师授课,有的还在试验中国传统音乐在音乐治疗中的应用。

二、外国音乐治疗简述

音乐治疗在许多国家都有一定的发展,而美国则占有现代音乐治疗的中心地位。

1. 古代时期

美国国家科学院的一项最新研究指出,音乐存在的时间早于人类生存繁衍的时间。人类并非是音乐的发明者,音乐并非是在人类具有创造性的基础上才得以问世的。在人类尚未有语言时,音乐、舞蹈就已经是最佳互动的沟通工具。音乐在远古时代就以解决人们健康问题为主要的使用目的。非洲初期文化中的部落、美国早期印第安部落中,有一种叫"巫医"(Shaman,撒满)的人,在神秘的宗教性仪式中,他在音乐节奏里运用鼓、响钟、歌曲、舞蹈、特别的服装与咒语,为人驱除疾病。至今,尚未开发的非洲原始部落里,仍有人用此方式治病疗身。古代印度在公元2世纪的古文明时期有一种音乐调式——"ragas"开始发展,而每一个音乐调式都可触发不同的情绪,能使人从悲伤、狂暴、害怕等到放松、奇异、平和、不妄、勇气,可以帮助人们与宇宙接触,促使身体、心智、精神在内在觉醒上更纯静清心。[①] 古代埃及人认为,疾病不管是感觉到的,还是没有感觉到的,它都是由神所给予的作为罪孽或违反规则的刑罚,因此,在治疗时要一边摆设供品,一边还要由演奏家演奏音乐以达到平息神的愤怒的作用。古埃及的女音乐家兼牧师谢勃特·纳·穆特(Sherbert Na Mutter)以不同的身份出现在社会之中,既是神职人员、音乐家,也被称为治疗家。在古希腊人敬拜的诸神中,最主要的是太阳神阿波罗。阿波罗就是主宰健康和音乐的神。古希腊人把健康和音乐归属一个神来主宰,这不是偶然的事。可以想象,他们当时已经知道音乐和健康是相互联系的,并且懂得音乐对人类健康十分重要。[②] 古希腊的哲学家毕达哥拉斯(Pythagoras),对音乐与健康有着这样的哲学观点:用音乐的某些旋律和节奏可以教育人,并可以治疗人的脾气和情欲,恢复内心能力的和谐。辛格内斯特(Sigenist)指出,当一种病症已经恶化的时候,古希腊

---

① 张乃文.儿童音乐治疗[M].台北:心理出版社,2004:24.
② 普凯元.音乐治疗[M].北京:人民音乐出版社,1994:1.

医生用医药恢复生理上的平衡,用音乐恢复心理上的稳定。《旧约圣经》(*The Old Testament*)中,也记载着摩西、大卫和祭司们具有用音乐驱魔和治疗的神奇力量。①

2. 近代时期

在文艺复兴时期,音乐疗法也得到发展。在关于音色、节奏、音程使人产生紧张和松弛上,以及由演奏乐器、演奏者的不同所引起的差别等方面,也引起了人们的分析和广泛应用。人们对音乐有了更进一步的想法,认为在音乐与人的生理心理、宇宙之间的互动关系方面必须和谐,人才健康。此时期的部分医生相信音乐的力量可影响人的心理状态,将音乐当成预防性医学,这种观念也被一般人所接受。② 文艺复兴时期是人类历史上最富有生气、最富有创造力的时期之一。医学与音乐都发生了巨大的变化,因为医学与音乐都影响着人类,使人类发现了自我,前者使人类从生理上认识自己,而后者则从精神上认识自己。③ 到了巴洛克时期,著名作家莎士比亚(Shakespeare)和史宾斯(Spencer)的论著中,也都提及了音乐的治疗效果。还有王公贵族雇用歌手,来治疗皇帝严重的忧郁症,有医生开始著写音乐在心理方面产生功效的书籍。18 世纪,基本确立了音乐疗法的适用范围和注意事项。音乐疗法包括演奏、唱、听三种方法。18 世纪中期至 19 世纪,医学上的有关文章开始介绍音乐作为治疗的相关附属物,也有医学院学生的学术文献来支持音乐的治疗用法,因而此时期有较多的医学研究的文章出现。另外,医生还利用音乐来治疗精神、神经方面的疾病。19 世纪末期,音乐除了应用于精神病患,也逐渐被用于视障、听障的特殊教育活动。重要的是,对音乐使用的概念,不再像之前的仅将音乐合并于医学治疗的一般理论与附属物,此时期的音乐逐渐被当成治疗特殊个案处理。④

第二次世界大战期间,各地伤亡不断,一些音乐团体、宗教人士、音乐家、医护人员,尝试以音乐演奏、歌唱的方式来安抚伤兵,希望能减轻他们身、心的压力与伤痛。音乐成为伤兵身心复健中的一部分,随即增加了音乐在医院体系中心理辅导、精神治疗上的使用。当时的施行结果受到了肯定与鼓励,产生了正面效果,因而医院大力提倡音乐的运用,培训人员的需求量日益增加,因此对工作人员的素质与能力的要求也相应提高。医院方面希望音乐家接受医疗临床技术训练,因而第一所训练音乐治疗师的美国密歇根州立大学于 1944 年成立。而 1946 年美国堪萨斯大学开始设有实习课程。战争结束后,美国的有心人士开始将它视为一项专业来发展,于是学校里开设了相关的课程,而在教育体系方面,也开始增加应用音乐对听障、语障的帮助。

20 世纪时,音乐治疗开始向科学实验方向发展。由于留声机的发明,使音乐在医院获得极大的使用兴趣。用不同形式的音乐,针对不同的人和动物,观察施行音乐后在身体功能上的不同变化。

3. 现代时期

1950 年,美国成立了全美第一个全国音乐治疗协会(National Association for Music Therapy,简称 NAMT)是现代音乐治疗专业确立的标志。1971 年,以纽约地区为主成立了

---

① [英]朱丽叶特·阿尔文.音乐治疗[M].高天,黄欣,编译.上海:上海音乐出版社,1989:26.
② 张乃文.儿童音乐治疗[M].台北:心理出版社,2004:25.
③ [英]朱丽叶特·阿尔文.音乐治疗[M].高天,黄欣,编译.上海:上海音乐出版社,1989:27.
④ 张乃文.儿童音乐治疗[M].台北:心理出版社,2004:28.

第二个美国音乐治疗协会(American Association for Music Therapy,简称 AAMT)。1980年,由 NAMT 与 AAMT 两大协会的资深音乐治疗师共同组成"音乐治疗师认证委员会"(The Certification Board for Music Therapist,简称 CBMT)。1998 年,NAMT 与 AAMT 两大协会正式合并为美国音乐治疗协会(America Music Therapy Association,简称 AMTA),这是现代音乐治疗的专业发展成熟的标志,确立了美国成为现代音乐治疗全球中心的地位。

20 世纪 50 年代,英国成立了英国音乐治疗协会(British Society for Music Therapy,简称 BSMT);到了 20 世纪 70 年代,正式成立专业音乐治疗师协会(Association for Professional Music Therapy,简称 APMT)。20 世纪六七十年代,德国、法国等相继成立音乐治疗专业组织和音乐治疗协会。亚洲比北美洲和欧洲落后了许多年,直到 20 世纪八九十年代音乐治疗在亚洲才有了迅猛的发展,日本、韩国、中国等国也相继成立音乐治疗相关组织。其中,日本和韩国发展最快。

据世界音乐治疗联合会(World Federation for Music Therapy,简称 WFMT)统计,从 20 世纪中期美国开始兴起的现代音乐治疗至今,目前世界上有 45 个国家开展了音乐治疗,150 所大学开设了音乐治疗教育专业。在短短半个世纪中,这一新兴学科得到迅速的发展,在欧美发达国家音乐治疗已初步形成了一个社会职业,仅美国就有 4000 多名注册音乐治疗师在各种医疗部门工作。[①]

第 4 节　音乐治疗的主要元素

音乐治疗的主要元素是指音乐治疗过程中必须具备的、缺一不可的因素,即:音乐治疗师、患者、音乐、治疗关系。

一、音乐治疗师

音乐治疗师简称治疗师,指的是在音乐治疗活动中提供服务的人,他可以是专业的音乐治疗师(music therapists)以及对音乐治疗感兴趣的其他专业人员。音乐治疗师除了要有音乐的相关素养和训练外,也需要具备生理学、心理学及治疗的相关知识,以及对服务对象——患者的特性及病理学知识的了解。[②]

目前,音乐治疗师一般是受过完整医学教育,并掌握一定音乐知识的医务人员,也有许多音乐治疗师是掌握一定医学知识的音乐工作者。虽然欧美各国音乐治疗师专业人员以及培养此专业人员的教育机构已经建立起来,但是,实际情况中并非只由专业人员实施音乐治疗,而是由医师、心理学家、教育家、音乐家等不同职业类别的人在实施音乐治疗,许多国家还没有建立相关的资格制度与教育制度。而我国(包括台湾省)目前真正符合从业资格的音乐治疗师也是屈指可数的,他们大多是从西方留学归来的"海归派"并持有音乐治疗师资格证书。

[①] 张鸿懿.音乐治疗学基础[M].北京:中国电子音像出版社,2000:7.
[②] 吴幸如,黄创华.音疗十四讲[M].北京:化学工业出版社,2010:18.

1. 音乐治疗师的作用

治疗师在音乐治疗中具有举足轻重的作用。音乐治疗是治疗师与患者之间进行的一种有预定方案、坦诚信赖的相互作用。治疗师通过组织音乐活动等交流方式,来达到减轻患者症状的目的。音乐治疗师的交流沟通技能、知识和能力水平直接关系到患者的治疗效果和康复情况。

治疗师在临床上要帮助患者达到的健康目标有两个:① 解决对生活或生命具有破坏性的生理疾病,如创伤、疾患、不足、残疾、损伤、障碍、变态或其他问题。治疗师的注意力可能集中于疾病或问题的原因、症状以及疾病对生活的影响等。治疗的目的可能在于治疗、校正、减轻、改善或根除疾病或症状。如果某些疾病或症状是不可治愈的,治疗师则要帮助患者适应自己现在的生理、智力或精神条件和状态,支持他在患病条件下获得较好的生活质量。② 治疗师帮助患者建立和保持较好的健康状态,防止疾病侵害,保持心理健康。例如,世界卫生组织(World Health Organization,简称 WHO)指出,在 21 世纪,抑郁症可能会成为人类的第一大疾病。这就是说,精神健康在未来将成为比生理健康更为严重的问题。[①]

需要注意的是,在治疗过程中,真正使患者产生积极的治疗性改变,从而达到健康的是患者本人,而不是治疗师。音乐治疗师所要处理的问题,不仅是音乐治疗问题,还需要帮助患者解决许多社会适应问题,因此,充分发挥每个治疗师的智慧,在治疗患者身心疾病的同时又要引导患者顺应社会、家庭、工作和人际关系,帮助他们发展参与社会活动的能力。

2. 对音乐治疗师的要求

音乐治疗师是音乐治疗的操作者,既是患者的良医,又是患者的好友。如果音乐治疗师能够掌握较高水平的音乐治疗知识,能够恰当地选择和运用治疗方法,并能取得患者的支持和合作,音乐治疗的效果就会比较理想,并易于达到预期的治疗目标。当然,音乐治疗的成效,还取决于音乐本身的因素和患者对音乐的反应程度,但更重要的是取决于音乐治疗师本身的素质和能力。

音乐治疗工作对音乐治疗师的要求,总体上有两个方面,一个是道德修养方面的要求,一个是专业技术方面的要求。

参考普凯元所著的《音乐治疗》[②]对音乐治疗师是这样要求的。

在医德方面,音乐治疗师和其他各科医务工作者一样,应当具备社会公认的高尚医学道德。他们应当具有大公无私、全心全意为人民身心健康服务的崇高道德境界,在医务工作中应当贯彻救死扶伤、防病治病的原则。在医学模式转变(从单一的"生物医学模式"向"生物、心理、社会医学模式"转变)的今天,音乐治疗师更应与患者建立互相尊重和关心体贴的医患关系,要知道自己服务的对象不仅是病人,而且还包括正常人,音乐治疗师尤其需要适应新的医学模式(生物—心理—社会)的要求。

在业务方面,音乐治疗师应当掌握音乐治疗的知识并能将之运用于实际。有关音乐治疗知识的内容,既有理论基础,又有实践经验,音乐治疗师应当全面掌握这些知识,不能偏废某一方面,尤其是应当懂得音乐治疗的基本理论,这样音乐治疗的实践才有可能获得较大发展。

---

① 高天.音乐治疗学基础理论[M].北京:世界图书出版公司,2007:100.
② 普凯元.音乐治疗[M].北京:人民音乐出版社,1994:157-163.

音乐治疗师的专业水平,关系到音乐治疗的质量和音乐治疗学科的发展。20世纪70年代美国音乐治疗学会曾制定出音乐治疗教学大纲,作为培养音乐治疗人才的参考。20世纪80年代美国音乐治疗学家布鲁夏等人据此提出了新的音乐治疗师的基本能力要求。这个要求既是基础性的又是普遍性的,既是专业性的又是整体性的。这个要求是以音乐治疗的基本过程为基础而确立的:建立治疗关系,分析患者病情,拟定治疗目标和治疗方法,指导治疗活动,评价病情进展和治疗过程,总结效果,书写报告以及参加病例讨论。虽然这一要求是根据美国的音乐治疗发展水平制定的,并不完全符合我国目前音乐治疗发展的实际情况,但从长远来看,还是具有一定参考意义的。

(1) 音乐基础方面的要求

音乐理论和音乐史:了解主要的经典和普通音乐作品。

作曲和改编:能够将音乐作品改编适合小组唱或简单乐器合奏形式。

主要表演媒介:能够较好地应用主要乐器和嗓音表演主要曲目。

键盘乐器:能够较好地演奏中等水平作品。

吉他:能够演奏主要民歌和通俗乐曲。

歌唱:能够用较优美的嗓音歌唱民歌或通俗歌曲。

非管弦乐器:能够演奏多种旋律性和敲打性非管弦乐器。

即兴表演:能够用键盘乐器或吉他很好地改变旋律或伴奏。

指挥:能够指挥小组唱或简单乐器合奏。

运动:能够通过自己的动作或舞蹈表现自己。

(2) 临床基础方面的要求

行为障碍:了解各种行为障碍的原因和症状,了解变态心理的理论。

治疗的动态:了解治疗师与患者关系的动态和过程,了解个人和集体心理治疗的方法和技术。

治疗关系:能够通过观察而洞察患者的内心世界,并在个人治疗和集体治疗中积极发挥作用。

3. 音乐治疗师应注意的问题

治疗师在音乐治疗的过程中,应特别注意以下问题。

(1) 共情反应

共情反应指的是治疗师倾听并向患者反馈其情感和正在表达的与没有表达的话的内在含义,从而使患者体验到他被治疗师所深深地理解。共情是增进患者投入性参与的一个重要因素,它要求治疗师以患者的视角去看待、体验现实,同时又保持一名治疗师客观的观点。当患者深切地感受到被倾听与理解,会使患者的自我探索与自我认识不断丰富,从而产生影响治疗的强大动力。

真正的共情是发自内心的一种态度,尽管共情反应可以被完善与提高,但是,治疗师也不可丧失自身独立性与现实性来认同患者。为了达到有效的共情,治疗师必须能够体验患者的感受,对患者的体验感同身受。共情并不等同于单纯的情感反应。共情反应增加了患者言语和非语言信息所传递的含义,这就要求治疗师需要捕捉患者在治疗情境内、外普遍存在的情感体验。这样共情反应才能反映出患者深层次的尊重与关注,才能深入到患者的情感世界、思维模式与信息系统。没有倾听与理解,也就不可能有真正意义上的共情。

邓肯、哈勃和米勒(Duncan, Hubble & Miller,1997)告诉我们:要做到共情,就意味着在一开始就要仔细聆听患者的故事,试图去理解患者的体验,随后与患者一起分享你的感受。①

 实例 1-5②

> 患者:我不想再这样生活了。
> 治疗师:我同意,我也不想。(分析:这是同情,而不是共情。)
> 患者:那么,你理解我在说什么吗?
> 治疗师:我应该理解你的感觉,这对你来说是非常重要的。(分析:这是共情。)

(2)移情

移情就是患者把曾经经历的对以前某个人的情感、态度或者冲动移置到后一个先前没有对之产生过这种情感、态度或者冲动的人身上。③ 移情在所有的人际关系中多多少少都会发生,这是因为人与人之间的关系通常都受到以前人际经历的影响。例如:患者把同父母的关系移置到治疗师身上,这就是移情反应的典型形式。这主要是因为父母在人们的基本心理冲突中是最有可能涉及的,也最有可能在人们的心中留下深刻的印象。

高天教授是这样界定音乐治疗中移情的概念:治疗对象(患者)把自己对生活中一些重要人物的情感体验投射到治疗师身上,我们称之为"移情"。这种移情可能是爱或依赖,也可能是恨或愤怒。移情有时是正性的、友爱的,有时是负性的、敌对的。但移情并非是对治疗师产生爱慕,也不是有意识的恐惧,移情是患者无意识阻抗的一种特殊形式。在治疗过程中,对治疗师的恨或愤怒的移情很容易对治疗产生消极的影响,但是对治疗师的爱或依赖的移情投射也可能对治疗产生消极的影响。无论是恨还是爱,凡是对治疗的结果产生消极影响的移情都是"消极的移情"。④ 治疗师也可以通过移情了解到患者对其亲人或他人的情绪反应,引导患者讲出痛苦的经历,揭示移情的意义,使移情成为治疗的推动力。

(3)反移情

在心理治疗中,反移情的定义为:"反移情指治疗师对患者行为的不合适或非理性的反应。"⑤反移情就是反向移情,和移情的方向相反。移情是患者对治疗师产生的一种感情,而反移情是治疗师对患者产生的一种感情。患者把心理上对亲人或关系人的喜怒爱憎情绪转移到治疗师身上,治疗师取代了他可以发泄情感的对象,于是治疗师成为他爱或恨的替身,这就是移情。但是,治疗师本身也是人,是人就有自己的生活体验和情感感受。如果一个治

---

① [英]史贝利.成为有影响力的治疗师[M].张莉娟,译.北京:世界图书出版公司,2006:67.
② [美]林恩·赛瑟.干预与技术[M].安芹,译.北京:北京大学出版社,2008:48.
③ [美]欧文·B.韦纳.心理治疗的法则[M].第二版.成都:四川人民出版社,2007:208.
④ 高天.音乐治疗学基础理论[M].北京:世界图书出版公司,2007:93.
⑤ [美]欧文·B.韦纳.心理治疗的法则[M].第二版.成都:四川人民出版社,2007:251.

疗师,在音乐治疗过程中,把个人的恩怨爱憎投在患者身上,这就是反移情。要注意的是,反移情只是和移情的方向相反,但绝不是反对患者的移情。

反移情一开始被认为对治疗造成了妨碍,但后来的经验表明,反移情有时是有利的。因此,反移情可以分为积极的和消极的两种。治疗师由于自己的某些个人经历与患者的经历具有某些相似性,因此可以更容易和深入地理解患者的内心世界和复杂情感,从而有利于治疗过程的发展或深入,这种情况我们称之为"积极的反移情"。相反,当治疗师自己的潜意识需要在治疗过程中不知不觉地影响或破坏了治疗的效果的时候,我们称之为"消极的反移情"。例如:治疗师过度地与治疗对象共情,或相反的,治疗师不自觉地对患者产生反感情绪,都是消极反移情的表现。[①] 在治疗中,反移情和移情一样都是不可避免的。有时治疗师直觉的闪现通常是基于反移情,它能潜在地传递给治疗师一些无法用言语表达出来的感受和态度方面的信息。它既能为治疗师提供与患者问题有关的重要信息,也为治疗师提供与自身有关的信息。

(4) 阻抗

当患者不愿意改变自己的信念、行为、习惯以及身体状况时,我们通常称这种现象为"阻抗"。有意识的阻抗可能是患者怕治疗师对自己产生坏印象,或担心说错话,或对治疗师还不能信任,这种情况经治疗师说服即可消除阻抗。[②]

在大多数情况下,患者都会在不同程度上表现出无意识的对治疗的阻抗。这种阻抗通常表现为对治疗过程的抵抗和不配合,而患者自己则并不能意识也不会承认。患者往往口头上表示迫切希望早日完成治疗,但行动上对治疗却并不积极热心。例如:患者会表现出很难回忆起一些与症状相关的重要事件及线索;拒绝向治疗师开放自己的内心;拒绝面对自己所面临的问题;拒绝改变自己的信念、行为模式或情绪等;拒绝治疗师的要求或建议;不按时来到治疗场所或不按照约定付费等;也可能表现为对治疗师本人的敌意和反感。[③]

治疗无法回避这种无意识的阻抗。治疗师需经过长期的努力,通过对阻抗产生的原因进行分析,帮助患者真正认清和承认阻抗,治疗便向前迈进了一大步。

二、患者

患者指在音乐治疗活动中接受服务的人。有的也被称为:病人、受治者、来访者、受治对象、案主等。音乐治疗适用的患者非常广泛,凡是能够接受或进行音乐活动的患者,当他们需要的时候便可进行音乐治疗,重要的是要有能力接受或进行某种音乐活动,无论是听,还是表演,不受民族、性别、年龄、职业的限制。所有的人大都会从音乐治疗中获得益处。这样,音乐治疗的适应症就很多,从轻微的症状到严重的疾病,从一般情绪问题到特殊人群的心理与行为问题都在音乐治疗之列。[④]

1. 一般患者

一般患者包括:身心障碍、智能障碍、学习障碍、情绪障碍、行为问题、视障、听障、肢体

[①] 高天.音乐治疗学基础理论[M].北京:世界图书出版公司,2007:90.
[②] 张鸿懿.音乐治疗学基础[M].北京:中国电子音像出版社,2000:99.
[③] 高天.音乐治疗学基础理论[M].北京:世界图书出版公司,2007:93.
[④] 普凯元.音乐治疗[M].北京:人民音乐出版社,1994:105.

障碍、语言障碍、高龄医护、疼痛控制、安宁疗护等,以及一般人的压力舒缓、心灵成长、个人探索,或配合不同取向的心理治疗团体(如心理剧)。所以,就人生发展来说,音乐治疗可适用于从出生到临终的每个阶段;就范围来说,则从一般的压力控制或情绪调节,到轻重不等的各种生理、心理疾病皆可能有所帮助。[①]

例如:语言障碍。从音乐治疗的角度来看,语言障碍根据活动情况也可分为:语言、时间(节奏)、嗓音和符号化障碍。语言障碍包括代替、遗漏、增多和声音异常。时间或节奏障碍指发音时在时间上的缺陷。嗓音障碍的特点表现在音高、响度和音质的异常。符号化障碍是指构成、理解和表达意义的困难。虽然语言障碍分成四个类型,但是实际上其间是相互联系的。语言障碍常发生于腭裂、耳聋及听觉困难、脑性瘫痪和失语症。[②]

2. 特殊儿童

特殊儿童指儿童在身心特质方面显著的低于或高于常规或平均表现水准,需要提供特殊教育方案及其他相关服务才能符合这些儿童的需要,发挥个人的学习潜能。音乐治疗师可以通过提供矫正的协助、改变特殊的行为、增进现存的功能,以及透过音乐经验来学习新的技巧。[③]

美国音乐治疗协会(AMTA,1998)调查发现,音乐治疗师可以对下列常见的儿童与青少年族群(依照应用多寡顺序排列)提供治疗:发展障碍、行为障碍、情绪困扰、肢体障碍、学龄儿童、多重障碍、语言障碍、自闭症、视觉损伤、神经损伤、听觉损伤、药物滥用、受虐儿童、幼龄儿童、脑伤儿童等。

有的特殊儿童与青少年的障碍形态是单一存在的,但是也常有多重障碍合并存在的。例如,严重脑性麻痹儿童就存有运动障碍、智能障碍或语言障碍等问题。

三、音乐

根据布鲁夏的理论,音乐在治疗中的角色可以分成两大类:治疗中的音乐(music in therapy)和作为治疗的音乐(music as therapy)。无论是"治疗中的音乐",还是"作为治疗的音乐",它们在治疗中的重要性以及治疗的深度和层次上并没有高低、主次、深浅之分。任何类型的音乐治疗都可以在浅层次或深层次上进行。[④]

1. 治疗中的音乐

在治疗中,音乐对治疗师与患者的治疗关系、治疗手段起着催化、加强和巩固的辅助作用。如背景音乐、辅助音乐或增进治疗作用的音乐,可在心理治疗、放松训练、肢体康复及某些医院科室治疗中使用。在这种治疗形式中,虽然音乐不是治疗的手段,但是它可以成为其他治疗手段中强有力的"助手",而且是其他方法难以替代的。

在强化水平的音乐治疗干预中,音乐的作用更多的是"治疗中的音乐",而非"作为治疗的音乐",而治疗师在治疗中的作用与音乐的作用同样重要。

[①] 吴幸如,黄创华.音疗十四讲[M].北京:化学工业出版社,2010:29.
[②] 普凯元.音乐治疗[M].北京:人民音乐出版社,1994:140.
[③] 吴幸如,黄创华.音疗十四讲[M].北京:化学工业出版社,2010:144.
[④] 高天.音乐治疗学基础理论[M].北京:世界图书出版公司,2007:82.

2. 作为治疗的音乐

在治疗中,将音乐作为治疗的主要手段,治疗师只作为音乐的辅助者去促进患者的音乐体验。治疗师基本不借助语言、治疗关系对患者进行干预,而是以音乐体验作为音乐治疗干预中唯一的、基本的治疗手段,直接作用于患者的身心而产生功效。治疗目的是通过患者对音乐活动的体验来完成。在这种情况下,音乐成为真正的治疗者,而治疗师则成为音乐的助手。当然,使用什么样的音乐作品,则需要治疗师根据自己的经验和知识来决定。例如,通过治疗过程中的背景音乐或音乐活动提高患者的神经、肌肉、听觉和发音功能,以及音乐放松、音乐自由联想等。

四、治疗关系

治疗关系指治疗师、音乐和患者在治疗过程中形成的关系,包括患者与治疗师的关系、患者与音乐的关系、治疗师与患者的音乐的关系、治疗师的音乐与患者的音乐之间的关系等。治疗关系是一种平等、依赖、信任、合作的相互关系,尤其是治疗师和患者在音乐治疗中产生的特定关系对治疗效果来说起着重要的作用。"治疗关系的质量直接影响到治疗的进程,其重要性远远超过了那些被普遍认可的治疗理论和被研究证实的治疗技巧。"(Duncan, et al., 1977)。[1] 融洽、和谐的治疗关系的目的在于促使患者获得理想的治疗性改变。

音乐治疗中的治疗关系比其他形式的治疗(如常规的心理治疗)更加复杂,前世界音乐治疗联合会主席、前美国音乐治疗协会主席马兰托(Maranto,1994)博士对这种复杂的关系进行了分类。包括:治疗对象与自己的音乐的关系、治疗对象与治疗师的关系、治疗对象的音乐与治疗师的关系、治疗对象与治疗团体的关系、治疗师与治疗团体的关系、治疗师的音乐与团体的音乐的关系、治疗对象的音乐与团体的音乐的关系。[2]

第5节 音乐治疗的分类

为了达到治疗的目标,音乐治疗师会根据患者的具体症状和优势能力选择适合患者的音乐,设计不同的形式、不同的技术方法和不同的音乐活动。所以,在实际治疗中,每个音乐治疗师面对不同的患者,他会依据不同的理论、从不同的角度,去选用不同的音乐治疗形式和方法,使其呈现不同的作用和目的。因此,需要对音乐治疗做简单的分类。

一、音乐治疗的形式

音乐治疗的形式是多元的。在实际治疗中,治疗师会根据患者的实际问题而灵活运用不同的音乐治疗形式。

1. 从治疗师的角度来看

从治疗师的角度来看,音乐治疗可分为主动音乐治疗和被动音乐治疗两种形式。

主动音乐治疗可称之为活动性音乐治疗,它是指用音乐作为自我表现的方式。如:柯达伊和达尔克罗兹音乐治疗、奥尔夫音乐治疗法、鲁道夫-罗宾逊音乐治疗法等。在音乐治

---

[1] [英]史贝利.成为有影响力的治疗师[M].张莉娟,译.北京:世界图书出版公司,2006:17.
[2] 高天.音乐治疗学基础理论[M].北京:世界图书出版公司,2007:95-98.

疗的过程中,治疗师与患者用音乐进行对答式的互动,如用敲、唱、奏等表达方法,是患者将其内心世界的内容外化的行为。而音乐治疗师给予对应形式的回应和表达,是帮助和引领患者从当下身心状况走出不良状况的举措。例如:有一个学生,原本害怕除父母、班主任、同班同学之外的人,低头不语,甚至用手遮住脸,趴在板凳上不肯起来;经现场短暂乐器演奏、音乐交流等,从开始短暂碰、摸乐器,逐渐发展到手握打击乐器、随音乐演奏乐器,过渡到站起来演奏,甚至放下乐器随治疗师律动。

在这种音乐活动中,使无主动语言的、意愿表达不畅的患者参加到动态的活动中,通过敲、唱、奏等,将自己的身心问题借自己创造的音乐表达出来,尝试着与他人沟通,逐渐得到自我觉察、自我警醒、自我调整的状态;并在音乐治疗师提供丰富、多样的音乐活动的介入中,重新构建自我、情感、交往模式等以适应社会生活,这就是活动性音乐治疗的重点。

被动音乐治疗又叫作接受式音乐治疗,是以治疗师现场弹奏音乐或播放录制性的音乐来刺激患者的感觉系统。患者以静坐、卧听的方式聆听、欣赏音乐,患者在此过程中产生联想、回忆等;可听后讨论,也可在聆听过程中治疗师巧妙设问、引领进行。此方法适合愿意表达自己想法、语言流畅的人。治疗刚开始时可选一些情感鲜明、容易听懂、易展开联想的乐曲进行。例如:歌曲讨论等。

在实际操作时,也有将上述"主动与被动的音乐治疗"两种方法联合起来使用,即治疗中动、静结合。至于如何结合,侧重点则要随实际情况而定,有以静为主,辅以动的治疗;也有以动为主,辅以静的治疗;更有动、静双为主的治疗。治疗内容随侧重点的不同而进行不同的安排。这种方法可以使患者在身心方面得到全面的锻炼,逐步达到治疗的目的。

2. 从患者的角度来看

从患者的角度来看,音乐治疗可分为个体治疗和集体治疗两种形式。

个体治疗指一个治疗师与一个患者之间的、一对一的治疗形式。在个体治疗中,治疗师与患者的关系是决定治疗成败非常关键的问题。在此提到的治疗关系是建立在信任、理解、接受、认同、支持等基础上,治疗师帮助患者达到治疗的目的,它不同于医护人员与病人之间的关系。移情与反移情的问题在个体治疗中也是值得高度关注的问题。当移情关系处理得好时,可使治疗师与患者之间产生理解和同情,有利于加快治疗正向进程的速度;如处理不当,反而会影响治疗的进展,甚至失败。这种治疗形式适合对不能参加集体治疗的患者,或有所顾忌无法在集体中敞开心结的人进行治疗,个体治疗能使他们感到安全和可靠。

集体治疗指为患者提供一个"小社会"的环境,使患者在集体治疗的音乐活动中与参与成员及治疗师形成一个多方位、多角度、多层次的互动治疗关系。他们之间彼此互相影响着行为和心理的活动。集体治疗的形式适合理解障碍、情感接受障碍、交往障碍、沟通障碍等患者,让患者通过集体音乐活动逐步调整自己的角色,控制自己的不适行为,将集体意识逐渐转化为社会意识和行为。集体治疗不可忽视患者的实际状况和治疗目的,否则无法进行治疗。尽量使特点相似的患者在一起成为"同类"组;也可使特点不同的患者在一起接受治疗,称"异质"组。但是,特点不同的患者在一起的比例要掌握好。组员以十人左右围成圈进行交流,治疗师在此充分调动成员的积极性,形成人人参与的互动场面,治疗师也不例外,要成为组员互动中的一员。要避免出现治疗师与每位组员的互动,而是要达到全组成员间的互动。

3. 从理论的角度来看

从理论的角度来看,音乐治疗可分为心理治疗取向、音乐取向、教育取向等形式。

心理治疗取向音乐治疗指音乐治疗中不少理论是建立在心理治疗学派基础之上,来阐述音乐治疗自己的概念的。有一些音乐治疗理论是直接从心理治疗学派衍生出来的,如:心理动力取向音乐治疗、完形取向音乐治疗、行为取向音乐治疗、认知取向音乐治疗等。还有音乐治疗是融合了某些心理治疗学派的理论和手法而形成的,如引导想象音乐治疗。再就是音乐治疗采用声音或音乐作为手段,对于心理治疗学派来说,与心理治疗用语言为主的治疗一样,可以用心理动力学派的理论和概念来思考。因此,将这类治疗称之为心理治疗取向的音乐治疗(罗伯兹,1998)。[①]

音乐取向音乐治疗指以音乐为主,强调用音乐技巧介入的手法和以音乐要素来进行和分析的模式。如鲁道夫-罗宾逊音乐治疗,即创造性即兴音乐治疗。此方法是真正、完全地从音乐中发展起来的治疗。它以即兴音乐的方式来反映患者的情绪和情感(几乎不用语言),达到彼此的沟通和理解。

教育取向音乐治疗指以改善、提高患者的身心状况为目的,把音乐教育中某些技巧手法,运用到音乐治疗中的模式。如临床奥尔夫音乐治疗、柯达伊理念的临床应用、达尔克罗兹肢体韵律的临床应用、发展性音乐治疗等都属于教育取向的音乐治疗。音乐教育和音乐治疗似相同却性相远。如:音乐教育者和治疗师都是带领学生(患者)进行音乐活动,但所追求的目标是不同的。音乐教育关注的是学生的音乐审美教育和音乐本身;音乐治疗关注的是改善、提高患者的身心状况,音乐在治疗中只是扮演工具的角色。所以,很多人会将音乐教育与音乐治疗从表面上等同起来,认为是一回事,其实两者的目的是完全不同的。这将在特殊儿童音乐治疗的概述中继续介绍。

二、音乐治疗的方法

每一种音乐治疗的学派都有各自不同的治疗设计、评估方法、操作模式,以及对演奏中呈现出的音乐现象进行分析的方法。在实际治疗过程中,治疗师根据患者的能力及其治疗的目标,配合以不同的治疗技术、不同的音乐活动内容及不同的音乐治疗的方法。音乐治疗的方法可以分成几类,不同的治疗师、不同的学派有不同的分法。有的将音乐治疗的方法划分为聆听式、再造式、即兴式、创作式四种形式。也有的将音乐治疗的方法划分为接受式、再创造式和即兴演奏式三种形式。下面主要介绍这三种形式。

1. 接受式音乐治疗

接受式音乐治疗是通过各种听音乐的方法来达到治疗的目的,也可称为聆听法。它有多种聆听技术,如听歌讨论法、音乐冥想法、积极聆听法、音乐引导想象、放松技巧、音乐欣赏、音乐感官刺激法及音乐记忆法等技巧。[②]

治疗中以聆听音乐为主,在音乐的刺激和治疗师的引领下产生回忆、联想和想象等生理反应,来调整身心达到治病的效果。聆听音乐是人类社会生活中常见的一种行为。各国的治疗师根据自己本国的文化特点、个人的风格及对某个心理学流派的倾向性,形成了多种接受式音乐治疗的技术。

---

① 吴幸如,黄创华.音疗十四讲[M].北京:化学工业出版社,2010:64.
② 张初穗.音乐与治疗[M].台北:先知出版社,2002:47.

例如：听歌讨论法，无论是在国内还是在国外都是常用的方法之一。歌曲可以由治疗师选择，也可以由患者去选择，对歌曲的风格、题材、体裁、歌曲内涵和特点、词曲作者、创作背景等进行讨论，使患者回忆第一次听到的感觉或听到此曲曾给他留下深刻印象时的情景和情感反应等。歌曲的选择是与治疗的目标有密切联系的，一般可从以下三点来看听歌讨论的目的：① 对歌曲创作、演唱年代的追忆和作品风格、形式等的讨论，有益于治疗师在轻松的、富于感情色彩的情况下，较容易地了解组员的人格特征、心理深层的需要，使治疗师在接下来的治疗中，更有针对性地提供相应的歌曲，引发组员更深入地分析、体验和探讨，起到促进、支持组员生理、心理的改变，达到治疗的目的。② 歌曲讨论可引发组内成员间的语言沟通、情感交流、无意识的记忆训练及学习宽容和接纳等人际交流技巧。治疗师选择歌曲的方式有集中性的讨论主题和讨论方向；患者选择歌曲的方式有发散性的讨论主题和方向，还可反映出患者个体的喜好、思想和情感状态，形成分享患者个体喜好、思想和情感的场面，以及表现出患者个体愿意将自己对音乐的感受和体验进行共同分享。这是引发、促进语言交流的最恰当的时机。③ 改变患者思维模式和行为方式。由于患者心理或情绪障碍等问题造成的人格扭曲，在思维模式和行为方式上会与正常人有很大差别，通过歌曲的共同讨论，可使患者在自己理解和认识的基础上，意识到自己的思维模式和行为方式不入"主流"，从而达到逐步改变和治疗的目的。

听歌讨论法可用于集体治疗，也可用于个别治疗，集体治疗用的较多。依此可以看出，听歌讨论法可以在患者较浅的认知层面进行干预，引导患者对歌曲进行简单的讨论；也可以在患者较深的认知层面进行干预，引导患者对歌曲的思想、感情及观念进行讨论，达到改变偏差认知的目的；还可以在患者深层次的精神层面进行干预，通过音乐的介入和患者对音乐体验的讨论，来发掘患者潜意识中复杂的情感矛盾，触及病人内心深处的创伤和深层的心理需求。如治疗师利用音乐对人脑记忆力的刺激作用，引发和改善患者的记忆，可延缓记忆力衰退的进程。

实例 1-6

一位老年痴呆症者，他对自己家人的记忆一时清楚一时糊涂……当治疗师了解到他曾经参加过抗美援朝，便问他是否听过、唱过当时一首十分流行的歌曲《志愿军进行曲》时，他没有反应，过后他又说没有听过。当治疗师为他现场演奏《志愿军进行曲》后，他的视线慢慢地抬起并寻找……眼睛也开始放光，脸上也慢慢地泛起红光；另一位治疗师即时递给老人一个铃鼓，示意他拍响，老人很快学会并跟上了乐曲的节奏和速度；接着治疗师边演奏边演唱起《志愿军进行曲》，很快，老人就跟着唱起来，当然刚开始还是有歌词记不得的现象，再唱之后就能自己合乐完整地演唱。唱完之后再问他是否听过这首歌，他愣在那里，然后仍说没听过。这一"反常"现象说明老人对《志愿军进行曲》的记忆是有的……治疗师通过使用那个时代的音乐来激发老人的记忆和非音乐的记忆，即用当时的社会背景：老人当时有关的生活事件，战友，家人，相关的电影名称、内容、人名等。经过一段时间的治疗，老人的记忆力得到了明显的改善。

值得注意的是,治疗师在用听歌讨论法选择音乐时,应该是选择患者喜欢的或能够接受的;不可主观地认为某种音乐能够引起患者某种情绪的反应。而且还要注意患者是否有学习音乐的特别经历。

听歌讨论法也可运用到特殊儿童的案例中,如发育迟缓的特殊儿童,可通过聆听音乐中的歌词去帮助他们学习各项事物,如识数、识字、分辨颜色、学习语言、熟悉生活技能等。

2. 再创造式音乐治疗

再创造式音乐治疗是通过主动参与音乐作品的唱、奏、跳,或根据治疗的需要对作品进行改编后的各种唱、奏、创作等来达到治疗的目的。再创造式音乐治疗指不仅需要患者聆听音乐,重要的是患者能在音乐治疗师的带领下,亲身参与到声音或乐器的音乐活动中,即音乐治疗师依据患者不同程度的能力让其做音乐表演。音乐技能的学习属于再创造式音乐治疗的方法。再创造式音乐治疗并不需要患者在演唱、演奏上有过音乐学习的经历,或有高深的音乐技能。此方法可用于集体治疗,也可用于个别治疗。治疗师会根据患者的实际能力来决定用何种形式进行治疗。音乐技能的学习一般是以个体治疗的方式进行。

集体音乐治疗活动可帮助患者在演奏、演唱的活动中得到轻松愉悦的心情,以此来促进交流和情感的表达等,发展音乐以外的能力。在音乐活动中表演的好坏并不重要,重要的是在活动中取得各种能力的改变,它属非音乐性。但是,随着患者各种能力的逐渐好转,也可以训练其演奏、演唱向好听的方向发展,这就属于音乐性。

当音乐活动的目的,在于演奏、演唱和技能学习过程中行为发生改变时,即非音乐性,就称它为"过程取向的治疗"。当音乐活动的中心是以音乐学习或练习的结果为目的时,即克服身、心障碍,学习音乐技能获得音乐上的进步,就称它为"结果取向的治疗"(Unkefer,1990)。

实例 1-7

一个自闭症儿童小 S 害怕与他人交往,当他遇到人多的场面或生人时,就会用手捂着脸或趴着将脸藏起来,来回避他人的视线接触。治疗师先采用个体治疗的方式对其进行训练。当小 S 刚开始用上述姿势在治疗室接受音乐治疗时,治疗师蹲在小 S 的身旁合乐打着响板,他会不时地抬起头,四处张望,拿走治疗师手上的响板,打一下,再看看周围后又趴下,反复这样,直到治疗结束。三次后小 S 的行为开始有改善……治疗师后又采用集体治疗的方式对其进行训练。刚开始他仍然是趴着将脸藏起来,抬起头来将乐器从治疗师手中拿走扔了或乱敲几下再扔,想使音乐难以进行下去,然后看看又趴下,来对抗集体的演奏。后来治疗师演奏了他喜欢的乐曲《大头儿子,小头爸爸》,大家随乐演奏着各自的乐器……慢慢的他有了阶段性的参与行为,经过一段时间集体演奏音乐的活动后,他逐渐融入集体,与他人的交往也大大增加,主动用语言表达自己的愿望也时有发生……

实例 1-8

  小学生 Z 学习成绩不理想,久而久之,产生了严重的自卑心理,在学校,她拒绝与同学交往,不愿意参加集体活动,老师不允许,她就发脾气或哭。她的智力发展也因自卑的心态和长期抑郁而受到抑制。她妈妈告诉音乐治疗师:"在家,她有时一个人会哼哼歌,特别是当听到她爸爸唱她喜欢听的歌(快节奏的歌),只要两遍 Z 就能学会。"治疗师发现她具有很好的音乐天赋和记忆力后,决定以教其唱歌作为切入口。经过半年多的学习,她在声乐方面有了长足的发展,治疗师建议老师给她机会展示……同学们羡慕她歌唱得好,她也改变了现状,能与同学有所交往,愿意参加集体活动,在家长和老师的帮助下学习成绩也有了一定的提高,自信心大增……

  3. 即兴演奏式音乐治疗

  即兴演奏式音乐治疗指以人声和乐器自由表达患者自己的情绪及感觉的方法。用非语言性的表达手段直接抒发内心的感觉,特别是对于有语言障碍的患者来说更具有实际意义。即兴演奏式音乐治疗方法又可以分为:精神分析的流派、人本主义-存在主义的流派和格式塔取向的流派等。

  在即兴演奏中,多采用简单的散打节奏性乐器和带音高的打击乐器,如不同的鼓类、三角铁、镲、锣、木琴、钟琴、铝板琴等。使用这些乐器无须学习训练即可演奏,治疗师多用钢琴或吉他与患者共同演奏,有时还会加上哼唱或用衬词演唱的人声予以配合。即兴演奏的形式可为个体即兴或团体即兴。即兴技术的使用可随患者的能力及治疗目标的改变而改变。因此,就有了自由即兴、在治疗师伴奏下的即兴、对音乐性主题的即兴(对旋律、节奏调性的即兴)等区别(Maranto,1993)。[①]

  即兴演奏的内容可以围绕治疗师或患者事先选定的主题,由患者自己对主题的理解程度进行演奏。当然,即兴演奏的内容也可以是没有主题的,患者可根据自己当时的情绪、兴奋点、想要表达意愿的程度,进行自由演奏。或刚开始没有主题,随着患者的情绪的投入程度,又给演奏设立一个主题。也可以有主题的即兴演奏与没有主题的即兴演奏先后、穿插进行。所以,即兴演奏过程中的音乐可能是和谐动听的,也可能是杂乱而没有规则的。

  在集体治疗中的即兴演奏,无论是上述哪种音响(音乐)效果,都可以反映出治疗小组内部人际关系的状态。集体即兴演奏的形式,患者可围坐成一个半圆,乐器放在患者的前面;也可围坐成一个圆圈,乐器放在患者围坐的圆圈中间。在即兴演奏之前治疗师会对乐器进行介绍,并让患者一一试过,然后让他们根据自己喜欢的音色、音量,乐器的大小、形状、颜色选择乐器。通过选择乐器,治疗师可以得到患者人格特征、人际关系及演奏活动中所占的地位等信息。

  即兴演奏前,通常治疗师会说:"如果你们准备好了,就可以开始了。"患者这时会先后不一地演奏起来,治疗师可以参加演奏,也可以不参加演奏,但大多数是参加的。演奏过程

[①] 张初穗.音乐与治疗[M].台北:先知出版社,2000:8.

中,每一个患者都会自觉或不自觉地调整自己的节奏、速度、音量或旋律的演奏,希望在整个音乐演奏活动中找到自我。而这一表现恰恰是患者在社会人际关系中,行为特征和人格特点生动再现。集体即兴演奏音响效果的发展大多是:乱——趋于整齐——变乱——新的整齐;整齐——趋于混乱——新的整齐。演奏过程的发展趋势是受每位患者的心理矛盾和现实音响对他们的刺激反应发展而来的。

即兴演奏之后,治疗师会组织、引导所有患者进行讨论,让患者说出演奏时的自我感觉和对他人演奏的感觉,这是一种学习社会适应行为的良好机会和环境,从中找到自己的社会地位和社会角色,学会与人和睦相处。

在个体治疗中,患者的即兴演奏是为了帮助患者抒发和宣泄自己的情绪和情感,与治疗师建立起良好的治疗关系。而即兴演奏的内容可以是围绕主题演奏的,也可以是没有主题的演奏。

需要注意的是,治疗师在音乐治疗中与患者共同的演奏,是处于一个启发、引导、支持的地位上,不可以占主导地位。

每次即兴演奏之后都与集体治疗一样要讨论,建立治疗关系。当患者能够接受治疗师时,就可以帮助患者了解和确定在音乐中表现出来的情感,进行分析指导达到治疗的目的。[①]

以上是对接受式、再创造式和即兴演奏式三种音乐治疗的方法作简要的介绍。其实,音乐治疗的方法及技巧是多种多样的,而且有时不是单一的而是复杂的组合,呈现出多元化的态势。治疗还可以与其他艺术形式进行结合,如舞蹈、戏剧、诗词、绘画等,同样有一定的治疗效果。这些治疗形式,统称为"艺术治疗"。

三、音乐治疗的多元化

音乐治疗学经过了半个多世纪的发展,从 20 世纪 50 年代,运用心理学理论和方法开展音乐心理和行为治疗开始,到现在的 21 世纪,人们对音乐的重新认识,并将音乐逐渐融合于现代科学技术中,运用音乐学、声学、物理学、生物学、心理学、传统医学和现代医学等多学科的理论和方法,创造出不同类型、多元化的音乐治疗技术和方法,来适应人类追求心身健康的需求。例如,音乐电疗法、体感振动音乐疗法、音乐理疗法等,下面将作简要的介绍。

1. 音乐电疗法

音乐电疗法是我国独创的,也是主要在我国发展起来的音乐疗法,它是将音乐、电疗和针灸治疗相结合的疗法。

20 世纪 80 年代,解放军 202 医院等单位研制出音乐电疗仪,是在音乐疗法的基础上,将穴位、音乐、电脉冲三者巧妙地结合起来的新方法。在一般的理疗中,单纯的电疗是采用单调的或周期重复的脉冲波,而将音乐信号转换成电信号就能增强治疗效果。因为音乐是千变万化的,音乐转换成的电脉冲作用于人体的每一时刻都是一种新刺激,可提高疗效。另外,音乐电疗法是将音乐与"电疗"、"针疗"相结合的一种疗法,用毫针代替电极板并结合人体经络穴位形成的音乐电针疗法在应用于外科手术的电针麻醉中取得了很好的效果。

---

① 高天.音乐治疗学基础理论[M].北京:世界图书出版公司,2007:160.

传统的音乐电疗仪是以磁带机为音源,这样的音乐电疗仪存在很多缺点,随着数字技术的发展,一种以数字音乐为音源的音乐电疗仪开发出来,它不但很好地克服了传统音乐电疗仪的缺点,而且增加了存储文件和液晶显示的功能,这样可以很方便地选择不同音乐,可以使治疗信号透明化,使患者放心地接受治疗,从而进一步增加疗效。

音乐电疗与音乐电针疗法广泛地应用于肌肉扭损伤、坐骨神经痛、面神经麻痹、神经衰弱、初期高血压、脑中风后遗症、肾结石的碎石等。音乐电疗的科研报告多次在美国、德国和东南亚地区的国际学术会议上引起广泛的注意。[1]

2. 体感振动音乐疗法

体感振动音乐疗法(Vibroacoustic Therapy)是一种基于现代音乐治疗基础上的新兴生态疗法。其原理是将音乐当中 16～150Hz 低频部分提取、放大,并作用于人体骨骼、肌肉、神经、经络、血液、细胞等,可以通过物理、心理、生理、化学、细胞、分子等多种途径,调节人体机能状态,使人异常舒适,就像"边听音乐边按摩"。

体感振动音乐疗法起源于欧洲,挪威教育家和治疗家奥拉夫·斯吉利(Olav Skille)博士首次提出体感振动音乐疗法的概念。斯吉利博士从事重度认知和躯体障碍儿童的康复医疗工作多年,他发现将肌肉紧张痉挛的脑瘫儿童放在卧式大音箱上,播放音乐可使特殊儿童愉悦、肌肉痉挛缓解并放松。他认为,这些症状和体征的改善是音乐声波振动所致,便着手进行研究。20 世纪 80 年代初,他首次提出体感振动音乐疗法的概念,即通过听觉和触觉接收振动及传导的方式,使人体感知音乐,达到身心治疗目的。后来,日本音乐治疗联盟理事、工学博士小松明历经 20 多年体感音响的学术研究与设计,利用体感音响的研究进行产品开发,将体感音响技术融入音乐疗法中,开创了日本音乐体感振动治疗的先河。

传统的聆听式音乐治疗是利用音乐对人情绪的影响来达到缓解不良症状;而体感振动音乐疗法是在传统聆听式音乐治疗的基础上,增强低频音乐振动,在强化人体音乐感知作用的同时发挥低频音乐振动生物学效应,有效地改善身心不适症状,以达到提高音乐治疗效果的目的。因此,聆听式音乐治疗方法利用的是人的听觉来调整生理、心理状态,而体感振动音乐疗法是通过听觉和振动觉两种感觉体验以达到调整身心状态的目的。

体感振动音乐疗法临床应用的功效有:促进血液循环和微循环,改善代谢综合征,降低血糖、血脂;放松肌肉、缓解肌肉痉挛、缓解疲劳、缓解头疼等肌肉紧张疼痛;治疗静脉曲张、风湿,改善心脏供血不足;机能性高血压降压;促进胃肠蠕动,调整胃肠功能失调,解除便秘;骨密度重建、缩短愈合,预防骨质疏松;治疗神经衰弱、稳定情绪,安定精神、改善睡眠;调控自律神经、提高生命活力;治疗抑郁症、失语症、自闭症;特殊儿童康复;帮助学习、强化记忆、特殊教育等。

目前,日本的一些综合医院采用了体感振动音乐疗法,在临床中用于治疗失眠症、抑郁状态、过敏性肠综合征、神经性贪食、厌学症等心身或身心疾病,同时也应用在输血、手术、血液透析的过程中和老年痴呆、便秘和褥疮的预防等方面,获得较好效果。[2]

---

[1] 潇湘斑竹. 东方的音乐治疗[EB/OL]. (2008-01-09)[2008-06-16]. http://hi.baidu.com/%D3%EA%B7%E5%B0%AE%D1%A9%C0%F6/blog/item/32ca763490cb824b241f14f8.html.

[2] 美洋科技. 体感振动音乐疗法[EB/OL]. 北京美洋科技发展有限公司. 美洋资讯. (2004-10)[2008-06-16]. http://www.bjmiyo.com.

体感振动音乐疗法2002年进入中国,中国卫生部中日友好医院临床医学研究所亚健康研究室是中国首家建立专业体感振动音乐放松治疗室并从事临床与基础研究的单位。他们组建了集中国音乐、声学、生物物理、心理学、实验与临床医学及神经生物学等学科专家为一体的体感音乐治疗研究课题组,创作出具有中国民族风格的宫音体感音乐,建立了"宫调体感音乐放松疗法"并完成了相关基础与临床研究。

3. 音乐理疗法

我国目前约有150万自闭症患者和约2000万的多动症患者。这一连串的惊人数字表明,随着生活环境、生活方式及饮食结构的改变,自闭症和多动症儿童的发病率越来越高。目前世界医学界对于自闭症和多动症发病原因的研究尚未明确,治疗自闭症、多动症已经成为世界公认的医学难题。

人的双耳跟神经系统有着紧密的联系。耳前庭是内耳的组成部分,内可传递神经元,促进脑垂体分泌内啡肽控制神经系统的神经条件反应和平衡;外受头部位置变动控制,维持身体平衡、协调、肌肉紧张度。科学试验表明,如果发生耳前庭听觉失衡,就会刺激大脑中枢系统,也会影响脑垂体正常工作,使大脑产生焦虑感。在这种焦虑感的影响下孩子就会表现出对外界环境反应的迟钝或过激,对交流的麻木或恐惧,喜欢沉迷在自己的世界里,从而出现自闭。另外,这种焦虑还会使孩子用不停的活动缓解焦虑感,出现不能静坐,动作过多,经常摆弄各种物品,走路以跑代行,注意力难以集中,上课不专心听讲,学习困难,冲动任性,情绪不稳等症状,也就是患上多动症。

现代神经生理学家已经证明,音乐对神经结构,特别是大脑皮层有直接影响。音乐理疗对于神经类方面的疾病有很好的疗效,在国外,已有不少医疗机构采用了音乐理疗法。利用迪普音共振原理对耳前庭进行理疗,对耳前庭进行按摩减轻双耳听觉失衡症状,同时帮助内啡肽生成,消除焦虑感,从而治疗自闭症和多动症。

迪普音是一种对频率、相位都进行过特殊处理的声音,它的频率与人耳固有频率相同,能够在耳蜗、耳前庭狭窄的空域内引起共振,并通过共振对中耳、内耳进行按摩理疗,对耳神经能起到调剂的作用,减轻耳前庭功能紊乱状态,反馈到人的大脑、中枢神经和脑垂体,帮助内啡肽生成,降低、平抚焦虑不安的情绪。自闭症、多动症与其焦虑状态有密切的关系,因此,基于迪普音理论研发而成的"心悦—消闭止动"音乐治疗仪,对多动症、自闭症进行两方面的综合治疗。

第6节　音乐治疗室

音乐治疗室的定位:根据西方音乐治疗理念来建设的音乐治疗室。它可以建在医院、疗养院、康复中心、学校、养老院、社区等场所,甚至,只要有需要的地方都可以建设。

一、音乐治疗室的概念

音乐治疗室是音乐治疗师为接受音乐治疗的患者进行治疗的特殊教室,它也是为特殊需要者提供咨询、心理诊断、音乐治疗、个案管理、康复训练和疗效评估等的多功能教室。如在特殊学校建设的音乐治疗室,是为特殊儿童进行音乐治疗、康复训练的专门教室。

音乐治疗室的建设有别于一般教室、音乐教室、游戏室等，在规划时可按以下要求进行建设。

1. 环境安全

孩子们的活动能力受他们所处环境的影响。假如环境有使儿童产生任何不安的因素，他们就会退缩，感到恐惧或困扰。所以，治疗室的环境不能看起来像"诊所"。音乐治疗室的建设应有别于医院，要有安全感、温馨感，具有实用性。音乐治疗室应较为宽敞，采光充沛，温湿度适宜，有通风换气、隔音吸音设施等；治疗室应有里外套间，治疗室为里间，观察室为外间，中间用单向玻璃做成隔断，便于进行行为观察、学习和交流；治疗室保护措施必须完善，如木地板加地胶，墙体采用软包，桌子和柜子要尽量少，包括接受治疗的特殊儿童坐的塑料凳子都要少棱角，尽量选圆柱形的；灯光设置应该柔和，要避免直射，特别要考虑阴雨天气，室内照明应该接近晴朗天气；窗台的高度应较高一些，最好在1.5米左右，天花板高度不能太低以免有压迫感，窗帘应采用单色、透光好的材料，不能有色彩鲜明的颜色或刺激性图案；等等。总之，音乐治疗室应该让孩子们感到自由自在、安全而不感到威胁，一旦孩子们获得自由的感觉就变得更易接受治疗室的环境。而且，治疗室的环境不能经常改变，应保持房间设置的基本一致，任何在陈设和次序方面的变化，都可能引起孩子们的恐慌和退缩。

2. 工作人员

音乐治疗室要有固定的工作人员。特教工作者、治疗师必须经过一定学时的培训，取得上岗证书。他们还必须自己动手搜集、整理、研制、创新、制作各种音乐治疗资源和教育教学资源。

3. 管理体系

制定各项规章制度，如资源管理、设备保管等。建立活动日志，如治疗师工作日志、教学训练日志、音乐治疗日志等。制定各项活动安全措施，如杜绝外人进入资源教室、教学训练与康复训练要有一位教师辅导或陪伴等。

二、音乐治疗室的建设

音乐治疗室的建设可根据不同单位、使用频率和建设经费等具体情况来建设不同规格的音乐治疗室。

（一）初级音乐治疗室

在单位经费不足的情况下，可以建设简单实用的音乐治疗室。如在学校中建设音乐治疗室，就可以把音乐教室加以改造成为音乐治疗室。但必须按照音乐治疗室的标准和要求进行改建。

场地房间：面积30~60平方米、1~2间。

常规设备：书柜、电视柜、塑料凳子、小型乐器架等。

视听设备：电视机、DVD机、功率放大器、音箱等。

治疗乐器：电钢琴、吉他、打击乐器等。

音像设备：录音设备、摄像设备、数码照相机、电脑等。

图书资料：书籍、音像资料等。

(二) 高级音乐治疗室

在单位经费充足的情况下,可以专门设计、建造独立、系统的音乐治疗室。面积约为100～120平方米、房间2～4间。音乐治疗室功能区的划分如下:

办公区:用于治疗师办公的区域,包括档案管理、业务管理、处理日常事务,需要时用来召开小型会议、集体研究、安排工作,也可以用来进行教研活动等。

咨询区:用于接待患者、有特殊需要的儿童及家长,咨询有关事宜;可以用来接待外来交流人员;用于对患者的初步诊断,各种生理功能的测查与测试,进行心理咨询等。

治疗区:用于音乐治疗,如实施个别和集体的音乐治疗,组织个别和小组的康复训练等;用于对患者的行为、动作、学习习惯、学习状态的观察;还用于对患者的学习技能、语言听力的训练等。

资料区:储存、保管各类教育、教学资源。搜集整理资料,研制教具、学具、玩具等资源。研究制作各科教学和辅助教学的电脑课件、光盘资源;平时还用于查阅资料,阅读书籍和各种刊物。

1. 音乐治疗室的常规设备

桌椅:办公桌椅、接待桌椅、儿童桌椅、会议桌椅、电脑桌椅、特制桌椅等。

柜子:资料柜、书柜、乐器柜、档案柜、电视柜等。

置物架:图书杂志架、小型乐器架、衣帽架等。

办公设备:文书用品、电话、电脑、打印设备、复印设备等。

2. 音乐治疗室的视听设备

音乐治疗室要配备音像设备,除了可以提供音乐之外,更重要的是可以方便做治疗纪录,以观察患者的进步情况,作为评估和改进治疗的依据。音像设备尽量放在不显眼的地方,以免分散他们的注意力。基本设备包括:电脑、录音机、摄像机、数码照相机、电视机、DVD、功率放大器、音箱、话筒、耳机、投影机、幻灯机、刻录机等。

3. 音乐治疗室的音像资料

音乐治疗室的音像资料包括:录音带、录像带、CD、VCD、DVD和图书等。

4. 音乐治疗室的乐器

在音乐治疗中使用乐器很重要,音乐治疗师应该根据患者的个人爱好和条件去选择乐器和乐曲,使他们在演奏过程中,尽量少遇挫折,逐步建立自信心,最终达到康复的目的。

常用乐器:钢琴、电钢琴、电子琴、吉他、打击乐器(包括奥尔夫打击乐器、铃木音条乐器)、吹管乐器(包括竖笛)、鼓类、风铃等。

打击乐器:木琴、钟琴、铁琴、定音鼓和小军鼓等有固定音高和音调的乐器;还有大鼓、中鼓、小鼓、手鼓、铃鼓、钹、锣、三角铁、碰铃、手摇铃、响板、木鱼、沙球等无固定音高和音调的乐器。

对患者来说,最容易上手的乐器是打击乐器。对特殊儿童来说,用得最多的乐器也是打击乐器。例如,对有的特殊儿童训练打击乐器可刺激儿童的听觉与触觉,可以使他们抒发情感,训练手臂与手腕的运作技巧及训练抓握能力。有的打击类乐器有固定音高和音调,如木琴、钟琴等,可利用旋律性的特点来帮助语言障碍儿童进行语言节奏与发音准确度的训练。

5. 音乐治疗的专用乐器

音乐治疗中,除了一般乐器之外还有专门制作的乐器。这些乐器中,有许多是源于亚非拉的民间乐器,有的吹奏乐器源于原始部落,还有许多乐器都是某种常规乐器变形而成。例如:筝的变形系列、钦巴罗(中国称扬琴)的变形系列、提琴的变形系列、木琴的变形系列。[①]

三、音乐治疗专用设备

为了拓宽音乐治疗室的使用价值,这里介绍一些其他音乐治疗专用设备。这些专用设备是指有针对性的、用于不同病症的音乐治疗仪器。这些治疗仪是将音乐与某种治疗技术相结合研制而成的仪器,如:数字音乐电疗仪、瘫复康音乐电治疗仪、音乐颈椎治疗仪、音乐信息治疗仪、中频脉冲治疗仪等。

(一) 音乐电疗仪系列

1981年沈阳军区202医院研制出了第一台音乐电疗仪,可以说是开了中国音乐治疗的先河,这一治疗仪是用老式的电唱机改装的,主要在理疗科治疗跌打损伤一类的疾患,取得了很好的效果。后来在部队推广,机型作了改进,可应用于内科、神经科的某些病症,又与针灸结合发展出音乐电针灸,直至应用于外科的音乐电针麻醉。这一领域的成果曾多次获部队系统的科研奖。[②] 后来,又开发出来的数字音乐电疗仪、瘫复康音乐电治疗仪、音乐颈椎治疗仪、音乐信息治疗仪、中频脉冲治疗仪、音乐数码经络治疗仪等都属于音乐电疗仪范畴。下面对音乐数码经络治疗仪[③]进行简单介绍。

音乐数码经络治疗仪(见图1-5)是根据物理学、仿生学、生物电学、中医学以及多年临床实践而研制开发出的新一代保健产品。它不仅拥有八大仿真功能,让患者确实体会到针灸、推拿、按摩、锤击、火罐、刮痧、瘦身、免疫调节的美妙感觉,还有治疗高血压的独特功效。

图 1-5 音乐数码经络治疗仪

---

① 张鸿懿.音乐治疗学基础[M].北京:中国电子音像出版社,2000:148.
② 张鸿懿.音乐治疗学基础[M].北京:中国电子音像出版社,2000:149.
③ 音乐数码经络治疗仪[EB/OL].深圳市极赛科技有限公司.(2008-11-09)[2010-02-24]. http://www.szpolarstar.com/index.asp.

功能特点：应用数码技术；具有大屏幕LCD,包含强度、功能、模式、治疗时间、中英文显示系统,人体经络穴位图等；使用红外线电极贴片,覆盖面积更大；奇妙的波形组合,能体会到推拿、捶击、按摩、火罐、针灸、刮痧的真实感觉；LCD经络图指导治疗；具有MP4随身听的功能。

适应病症：肩部僵硬、末梢神经麻痹、神经痛、腿部酸痛、免疫力低下、全身疲劳、胃痛、重感冒、颈椎间脖子痛、肩周炎、牙痛、高血压、低血压、减肥瘦身、失眠、精力减退、性机能衰弱、月经不调等各种急、慢性病症。

(二) 音乐治疗仪系列

音乐与康复技术相结合制造出了多种音乐治疗仪,如心理音乐治疗仪、激光音乐治疗仪、可视音乐治疗仪、音乐理疗仪等。

1. 可视音乐治疗仪[①]

可视音乐治疗仪(见图1-6)是集音乐治疗与视觉辅助刺激于一体,利用多媒体技术实施表现的新一代治疗方法,是一种将特定的音乐信号和视觉信号转换成其他能量作用于人体,达到康复保健、治疗疾病的目的。可视音乐治疗仪将听觉和视觉有机结合,使音色、旋律、节奏、色彩、形状的变幻融为一体,通过多重感官和刺激,起到唤醒、催进、激励、抚慰、宣泄等精神心理作用,可获得药物和人际交流达不到的效果,最大限度地发掘大脑潜能。可视音乐治疗涉及音乐、心理、中西医学、电子、工程等多种学科,是一种"愉快的自然疗法"。现在,在西方有不少医院、医疗中心、学校、社区健康中心可提供可视音乐治疗这种艺术治疗方法。

图1-6 可视音乐治疗仪

可视音乐治疗仪的使用对象：大脑受伤、慢性疼痛的病人；语言障碍、听觉障碍者；学习困难、脑性瘫痪、多动症、智力落后者；情绪障碍患者,如患有自闭症、精神分裂症、抑郁症、狂躁症。可视音乐治疗仪的作用及疗效：改善感知觉功能；提高思维能力、注意力、记忆能力、自我表达能力；改善、增强社交及处事技巧,增强生理功能,进一步改善学习和身体活动技巧；诱导积极的情绪体验,从而实现减压、排忧解困。

---

① 可视音乐治疗仪[EB/OL].(2000-01)[2004-02].http://www.drspeech.com.

2. 心悦系列"消闭止动"音乐理疗仪①

消闭止动音乐理疗仪(见图1-7)主要是通过一种经特殊方法处理过的高频音乐——"迪普音"刺激听觉的安全有效的调理治疗方法,对于多动症、自闭症有显著效果。处在优美旋律中的患者不会受到任何毒副作用的影响,就能很轻松地度过理疗时间。②

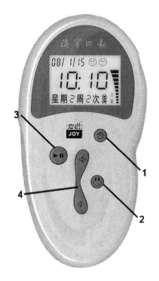

图1-7 消闭止动音乐理疗仪

科学家经研究表明,儿童多动、打闹、注意力不集中等多动症状,主要是因为患者"耳前庭"发育不良所造成的。一个低能的耳前庭系统会导致过度活跃或分神。消闭止动音乐理疗仪通过"迪普音"有效刺激耳前庭,提高耳朵的能量,恢复耳前庭系统帮助保持神经系统觉醒水平的平衡,使声音经过正确路径进入大脑,从而使孩子很好地排除外界干扰,加强了注意力的集中,加强自控能力,减少多动、打闹等行为。

现代教育学的研究也表明,注意力水平的高低直接影响着孩子的智力发展和对知识的吸收。专家认为孩子注意力不集中与感觉合成能力有关,即与无关刺激的干扰和注意转移能力差有关。消闭止动音乐理疗仪通过"迪普音"有效刺激耳前庭,提高感觉合成系统中耳朵的能量,让它有能力处理所有的声音,弱化身体对声音的吸收,使声音经过正确路径进入大脑,从而使孩子很好地排除外界干扰,长期使用,能有效克服注意力不集中的现象,提高孩子学习成绩。

3. 多感知音乐治疗仪椅③

它是多学科交叉相互作用的结晶,集光学、声学、电子技术、振动理论及人体科学、心理科学及神经反射学理论等众多学科于一体,使患者随着音乐节奏,声音强弱,音乐振动节奏信号同步振动,同时同步电流刺激患者的躯干,观看同步情景的动态视频画面,综合诱发患者的身心朝健康方面转变,同时记录、观察、测量患者的脑电波频谱成分的变化。以此进一

---

① 中美意创.心悦—消闭止动音乐理疗仪[EB/OL].(2007-10)[2008-06].http://www.einno.com.
② 中美意创.心悦—消闭止动音乐理疗仪[EB/OL].(2007-10)[2008-06].http://www.einno.com.
③ 产品家园.多感知音乐治疗仪椅[EB/OL].(2006-10)[2008-06-16].http://www.tangbang.cn/index.asp.

步调节音乐处方,达到调节人脑脑电波恢复到正常状态,以获得最好的治疗效果。多感知音乐治疗仪椅可以改善感知功能,提高思维能力、注意力、记忆能力、自我表达能力,改善、增强社交及处事技巧,增强生理功能,进一步改善学习和身体活动技巧,诱导积极的情绪体验。多感音乐治疗仪(椅)的使用对象为:大脑受伤、慢性疼痛的病人;语言障碍、听觉障碍;学习困难、脑性瘫痪、多动症、智力落后;情绪障碍患者,如自闭症、精神分裂症、抑郁症、狂躁症(见图1-8)。

图 1-8　多感知音乐治疗仪椅

 本章小结

音乐对于人们宣泄心理和生理的压力、消除紧张状态、治疗疾病有着极为显著的作用。音乐对人的影响是通过音乐语言实现的,在音乐治疗中,旋律、高低、速度、节奏、力度、音色等音乐语言又是最重要的因素。

自古以来,音乐就被认为可以影响人们的身心,运用音乐来治疗疾病和健康养生,中国的音乐治疗和国外的音乐治疗都经历各自的发展时期。中国是个历史悠久的文明古国,医学和音乐都很发达,历代以来无论是在理论方面还是在实践方面都积累了宝贵的经验。

音乐治疗过程中必须具备的元素是:音乐治疗师、患者、音乐和治疗关系。音乐治疗师在音乐治疗中具有举足轻重的作用,音乐治疗师的交流沟通技能、知识和能力水平直接关系到患者的治疗效果和康复情况。音乐治疗适用的患者非常广泛,凡是能够接受或进行音乐活动的患者,当他们需要的时候便可进行音乐治疗,所有的人大都会从音乐治疗中获得益处。音乐在治疗中有四个方面的作用:生理作用、交流作用、心理作用和审美作用。在音乐治疗过程中,促成治疗性改变的主要因素有两个:音乐和治疗关系。治疗师把音乐体验,以及在治疗过程中形成和发展起来的治疗关系作为达到治疗目的的基本媒介。音乐不仅具有治疗的作用,同时也会帮助患者逐渐在体验中形成与治疗师以及音乐的各种独特的个性化关系,这种关系一旦建立,就具有独立的治疗作用和价值。还有一些是应该注意的问题,如:共情反应、移情、反移情、阻抗等,这些问题解决不好就会影响音乐治疗的效果。

音乐治疗的形式是多元的。在实际治疗中,治疗师会根据患者的实际问题而灵活运用不同的音乐治疗形式。从治疗师的角度来看,音乐治疗可分为主动音乐治疗和被动音乐治疗两种形式。从患者的角度来看,音乐治疗可分为个体治疗和集体治疗两种形式。从理论的角度来看,音乐治疗可分为心理治疗取向、音乐取向、教育取向等形式。音乐治疗的方法有接受式音乐治疗、再创造式音乐治疗和即兴演奏式音乐治疗。

音乐治疗室是音乐治疗师为接受音乐治疗的患者进行治疗的特殊教室,也是为特殊需要者提供咨询、心理诊断、音乐治疗、个案管理、康复训练和疗效评估等的多功能教室。需要说明的是:① 音乐治疗的类型在治疗中,并不像我们想象的那样界线分明;在实际操作中,它们是相互重叠、相互支持的,不存在一种音乐治疗类型好于另一种音乐治疗类型的说法。只有哪种类型更适合于患者和当下条件以及治疗师的驾驭能力。② 音乐治疗室的建设从总体上讲,还是应该根据音乐治疗工作的需要和所能承受的能力来建设。

 思考与练习

1. 音乐治疗的定义是什么?
2. 音乐治疗的目的和目标是什么?
3. 音乐治疗中,哪些是最重要的音乐要素?
4. 什么是共情反应?什么是移情和反移情?
5. 音乐治疗技术有哪些形式和方法?
6. 简述音乐治疗室建设应注意的问题。

第 2 章　特殊儿童音乐治疗

1. 了解音乐对特殊儿童的意义和作用。
2. 掌握特殊儿童音乐治疗的程序。
3. 熟悉音乐治疗在特殊儿童领域的应用。

1982 年 12 月 3 日第 37 届联合国大会上通过的《关于残疾人的世界行动纲领》指出："现在全世界都证实了残疾人的估计数字为 5 亿。在多数国家里，每十个人中至少有一个因生理、心理或感官缺陷而致残疾。"根据 2000 年 11 月 1 日我国进行的第五次人口普查，我国六类残疾人为 6202 万，六类残疾儿童总数为 982 万。①

自从二次世界大战期间音乐治疗的功效被世人重新认识以后，音乐就被运用于不同的领域，特别是在儿童和老人领域，取得了可喜的成效。音乐对儿童来说是充满快乐和亲切的悦音，而对特殊儿童来说是最容易引起反应的一种外来刺激。为此，音乐治疗师选用音乐来作为改善因生理、心理、社会等多方因素干扰和阻碍特殊儿童发展的有效工具。

本章是特殊儿童与音乐治疗关系的介绍，主要介绍了音乐对特殊儿童的意义及作用，特殊儿童的音乐治疗、治疗程序以及特殊学校的音乐治疗和音乐教育与音乐治疗的区别。使读者了解特殊儿童音乐治疗的意义，并以此来帮助他们加强对特殊儿童音乐治疗的认识。

第 1 节　特殊儿童的概念

特殊儿童有狭义和广义之分。狭义的特殊儿童是指身心有缺陷的残疾儿童。广义的特殊儿童是对残疾儿童、超常儿童和问题儿童的统称。超常儿童是指在某个或多个方面比一般同龄人具有优势的儿童。问题儿童是指有学习问题、情绪问题、行为问题等的儿童。

世界卫生组织把与特殊儿童相关的几个关键词作了如下的界定："缺陷：是指心理上、生理上或人体结构上某种组织或功能的任何形式的丧失或畸形。残疾：是指由于缺陷而缺乏作为一个正常人以正常姿态从事某种正常活动的能力或具有任何限制。障碍：是指一个人由于缺陷或残疾处于某种不利地位，以至限制和阻碍该人发挥根据年龄、性别、社会与文化因素应能发挥的正常作用。"②

---

① 顾定倩.特殊教育导论[M].大连：辽宁师范大学出版社，2001：10.
② 顾定倩.特殊教育导论[M].大连：辽宁师范大学出版社，2001：4.

1994年6月联合国教科文组织在《特殊需要教育行动纲领》中将残疾儿童、超常儿童和问题儿童,统称为"有特殊教育需要的儿童",简称"特殊儿童"。这使得特殊儿童的概念不仅突破了残疾儿童的概念,并由原先纯医学、生理学角度来看的分类方法,过渡到"医教结合"的教育性分类,这表明人类对特殊儿童的认识正在发生着巨大的改变。

第2节　音乐对特殊儿童的意义及作用

由于特殊儿童在生理、心理上的缺陷,势必不同程度地影响着特殊儿童的学习与授教形式,因此,如何经过后天环境的刺激和训练,挖掘特殊儿童的潜能,培养特殊儿童的想象力、自我价值感和自我表达能力以及达到身心的平衡是一项艰巨的任务。从世界范围来看,音乐教育和音乐治疗是儿童成长过程中两个不可缺少和忽视的最好办法。因为,音乐教育和音乐治疗的效应都是主要作用于人的情感,但是,音乐教育的机制主要体现在有情感的教师将表达情感的音乐传达给需要不断丰富情感体验的儿童;而音乐治疗的机制主要体现在有情感的音乐治疗师将音乐以外的知识借助于音乐传达给需要不断提高社会适应性的特殊儿童。

音乐治疗是在借助于音乐教育活动课的方式、方法和儿童天性喜欢音乐的基础上,音乐治疗师将文化知识和生活知识的学习内容和目标融入愉悦的音乐活动当中,音乐活动避开特殊儿童的弱项,挖掘其潜能,使其在无厌倦和不拒绝的状态下自愿学习和成长。具体来说,音乐对特殊儿童的意义主要集中在两个方面,即最大限度地发挥音乐脑和音乐临界期对特殊儿童的作用。

一、语言脑和音乐脑

人类的生活、学习离不开语言,支配语言的左半脑除负责语言外,还负责人的阅读、书写、计算等工作,因而利用率非常高,人们通常称之为"语言脑"。右半脑在人的日常生活中负责完成音乐、情感等工作,被人们称之为"音乐脑"。一般人的"音乐脑"使用率特别低。特殊儿童大都在语言、阅读、书写、计算等方面出现严重障碍,致使他们在情感、情绪方面受阻,好像"语言脑"——左脑短路似的。对于开发特殊儿童"音乐脑"——右脑的任务就显得尤为重要。儿童的音乐性成为开发特殊儿童"音乐脑"的有利条件,音乐教育也成为开发特殊儿童"音乐脑"的重要手段。针对特殊儿童"语言脑"低弱的现状,通过特殊儿童直接参与音乐有关的训练活动,挖掘其"音乐脑"的潜能,以代偿性思维活动来提高特殊儿童直观力、想象力,促成顿悟、灵感的产生,这将大幅改善特殊儿童的智能。

"音乐脑"在人的幼儿期至关重要。因为,幼儿期的"音乐脑"是推理能力和空间想象能力开始形成的时期。这一时期"音乐脑"的思维模式不仅容易形成,而且能够永久保存。特殊儿童是儿童中的一部分,他们对音乐的爱好也不亚于正常儿童,音乐成为开启特殊儿童的"音乐脑"的万能钥匙,也是刻不容缓的一项工作。

著名心理学家劳伦斯(Lawrence)强调:"只有当大脑右半球即'音乐脑'也充分得到利用时,这个人才最有创造力。"因此,音乐教育不仅是普通学校教育的一部分,更是特殊学校教育不可或缺的重要组成部分。当然,音乐教育不只是学校教育,它还包括家庭、社会教育。父母应担负起孩子入校之前的音乐教育,抓住音乐教育的最佳时期,让孩子经常接近音乐、听音乐、学音乐、进行音乐训练,这将使孩子终生受益。

二、儿童的"音乐临界期"

儿童大脑发育的最佳阶段是从出生后到12岁之前,这一段时间也是学习音乐的最佳时期,音乐与孩子的自然成长和需要是相生的,称为"音乐临界期"。

婴儿期的孩子就已经有了对音乐的注意和兴趣,且6个月时就有对音乐的集中注意力。当音乐出现时,孩子就会应对音乐的节奏做出有规律的节奏动作或律动的态势。会说话前就能"咿呀哼唱",有的孩子还会发出音乐般的对话。实际上,从绝大多数婴幼儿身上都可以看到他们试图通过音乐来表达自己的现象。因此,采用适当的音乐来刺激婴幼儿发育期的大脑,可使神经突触增加,促进大脑沟回形成,从而使孩子更加聪明、睿智。

特殊儿童的"音乐临界期"与正常儿童一样都是在12岁之前。因此,音乐教育应该在特殊儿童进入学校接受传统的集体音乐教育之前就开始。音乐教育展示的优势对特殊儿童主要有以下几个方面。

1. 音乐创设活动空间

特殊儿童由于身心障碍,使他们不愿或不能与人交往,害怕陌生环境,久而久之造成对家人的依赖。而音乐则可以创造出轻松、愉快的活动空间,愉悦心情,放松精神,自然面对,使特殊儿童在音乐的帮助下逐渐变得自信和自尊。

2. 音乐的非语言性

不少特殊儿童受到语言的困扰,如与人沟通、表达自我、用语言的直接学习等有困难,音乐的非语言性为特殊儿童的交流提供了可能。音乐使他们在语言缺失的情况下用音乐进行交流,再通过音乐的其他活动,如歌唱等,慢慢引入语言的训练,如歌谣节奏的诵读等,从而达到语言能力的提高或康复。

3. 音乐的诱发力

特殊儿童与正常儿童一样,当听到喜欢的音乐时,他们就会随着音乐而不自觉地动起来。不少特殊儿童在身体机能、运动机能、粗大动作等方面存在问题,可通过音乐的刺激诱发特殊儿童的身体律动来调节运动能力。康复运动训练时,采用特殊儿童个体喜欢的音乐来陪伴并转移注意力,削弱疼痛带来阻碍训练的因素,使训练能够坚持下去。特殊儿童动作的连贯性和准确性可由音乐要素节奏、速度、旋律等来指挥,从而达到训练的目的。

4. 音乐的亲和力

特殊儿童由于身心障碍,长期与他人接触有限,交流的能力逐渐缺失(除无语言能力的儿童)。特殊儿童在音乐的感染和召唤下,不自觉地随乐进行着互动,无论是语言的还是非语言的,特殊儿童都能在没有压力、悦心的音乐氛围中接受着亲和的信息,被推动着进行学习和交流。实践证明,特殊儿童在音乐中能放松、自如地接受外部刺激,并作出反应。

5. 音乐激发表现力

特殊儿童对许多事情都表现出胆怯和缺乏自信,更不用说让其表现自己。太多的无奈和病痛使他们无法甚至不会表达,致使特殊儿童的情绪波动不定、烦躁不安。当特殊儿童在音乐活动中被音乐包围着,经历探索、模仿至创造的过程,将内心无法用语言来表达的情绪和情感在音乐的激发下,通过行为将其外化,即表现为喜、怒、哀、乐。此时,音乐就成为特殊儿童抒发、表现和宣泄内心情绪和情感的方法和手段。

实例 2-1

昏迷男孩被摇滚乐唤醒

据英国《太阳报》报道,英国南威尔士阿布拉曼市男孩科雷·乔治在 9 岁生日那天被一辆汽车撞倒,脑部受伤的他在医院重症护理病房里昏迷了两周,一直没有苏醒。他的母亲决定为昏迷的儿子播放一盘他最喜欢听的美国"绿日"乐队的摇滚 CD,当那盘"绿日"乐队的《美国白痴》CD 刚刚播放几分钟,奇迹就出现了:科雷竟然在摇滚乐声中开始摆动手指和脚趾,接着慢慢睁开了他的眼睛!科雷的奇迹苏醒将家人和医生全都惊呆了,家人狂喜地拥抱在一起。科雷在继续治疗 4 天后,就被医生转送至普通病房,继续接受康复治疗。

实例 2-2

流行音乐治愈瘫痪少年

据英国媒体报道,英国伍斯特市,7 岁的小男孩亚历克斯·哈里斯由于得了少有的"肌肉耗损病"而不得不坐上轮椅,医生告诉他,他以后再也不能走路了。66 岁老来得子的哈里斯的父亲格雷厄姆和 63 岁的母亲希拉,在得知儿子再也不能走路后万念俱灰。为了让哈里斯减少痛苦,他们买来了 CD 让儿子打发时间。当哈里斯第一次听到英国的流行乐队——巴斯特德演奏时,他的脚指头竟然可以动了。哈里斯的母亲希拉看到这种情况后,每天都让哈里斯听巴斯特德的歌。4 个月后奇迹出现了,瘫痪的哈里斯不仅能够下地走路,还能跳舞。哈里斯的父亲格雷厄姆非常高兴,他为儿子买来了所有的巴斯特德的 CD 和录像。

第 3 节 特殊儿童音乐治疗的概念

特殊儿童在他们人生刚开始的时候,就比他人走得艰辛,而他们的父母在精神、心灵和体力上就更加辛苦。随着多元化医学迅速的发展,使音乐治疗在儿童,特别是在特殊儿童身上发挥了不可轻视的功效。同时,也给他们的父母带来了一个希望和一种帮助。音乐治疗为特殊儿童提供了一种个别化教育的训练计划,它为特殊儿童的沟通、认知、感知觉动作、社会、情绪、心理等不同方面的需求提供了帮助(Hanser,1999)。①

---

① [美]苏赞·B.汉斯尔.音乐治疗师手册[C]//第五届学术年会论文集.苏琳,译.北京:中国音乐治疗学会,1999:50.

美国音乐治疗协会(AMTA,1998)调查发现音乐治疗可干预多种儿童疾症,如:发展障碍、行为障碍、情绪困扰、肢体障碍、学习困难、多重障碍、语言障碍、自闭症、视觉损伤、听觉损伤、受虐儿童、脑伤儿童等,可见音乐治疗为他们提供的服务范围是非常广泛的。[①]

笔者认为,特殊儿童音乐治疗是指音乐治疗师在多学科和理论的指导下,抓住儿童音乐临界期特有的功效,针对其成长过程中某阶段或某方面、暂时或永久、短期或长期的在情绪、行为、学习、社会适应等方面存在的困难,治疗师有目的、有计划地选用音乐治疗技术,使其在音乐和各类音乐活动中,自愿地、无强制地学习文化、社会知识等,达到适应社会、提高生活质量的目的。

 知识链接

音乐对正常儿童和特殊儿童都极为重要,甚至包括未出生的胎儿。音乐对人类发展有几点重要特性:
1. 音乐有助于人类生存。
2. 音乐对人的发展有可预期的效果。
3. 音乐可提升视觉空间能力、分析能力、数学能力与创造能力等。
4. 音乐使情绪系统受到正面的影响,包括:内分泌、荷尔蒙、社交技巧、人际交往及文化与美感鉴赏。
5. 音乐提升知觉动作能力,包括:听觉、前庭系统、感官敏锐度、时间感等。
6. 音乐可以强化压力反应系统。
7. 音乐激化记忆系统,包括:提升聆听、注意、凝神、回忆等。[②]

在特殊儿童音乐治疗过程中,治疗强调以特殊儿童的需求为最高宗旨,以前期观察为前提;强调音乐的功效,注重音色和乐器的选择;强调人性化的治疗,注重特殊儿童的每一个细微变化。在治疗中治疗师不对特殊儿童演奏音乐的能力、方法等作"对"与"错"的评判,特别是在即兴音乐创作的时候。

特殊儿童的音乐治疗是一个整体性的活动,使孩子在有组织的音乐声中得到各种经验,去弥补他们在情绪、生理、心理、沟通、认知等方面的弱势之需。音乐治疗虽然离不开听、唱、跳、奏等音乐活动,但是,每次音乐活动的项目,都是为了促进特殊儿童个体的某种能力和技巧而设置的。

音乐治疗不同于一般的心理治疗,心理治疗运用语言去改变病人的认知,再影响病人的观念和情绪。音乐治疗则是运用音乐去改变病人的情绪,在情绪好转后再设法去改变病人的认知。正常儿童可用语言直接进行交流、沟通,抒发和表达自己的意愿与不快之情,使认知发生改变来解决引起情绪波动的问题。特殊儿童由于受语言表达和听从能力的限制,造

---

① 吴幸如,黄创华.音疗十四讲[M].北京:化学工业出版社,2010:143.
② [英]朱丽叶特·阿尔文.音乐治疗[M].高天,黄欣,编译.上海:上海音乐出版社,1989:152.

成与人沟通的不畅和阻塞,从而使得特殊儿童的情绪处于极不稳定的状态中。因此,对于特殊儿童来说首先需要解决的问题就是情绪问题,然后,才能逐步谈及改善和提高他们的认知能力及其他问题。由此可见,音乐对于特殊儿童情绪干预的可行性以及音乐治疗对于矫正特殊儿童问题行为、消除心理障碍的重要性。

值得注意的是,特殊儿童不同类别的障碍问题常会重叠,而且在某个特殊儿童身上会有一种以上的障碍类型出现。对音乐治疗师来说,单纯的了解特殊儿童的障碍类别是不够的,还必须广泛而全面地衡量特殊儿童个体其他方面的能力问题,才能设计出有针对性的个别化治疗方案。[①]

第4节 特殊儿童音乐治疗的程序

世界音乐治疗联合会主席、美国麻省波士顿伯克利音乐学院音乐治疗系主任苏赞·B.汉斯尔教授在《音乐治疗师手册》中,将治疗程序设置为七个阶段:确定治疗目标;建立医患关系并进行观察;评估;制订音乐治疗计划;确定音乐治疗的具体方法和维持技术;测量结果的应用;疗效评估。而在她的《新音乐治疗师手册》中,又将治疗程序细化至十个阶段:采用音乐治疗;建立和谐的感情;评估;设定目标、目的和靶行为;观察;制定音乐治疗策略;制订音乐治疗计划;实施;评价;终止治疗。从上述两个治疗程序的对比中不难看出流程的步骤没有本质的变化,只是在原有的基础上更加明确和细化了。

下面将特殊儿童音乐治疗的整个过程分为以下四个大步骤来进行:前期准备、制订治疗计划、实施干预和中期评估、治疗成效评估和终结治疗。

一、前期准备

特殊儿童的音乐治疗大多在特殊学校或康复中心进行,在音乐治疗之前,治疗师应该做好前期准备工作,这是非常重要的。

1. 观察

治疗师应该查看相关权威医院的诊断证明。但是,也有个别特殊儿童没有相关的诊断证明,这时治疗师有责任建议家长带特殊儿童前往权威医院进行检查。治疗师不仅可以得到专家在诊断书上的诊断说明,还可得到专家关于特殊儿童相关问题的有益明示。除此之外,治疗师还需跟班观察特殊儿童上课、课间、吃饭等表现和能力,即认知、记忆、注意、情绪、语言、交往等方面的"实证",并做记录。

2. 搜集相关资料

通过《家长问卷》和访谈会晤向家长、班主任及任课教师搜集相关资料,从中得到特殊儿童的主要问题及其他方面较为详细的信息。

3. 前期测试

对特殊儿童的认知、情绪、语言、动作与社会等进行前期测试、分析和评估,用奏、唱、动、视动结合、节奏等音乐形式进行测试,也可用这方面的评估量表进行测试评估。音乐能力方

---

① 吴幸如,黄创华.音疗十四讲[M].北京:化学工业出版社,2010:152.

面的测试评估,如音乐经验、音乐喜好、音乐感受能力、音乐演奏(简单打击乐、奥尔夫音条乐器等)等音乐行为的测试与评估。

有了科学的诊断和严格的测试,治疗师将所搜集到的资料整理、分析并评估,填入特殊儿童个体治疗的档案表中。治疗档案的建立,有利于治疗师对整个治疗发展的追溯,有利于治疗计划的制订,有利于治疗成效的对比与定性。治疗师再进行长期的观察和多方接触,与家长、教师建立起协同、跟踪、监督的治疗同盟。

值得注意的是,治疗师要特别重视家长及医院诊断带来的资讯,避免治疗过程中潜在危机的出现,如心脏病、哮喘、癫痫等疾患。

4. 建立治疗关系

治疗关系的建立,实际上在治疗师第一次与特殊儿童见面时就已开始。这一治疗关系是否融洽直接会影响到治疗进度和治疗成效。因此,治疗师要以宽容、真诚、坦率和亲切的态度接纳特殊儿童,并以敏捷、睿智的目光去随时发现、随时呵护、不断培养,才能使特殊儿童相信治疗师所给予的是真诚的关怀和帮助,才能使治疗关系得到巩固和稳步发展。

二、制订治疗计划

实施特殊儿童音乐治疗前,治疗师要制订详细的治疗计划,对每个音乐活动的设计进行细致的思考和准确的定位,适时修正、补充和调整正在进行的音乐治疗计划,才能得到期望的实际效果。

1. 靶行为

当音乐治疗师在第一步骤的前期准备中对特殊儿童个体存在的问题有了初步了解,接下来就是确定当下的主要问题,从中找出靶行为,再进行目标的制定。

目标的制定离不开靶行为的确定。靶行为包含具体的问题行为和置换问题行为的正向性行为,即目标的制定由靶问题和靶行为两个部分组成。靶行为是可观察、可测量和可记录的,即具有高信度,如减少特殊儿童负性行为的发生次数和持续发生的时间等。

2. 确定治疗目标

虽然音乐治疗的最终(终极)目标是使特殊儿童身心达到健康,但是,对于特殊儿童来说,有些身心障碍经过治疗,也不可能达到世界卫生组织制定的健康目标。只能是最大限度地改善和提高特殊儿童的生活质量和社会适应性。

特殊儿童音乐治疗目标分为:最终目标、长期目标、中期目标、短期目标。

最终目标,即通过音乐治疗达到特殊儿童的健康目标。健康目标是:① 解决非器质性问题,如自信心和自尊、语言能力、社会交往能力、自理能力和社会适应性能力等;② 解决情绪困扰、注意涣散及智能等问题,起支持性的教育作用;③ 促使特殊儿童身心愉悦,提高生活质量。

长期目标,是指特殊儿童在接受音乐治疗一学年或更长时间段之后,能合理达成预期效果。长期目标可根据治疗课程、治疗时间、特殊儿童个体的能力、起点行为等来确定。从特殊儿童身心发展的特征来看,实现特殊儿童最大限度地适应社会、提高生活质量是一个远大的理想。这一过程是渐进、漫长、曲折而又艰难的,音乐治疗通过长期目标的实现,帮助特殊儿童消退问题行为,获得和发展其音乐以外的正向性行为。

中期目标,为了使音乐治疗过程中不出现偏颇,可将长期目标分解成若干具体时间段的目标。

短期目标,将中期目标继续分解成更小、更细的,具有现实化、可操作化和可观察化的小目标,是必不可少和合理的。

音乐治疗目标体系是以短期目标作为长期目标成功的基石,即进行治疗性点滴成效的积累。为适时提供准确的治疗技术,为维持适当的治疗内容、治疗量而努力。中期目标是将治疗性片段的效果呈现持续性发展的势头,使音乐治疗的长期目标得以向终极目标迈进。

设定目标时需要注意的是:

(1) 短期目标的设立必须清楚、明确和可行,且可观察和可测量。
(2) 每一短期目标要明确设置能力目标,且能与长期目标相匹配。
(3) 短期目标中的行为,必须是通过音乐治疗活动习得的,而不是音乐治疗活动的过程。
(4) 短期目标中的行为,必须配合评量标准、评量方式、支持程度、治疗的起止日期。
(5) 中期目标制定中要有较确切的时间限定和规则。
(6) 中期目标既要有激励机制,也要具有现实的可行性。
(7) 某个长期目标的实现,往往需要多个中、短期目标才能达成。

3. 再观察与治疗策略

再观察是为了审慎目标制定的准确性和科学性。将制定的目标与特殊儿童现实的、具体的情况相比较,确保已制定目标的正确性,对治疗策略的选择具有重要意义。

音乐治疗策略不是简单干预的方法。它是依据具体目标、具体计划、有步骤的行动过程而制定的,且有针对性、规则性和明确的方式及具体的技术方案的集合体,治疗师通过再观察来补充和完善治疗策略,使治疗策略更具有准确性和科学性。

治疗师的再观察是在音乐活动过程中进行的。将治疗前期搜集的评估内容与音乐活动中特殊儿童个体的表现相对接,进行智力、认知、语言、动作等任务完成的分析,来验证前期所搜集的特殊儿童个体资料的正确性,如长短期目标,医疗禁忌,注意事项,生理、情绪、音乐、治疗环境、交流、治疗准备等。对音乐活动中特殊儿童个体完成唱、动、奏等活动的技术能力进行分析,以及分析特殊儿童个体发展的水平。这样治疗师就可以根据上述任务的完成情况、完成任务的技术能力和特殊儿童个体发展水平来修订及跟进下一步骤的治疗策略。

音乐治疗策略有:音乐充当强化物,音乐充当行为的刺激物,音乐活动充当训练的"指挥者",音乐充当自制力的"源泉"等。

三、实施干预和中期评估

实施干预是音乐治疗整个过程中最细化、最有成就感和实质性的实际操作过程。用聆听、歌唱、吟诵、词曲创作、即兴演奏、节奏训练、力度或速度训练、肢体律动等,针对特殊儿童的靶问题实施干预,并且实施干预的时间要足够长。依据制定的具体时间段,具体的内容和活动进行每次的干预治疗活动。除前期评估外,还需在治疗全过程中选择某一时间段进行中期评估,以检测特殊儿童经过一段时间音乐治疗后的变化,问题行为程度的改善等。

四、治疗成效评估和终结治疗

当治疗接近尾声时,还需进行末期评估。即治疗成效评估和终结治疗的说明或报告。在整个治疗过程中所有的评估方法采用定性、定量相结合的原则。例如:末期的评估要将前、中期评估的结果与末期评估的结果相比较、研究,作出有效度的评估。同时,整个治疗过程中所有的评估内容、方式、方法、评估表格等都要一致,这样才具有可比性。

终结音乐治疗指音乐治疗诊治活动的结束。治疗师根据特殊儿童恢复的实际情况,调整治疗方案直至治疗师认为不需要再进行音乐治疗为止;或需要进行其他治疗而终结音乐治疗活动。此时,治疗师要对终结音乐治疗的特殊儿童写出治疗成效的评价报告。

值得注意的是,特殊儿童的音乐治疗是以积累阶段性治疗目标的实现,来逐步得到特殊儿童个体某些基本能力的改善。当特殊儿童在音乐治疗中,某个行为的改变被泛化至生活中时,那么,这个行为就成为特殊儿童再学习和进行其他治疗所储备的能量。因此,音乐治疗对特殊儿童来说是最自然、无副作用的、高效的治疗方法。

第5节 特殊儿童音乐治疗的应用

目前,国外将音乐治疗用于特殊儿童领域已相当普遍;国内特殊教育界人士也认识到音乐治疗对特殊儿童的作用,纷纷学习、研究,并在北京、上海、广州、青岛等地率先开展音乐治疗实验,现已取得良好成效。具体来看,音乐治疗通常可对以下特殊儿童的障碍进行干预。

一、感知觉和肢体障碍

音乐治疗可刺激特殊儿童的感觉、知觉,训练肢体动作等。因为,音乐活动是人体各感觉器官与肢体共同参与、不可分割的整体运动,使视觉、听觉、触觉、动觉、运动觉、方位觉、空间觉等在音乐刺激和训练下进行重新统合,增加肢体活动的机会和能力,促进大、小肌肉的锻炼,使肢体动作协调发展。

二、生理和心理障碍

特殊儿童在身体方面虽有不同程度的病症或障碍,但他们同样需要有放松和活动的机会。音乐治疗可提供增强特殊儿童呼吸、心跳、脉搏、血压功能的机会,使他们在愉快的活动中产生更多有益的脑波,还可宣泄情绪,共同分享愉悦的经验,感受音乐带来的安全和幸福感。例如:有不少特殊儿童长期被师长训诫及周围的人排斥和讥笑,积累了许多抑郁、不满的情绪,以致不愿说话、不愿交流,音乐治疗活动可使这类问题得到舒解。

三、沟通能力的缺失

音乐可以成为除语言以外的交流工具。虽然特殊儿童不能表达或语言表达弱,但是,可以学会用表情、动作及非语言表达方式等来表示自己的需求。音乐治疗可为这类有特殊需要的人提供学习沟通技巧的机会,同时,也使人们了解特殊儿童的需要与内心世界成为可能。

四、注意缺乏

可在不同的音乐活动的刺激与唤醒下,提升特殊儿童的注意广度,维持注意兴趣,保持注意警觉,继而达到提升专注的能力,增加眼、脑对现实事、物、人的注意追踪能力以及自我控制能力。

五、自信心和自尊心的低弱

特殊儿童由于身心障碍致使自信心和自尊心缺乏。音乐治疗中奏、唱、动的活动,是在没有压力、强制的情境下进行的。在音乐治疗中,治疗师不会对特殊儿童在音乐方面的演奏、演唱等做"对"与"错"的评判,这样可使特殊儿童有高成就感,逐步提高特殊儿童的自信心和自尊心,提升自我价值感。

六、人际互动障碍

由于特殊儿童身心的缺憾,他们常表现出退缩、被动、害羞、恐惧、焦虑、易怒等负面行为而疏于与他人接触,造成人际互动障碍。音乐治疗提供了多变性、趣味性的音乐活动来吸引特殊儿童,使其参与度得以提高,从而在音乐活动中学习正确的、适当的人际互动技巧。

七、言语和认知障碍

绝大多数特殊儿童都存在言语和认知的问题。音乐治疗可用音乐元素,如旋律、节奏、速度等,通过聆听、歌唱、旁白等方法,将生活自理能力的目标、内容融入音乐要素中,增加特殊儿童的说话机会,达到训练语言和认知的目的。

八、自娱自乐

音乐治疗活动不仅能对特殊儿童的身心有极大的帮助,同时也可使特殊儿童学习唱歌、跳舞及简单乐器的演奏技巧,使特殊儿童在闲暇之余多了一些自娱自乐的方法,以正向行为取代或消退问题行为,可减少问题行为出现的概率。

上述只是音乐治疗在特殊儿童某些症状治疗中的应用,至此仅作部分介绍。

第6节 特殊教育与音乐治疗

特殊教育是教育中的一个重要组成部分,是人类社会在创造科学和文明的进程中诞生和发展起来的,是为了有特殊需要的人而特别设置的一种教育。朴永馨主编的《特殊教育辞典》中,对特殊教育进行了界定:"特殊教育是教育的一个组成部分,是使用一般的或经过特别设计的课程、教材、教法和教学组织形式及教学设备,对有特殊需要的儿童进行的旨在达到一般和特殊培养目标的教育。"这其中也包括音乐教育。然而,特殊儿童的音乐教育和特殊儿童的音乐治疗两者之间是既有联系又有区别的。

一、特殊儿童的音乐教育

特殊儿童的音乐教育是针对身心障碍儿童学习音乐而设置。音乐活动是为了帮助特殊儿童学习音乐、学习乐器操作技能及抒发情绪而设计。因此,无论是特殊学校还是普通学校,开设音乐教育课程都是同等的重要。

特殊学校音乐课的授课形式是集体授课,音乐教学的内容、方法和原则,基本与普通学校相同;所不同的是音乐教学的难度和深度要比普通学校的标准低,这主要是特殊儿童的心理、认知等起点低的原因所造成的。例如:有的特殊学校把音乐教育课视为娱乐课来上,音乐教学内容是将普通小学或幼儿园的音乐教材拿来使用,降低要求,即把幼儿园的教学内容用于特殊小学的低年级,普通小学低年级的教学内容用于特殊小学的中、高年级。

在特殊学校教育中,开设音乐课程是希望借助于音乐的特殊教育功能对特殊儿童发挥其作用。在回归主流和融合教育思想的指导下,西方国家的特殊音乐教育主要是被用于普通学校中随班就读特殊儿童课堂音乐活动的,但是,一些需要特别辅导的特殊儿童、特殊学校或特殊课堂,同样也可以用。[①]

现在,我国特殊教育学校的教学计划中,各年级均设有音乐必修课,聋校则为律动课。

特殊学校音乐课的内容一般有四项:

(1) 听赏各种音乐(欣赏)。

(2) 随着音乐作表演或律动。

(3) 用节奏乐器或简单的旋律乐器进行合奏、配奏、独奏或即兴演奏。

(4) 歌唱包括齐唱、简单的轮唱和独唱。

音乐教学的目的:通过歌唱、演奏、欣赏和律动活动,培养学生对音乐的表现力和感受力,激发特殊儿童学习音乐的兴趣和参与音乐活动的积极性,培养对生活的乐观态度,进行审美教育和思想品德教育。

虽然,通过丰富多样的音乐活动,可以培养、发展学生的听觉、视觉、触觉、节奏感、记忆力、注意力及动作的协调性,矫正感知障碍和智力障碍,促进身心健全和谐的发展。但是,音乐教育还是以音乐知识与音乐技能的学习作为主要目的,其他能力的发展是以主要目的的实现而伴随实现的。

二、特殊学校的音乐治疗

以往,特殊教育学校音乐教育的总任务和方针与普通学校儿童音乐教育是相一致的。随着人类社会文明程度的提高,人们对特殊儿童的教育和生活质量问题有了新的认识,特别是国家对特殊儿童的教育和康复问题的重视,使特殊学校的音乐教师开始从特殊儿童的特殊性和实际情况考虑,希望在教育内容、方法、要求和实施方式上,通过音乐教育和音乐训练,来补偿特殊儿童生理、心理缺陷,使他们成为生活自理、适应社会的人。至此,音乐治疗

---

① 高天.音乐治疗学基础理论[M].北京:世界图书出版公司,2007:119.

开始在一些特殊教育学校、特殊儿童康复机构、福利院等悄然兴起。

特殊儿童的音乐治疗是治疗师在儿童喜爱音乐的基础上,把音乐作为一种媒介,在个别或小组或集体治疗形式中,由音乐治疗师(或由音乐教师兼任)引导,经过为特殊儿童问题行为而专门设计的音乐训练,去学习并获得音乐以外的行为和知识。虽然,这些能力的习得是源自于与音乐教育相同的各种音乐活动,但是,此时获得音乐以外的能力已成为音乐活动的重点,而音乐知识和技能的学习却退于非重点的地位。这时的音乐活动的目的就具有治疗性的特点。

音乐治疗的目的是要提高特殊儿童的认知、改善情绪和消除症状(生理、心理、行为、表达和交流等方面的障碍)、提高他们的自我觉察力及生活适应力等。因此,特殊儿童的音乐治疗目标还需要尽可能地配合特殊教育学校其他学科的教育目标来设置,将特殊儿童在其他课程中需要解决的问题纳入音乐治疗内来共同解决,这正是音乐治疗在特殊教育学校扎根的本质需要。

三、音乐教育与音乐治疗的区别

在国家教委制订的特殊教育教学计划征求意见稿中,将音乐课列为重要学科。内容明确指出:"对特殊儿童的音乐教学,除了要达到思想教育的审美教育之外,还要注意对特殊儿童的身心缺陷、生理缺陷进行必要的补偿和矫正教育。"这体现了国家对特殊儿童教育与康复的重视程度和基本原则。[①] 也使得音乐治疗与特殊教育的关系越来越密切。

虽然,特殊儿童的音乐教育和音乐治疗都与音乐有着密不可分的关系,但是,两者却有着本质的区别。

1. 音乐教育与音乐治疗的目的不同

音乐教育的目的是培养和提高特殊儿童的音乐艺术方面的能力,如音乐知识、技能和音乐赏析能力等。即追求音乐以内的能力。而音乐治疗则是治疗师以音乐作为媒介与特殊儿童建立治疗关系,达到改善特殊儿童身心健康、适应社会的目的。例如:提高认知水平、改善消极情绪和消除不良症状、提高自我觉察力及生活适应能力等,即追求音乐之外的能力。

2. 音乐教育与音乐治疗中音乐活动所起的作用不同

音乐教育中的音乐活动是为激发特殊儿童学习热情,导引他们积极参与音乐实践,感受、体验、创造音乐,陶冶心情。音乐治疗中的音乐活动,是根据治疗目标中特殊儿童的问题行为而特别设置。

3. 音乐教育与音乐治疗授课形式不同

音乐教育采用集体授课的形式。而音乐治疗形式的选择则是依据特殊儿童的问题或障碍而定,采用个别课、小组课、集体课或个别课与小组课交替的形式。

4. 音乐教育与音乐治疗两者对师资的要求不同

无论是教师还是治疗师都需要具备专业的音乐知识和技能。音乐治疗师还要有医学、

---

① 何化均.音乐治疗[M].北京:科学普及出版社,1995:31.

心理学、康复知识等,掌握音乐治疗的方法和技术及具有更高的修养和爱心等,缺乏这些素质是无法进行音乐治疗工作的。

5. 音乐教育与音乐治疗授课成效的检测方法不同

特殊音乐教育的成效是采用个体演唱一首歌曲或演奏一首乐曲,还有集体书面笔试(较少采用)的方法检测。而音乐治疗的成效则是针对特殊儿童个体进行多种能力(音乐以内和音乐以外的能力)、各个单项的测试,如:音乐方面的能力、语言、认知、交往沟通的能力等。

6. 音乐教育与音乐治疗过程中对双方的称呼不同

前者是教师和学生,后者是治疗师(治疗老师、康复老师)与患者(患儿)。

总之,特殊学校的特殊音乐教育是介于音乐教育与音乐治疗之间的一种教育。即使特殊儿童的音乐教育与音乐治疗在活动上相同,即音乐,或以听、唱、表演、奏、跳来进行,也不可将音乐教育与音乐治疗当作一回事、混为一谈。即在教学计划上,把音乐课名称改写为音乐治疗,就简单地认为自己在做音乐治疗了。因为,音乐教育是不以治疗为目的的。

本章小结

特殊儿童音乐治疗是指音乐治疗师在多学科和理论的指导下,抓住儿童音乐临界期特有的功效,针对其成长过程中某阶段或某方面、暂时或永久、短期或长期的在情绪、行为、学习、社会适应等方面存在的困难,治疗师有目的、有计划地选用音乐治疗技术,使其在音乐和各类音乐活动中,自愿地、无强制地学习文化、社会知识等,达到适应社会、提高生活质量的目的。

特殊儿童的音乐治疗是一个科学系统,具有整体性的治疗过程,是为特殊儿童提供个别化教育的训练计划系统,即为特殊儿童提供沟通、认知、感觉动作、知觉动作、社会、情绪和心理等不同方面的帮助系统。使特殊儿童在有组织的音乐声中得到各种经验与体会,去弥补他们在情绪、生理、心理、沟通、认知等方面的弱势之需。音乐治疗虽然离不开听、唱、跳、奏等音乐活动,但是,每次音乐活动项目,都是为了促进特殊儿童个体的某种能力和技巧而设置的。

如今,特殊儿童音乐教育也已开始考虑,在学习音乐知识与技能及娱乐技巧的同时,对特殊儿童的身心方面给予了关注与尝试,形成了特殊音乐教育中的音乐治疗,这种方式的音乐治疗,是介于特殊音乐教育与音乐治疗方式之间的治疗方式,存在于某些特殊教育学校中。不能因为特殊儿童的音乐教育与音乐治疗在音乐活动手段上相同,就把音乐教育与音乐治疗等同起来,这是不可取的,也是不科学的。

音乐治疗要在我国特殊教育学校(公办)生根,还需经过一段时间的研究与探索。将音乐治疗与现有特殊教育学校(公办)的音乐教学模式相结合,才能走出中国特殊教育学校音乐教育与音乐治疗相结合的特色道路。

思考与练习

1. 简述音乐对特殊儿童的意义及作用。
2. 简述特殊儿童的音乐治疗流程。
3. 特殊儿童音乐治疗的临床应用有哪些?
4. 如何区别特殊儿童音乐教育与音乐治疗?

第3章 音乐治疗的流派

1. 熟悉鲁道夫-罗宾逊音乐治疗的理念和方法。
2. 掌握临床奥尔夫音乐治疗的方法和技术。
3. 了解柯达伊理念的临床应用。
4. 了解达尔克罗兹节奏教学的临床应用的方法。

20世纪以来,世界音乐治疗流派都不是单一存在的,它受到心理治疗理论、方法技术的影响。由于音乐治疗机构和治疗师专业背景的不同,使音乐治疗存在着领域性和方向性。为了使音乐治疗具有系统性,研究者们依据其领域性和方向性把音乐治疗划分成不同的类别。在高天教授所著的《音乐治疗学基础理论》中把音乐治疗划分为:音乐教育领域的音乐治疗模式、心理治疗领域的音乐治疗模式和医疗领域的音乐治疗模式这三大类。而在吴幸如等人所著的《音乐治疗十四讲》中则划分为:心理治疗取向音乐治疗、音乐取向音乐治疗、教育取向音乐治疗和医疗取向音乐治疗这四类。上述两种划分没有太大区别,只是后者多了一种音乐取向的模式。

实际上,在世界范围内存在着许多音乐治疗流派。但是,具有深远影响力的当数音乐治疗的十大流派:鲁道夫-罗宾逊音乐治疗、引导想象与音乐治疗、心理动力取向音乐治疗、临床奥尔夫音乐治疗、柯达伊理念的临床应用、达尔克罗兹节奏教学的临床应用、发展性音乐治疗法[1]、音乐治疗与沟通分析、完形音乐治疗法以及应用行为矫正的音乐治疗。本章将重点介绍几种与特殊儿童有关的音乐治疗流派,使读者了解治疗师是在何种思想的指导下引领需要帮助的儿童进入何种音乐、参与何种音乐活动、感受和体验何种音乐治疗。

第1节 鲁道夫-罗宾逊音乐治疗

鲁道夫-罗宾逊(Nordoff & Robbins)音乐治疗,即"创造性即兴音乐治疗",也被称为"创意性音乐疗法"、"创造性音乐疗法",如今已成为世界音乐治疗范围内最受重视和敬佩的流派之一。鲁道夫-罗宾逊音乐治疗机构在英国、美国、德国、澳大利亚、日本都设有音乐治疗中心。美国的鲁道夫-罗宾逊音乐治疗中心,在1997年还开办了鲁道夫-罗宾逊音乐治疗国际信托业务,接受来自世界各地不会说英文的患者进行治疗。

---

[1] 吴幸如,黄创华.音乐治疗十四讲[M].北京:化学工业出版社,2010:84.

一、鲁道夫-罗宾逊音乐治疗的概述

鲁道夫-罗宾逊音乐治疗是一种主动式的音乐治疗方法,于 1960 年以保罗·鲁道夫(Paul Nordoff)和克莱夫·罗宾逊(Clive Robbins)两位合作发起人的名字命名,此方法完全是从音乐领域发展而来,当时的治疗对象主要是特殊儿童。在英国和德国,此治疗方法被广泛地运用于特殊学校。之后,又被推广至其他领域使用,如医院等。现在,鲁道夫-罗宾逊音乐治疗已被广泛应用于不同的年龄层、不同的病症以及不同的领域中,并已取得了良好效果。

1. 鲁道夫-罗宾逊音乐治疗的创立

鲁道夫-罗宾逊音乐治疗的创始人之一,保罗·鲁道夫博士是美国的钢琴家和作曲家,在 1949 年到 1958 年期间,他就职于美国巴德音乐学院,拥有 25 年的作曲和钢琴演奏实践经验。

1958 年,保罗·鲁道夫去欧洲休假。在伦敦,他听到教育家、科学家、哲学家和精神科学导师鲁道夫·斯坦纳(Nordoff Steiner)的一次演讲,即关于集音乐、运动、色彩一体对脑瘫儿童的治疗。这次演讲激起了保罗·鲁道夫博士极大的兴趣,使他产生了创作音乐作品来帮助残疾儿童的想法。随后,保罗·鲁道夫去了伦敦的人智学社团——桑菲尔德儿童之家,了解音乐在特殊儿童教育中所起的作用并在那里遇到了今后的合作伙伴——克莱夫·罗宾逊。通过实地考察,他看到了特殊儿童在音乐的刺激下所做出的反应,这令他兴奋并确信音乐具有治疗作用。为此,保罗·鲁道夫于 1959 年辞去巴德音乐学院的工作,开始了他新的探索历程,即用音乐对特殊儿童进行治疗。之后,他将他所拥有的理论作曲、钢琴演奏和即兴演奏等方面的优势经验都运用到音乐治疗中。这时,保罗·鲁道夫已 50 岁,他用自己的才智和经验与罗宾逊共同合作了 17 年直至去世。

另一位本学派的创始人,英国特殊儿童教育家克莱夫·罗宾逊博士,他于 1954 年就职于桑菲尔德儿童之家,是一位有过自学音乐经历和有经验的特殊教育工作者。在就职于桑菲尔德儿童之家之前,克莱夫·罗宾逊的左手因参战而局部瘫痪。后来,克莱夫·罗宾逊成为发育障碍和多重残障儿童的特教老师。克莱夫·罗宾逊在桑菲尔德儿童之家工作期间,他负责特殊儿童的教育性和艺术性的治疗项目,并常与赫伯特·戈伊特(Herbert Goite)医学博士一起研究。无论是在实践还是在理论上,克莱夫·罗宾逊都已得到了锻炼和获得了许多宝贵的经验。

克莱夫·罗宾逊于 1959 年开始与保罗·鲁道夫合作,进行了长达 17 年之久的创造性音乐疗法的研究和实践工作。他们彼此互相支持、密切合作,在不少地区帮助了有心理疾病、情绪障碍、肢体障碍的儿童,形成了具有世界影响力的音乐治疗学派——创意性音乐疗法。当保罗·鲁道夫去世后,克莱夫·罗宾逊与妻子合作,一直坚持着这份有益于特殊儿童身心发展的工作,关注、关爱残疾人,与热衷于音乐治疗事业的治疗师们共同努力,合作至今。

在纽约大学的鲁道夫-罗宾逊音乐治疗中心,克莱夫·罗宾逊博士曾担任治疗中心主任。在长达 50 年之久的治疗生涯中,他专门从事儿童综合能力缺失和发展障碍的研究,并获得了丰富的音乐治疗临床经验。

如今,克莱夫·罗宾逊已从美国纽约大学退休,但他仍然为美国纽约大学音乐治疗中心提供音乐临床治疗的服务,还担任东京 Senzoku Gakueny 音乐学院音乐治疗学院的荣誉院长。同时,在儿童与青少年的音乐治疗方面他还在继续进行实践和探索,并从事文献的收集、学习、研究和各种讲学活动,往返于澳大利亚、英国、日本、德国、希腊、爱尔兰、新西兰和本土进行教学和实践活动。克莱夫·罗宾逊曾于 2004 年 6 月和 2005 年 10 月两次来北京进行了为期一周的音乐治疗专业讲学活动,帮助中国的音乐治疗和特殊教育工作者了解世界特殊儿童的音乐治疗和技术。

鲁道夫-罗宾逊音乐治疗的成功,源自于保罗·鲁道夫对音乐的学习和多年音乐工作经验的积累;也得益于克莱夫·罗宾逊在特殊教育领域的工作中,对特殊儿童的深刻了解和长期的工作经历赋予他的敏锐的洞察力和卓越的远见,使他给予保罗·鲁道夫在实践中更多的指导,促成保罗·鲁道夫在新的领域中将才华最大限度地发挥。他们在工作中个性和经验的互补以及目标、风格和价值观的契合,使创造性即兴音乐治疗得以发扬光大。

另一位值得介绍的音乐治疗师是凯偌(Karol),她是罗宾逊的夫人。克莱夫·罗宾逊曾这样称赞自己的妻子凯偌:"她是鲁道夫最好的学生之一。"1977 年保罗·鲁道夫去世后,凯偌鼎力支持着丈夫克莱夫·罗宾逊的事业,当纽约大学于 1990 年成立鲁道夫-罗宾逊音乐治疗中心后,凯偌与丈夫共同指导纽约大学鲁道夫-罗宾逊音乐治疗研究所的工作,积极推广鲁道夫-罗宾逊音乐治疗及开展相关的训练工作。在 1975 年至 1996 年,凯偌始终与丈夫携手"奋战"在帮助有特殊需要的人的工作中,直至癌症病逝。

2. 鲁道夫-罗宾逊音乐治疗的理念

鲁道夫-罗宾逊的"创造性音乐治疗",是受到鲁道夫·斯坦纳理论的影响,以尊重每个人生命存在意义的态度而进行研究。在实践中,他们尊重每个接受治疗的儿童的内在生命,坚信通过激发障碍儿童的音乐能力,能开启其潜在的能力。克莱夫·罗宾逊认为音乐治疗是特殊儿童最易接受的方法之一,因此,治疗师借助音乐与特殊儿童建立治疗关系,并通过特殊儿童演绎的音乐与治疗师演绎的音乐及与音乐各要素之间的关系,来达到治疗的目的。

鲁道夫-罗宾逊音乐治疗学派的治疗师们这样认为:每一个人都具有先天的音乐能力,这种能力可以被激发出来。即通过使用即兴演奏音乐最有效地被唤醒,而这种人类本能也会有助于情绪、生理和认知方面的困难得到克服。这是一个通过努力合作创造的形式,特殊儿童与治疗师在各种不同的音乐标准和特殊的乐器上共同进行音乐创造。治疗师为特殊儿童提供了各种既不需要特殊技能,又可以令人满意的、自我表达的可选乐器,所以特殊儿童不需要音乐方面的学习和训练的背景。①

鲁道夫-罗宾逊音乐治疗师们相信,无论人病得有多重,当其听到音乐时都会有所反应。因此,音乐治疗师们可以通过音乐来帮助在沟通、互动、专注等方面有问题的特殊儿童,使他们在音乐的干预下能力得到改善。鲁道夫和罗宾逊把儿童称之为"条件儿童",他们认为每一个儿童都是在一定条件的限制下逐渐发展起来的。同时,他们认为每一个人生来就具有不同程度的音乐潜质,是一个音乐的自我。因而他们又把"条件儿童"称之为"音乐儿童"。当"音乐儿童"经过一定时间的音乐刺激,他们会冲破原有的某些限制,以自身的优势去弥补

---

① 高天.音乐治疗学基础理论[M].北京:世界图书出版公司,2007:191.

或完善不足。每一个"音乐儿童"的音乐敏感度分为一般敏感度和特殊敏感度[①]。这也是造成每个儿童对音乐反应存在明显差别的主要原因。

鲁道夫-罗宾逊认识到,儿童某项音乐能力存在缺失,其生理或心理某个方面就会有缺失。为了改善或解决这些生理或心理方面的缺失问题,音乐治疗师会选择相对应的音乐技能对其进行训练,使儿童的音乐能力得到恢复和发展,促成其生理或心理问题的改善和解决。

鲁道夫-罗宾逊音乐治疗,即创造性音乐治疗如此强调音乐的重要性是有其哲学道理的。鲁道夫和罗宾逊的早期研究工作是受到斯坦纳人智学理论的影响,斯坦纳把音乐语言和音乐词汇作为理解人的最好方法。而创造性音乐治疗则是将此理论运用于实践,并使其得以延伸。创造性音乐治疗中的音乐反应被当作个体心理发展状态的外化现象,即镜照。斯坦纳人智学理论是具有人本主义精神的,而鲁道夫和罗宾逊也认同心理学中的人本主义学派。罗宾逊夫妇(1980)曾说过他们的创造性音乐治疗目标与人本心理学派大师马斯洛(Abraham Maslow)有关系,在鲁道夫-罗宾逊创造性音乐治疗中随处可感受到人本主义的精神。

"自我实现"是人本主义理论的核心,也是人类特有的,即超越生存而满足各方面需要后,个体内心渴望发展和实现自身潜能的需要。当个体重新找回自身的本质和价值,产生深度的幸福感,实现完美人格时,就是马斯洛所说的"高峰体验"。而马斯洛把人类共同的价值观和道德观分为真、善、美、正义、欢乐等,即人的内在本性。当自我意识得以改善,能认识到自身的潜在能力或价值时,就达到了自我实现。

鲁道夫和罗宾逊在治疗中十分重视特殊儿童对自我实现的渴求及对爱、安全感、尊重的需要,因此,他们在与特殊儿童交往、接触的不同场合,都十分注意把感情、语言、音乐及接触的方式融入即兴音乐中,将自由、和谐的气氛传递给孩子,使他们自然即兴创作,并与他人进行音乐对话式的交流,从而达到自我实现。而创造性音乐治疗中"成长动力"的理念,在罗宾逊看来,这与马斯洛的观点完全一致。而且,罗宾逊认同马斯洛的另一观点,即治疗是挖掘特殊儿童的潜能和优势,使之成为个体弱势的互补。在此过程中,治疗师创造发现自我优势和弱势以及自如选择的机会,完成自我表达的学习,从而获得自我实现的基础,即勇气、勇敢、自由、自发性、整合及自我接受的品质。当特殊儿童能够在音乐治疗中建立起交往兴奋的关系,不久,特殊儿童也将会融入他们的生活和学习环境中。

3. 鲁道夫-罗宾逊音乐治疗的应用

如今,鲁道夫-罗宾逊音乐治疗的方法应用范围非常广阔,除儿童之外,还包括了成年人各年龄段的多种疾病。因此,有不少鲁道夫-罗宾逊音乐治疗学派的治疗师工作在不同类别的医院中。甚至,他们还将自身使用的技术和方法与心理学理论相结合,出现了有别于原先鲁道夫-罗宾逊音乐治疗理念和学派的治疗师。例如,有的治疗师在治疗过程中采用心理分析、内省技术作为检验治疗师与患者之间关系的方法。不过,这也引起了某些治疗师反对的呼声,他们认为鲁道夫-罗宾逊音乐治疗的方法是以音乐为主线的,治疗中用语言的形式来

[①] 笔者注:一般敏感度是指儿童各自具有的音乐能力和爱好。特殊敏感度是指儿童本体(先天的)对音乐调式、调性、节奏的结构、速度等具有的能力。

转化音乐体验的形式是不可取和不正确的;而且,用语言陈述是不可能将患者音乐反应的本质表述清楚的,甚至会出现表述完全错误的可能。为了使两种观点的治疗方法能相互支撑共存于鲁道夫-罗宾逊音乐治疗体系中,出现了用传统心理治疗理论来解释音乐即兴演奏中治疗关系的治疗师,并出现相关学术性研究文章的发表。如:鲁道夫、罗宾逊发表的关于治疗残疾儿童的实例研究报告。

除了上述针对残疾儿童的研究报告,还有不少是针对青少年某些障碍使用鲁道夫-罗宾逊音乐治疗方法的研究。如:李特霍尔茨和特瑞(Ritholz & Turry,1994)针对17岁发育迟滞且伴有后天创伤的少年实施音乐治疗,使其与他人有创造性的互动反应的研究报告;埃根(Aigen,1977)针对四位自闭症伴发展障碍的青少年实施集体音乐治疗的报告等。

针对成年人实施鲁道夫-罗宾逊音乐治疗的研究报告也不乏其数。如:石冢(Ishizuka,1998)用鲁道夫-罗宾逊音乐治疗方法对成年人语言和非语言互动的反应能力进行探究,研究表明,音乐即兴演奏可使治疗师对患者的情绪进行反应,同时,分享其情绪和情感。而罗贝尔(Robel,1997)发表了鲁道夫-罗宾逊音乐治疗的方法对神经康复病人运动动机的研究。奥尔德里奇(Aldridge,1996)发表了用即兴演奏作为老年痴呆症的诊断工具和方法的研究。李(Lee,1996)发表了针对成年艾滋病音乐家的治疗过程的细节研究等。①

在鲁道夫-罗宾逊音乐治疗方法研究中,不难看到,治疗师们纷纷用此方法,以探究性的心态和实际行动,去帮助各领域中有特殊需要的人。

实例 3-1

这是1965年鲁道夫55岁时实施的一个案例,当时鲁道夫已有治疗自闭症儿童五年的经历,对治疗自闭症儿童的反抗性很有经验。

爱德华,男,5岁,患有自闭症。他感情丰富、活泼好动,当他高兴或心情不好时就会不停地来回走动,而且嘴里总是说一句相同的话,不高兴时还会大喊大叫,别人无法理解他的意思,只能像对待婴儿那样对待他。他还有轻微的多动症。

当爱德华第一次走进治疗室时,鲁道夫正在 #f 小调上演奏乐曲,希望此曲能安抚爱德华处于新环境中的不安。但是,爱德华并不适应此方法。他那不适应、不舒服的感觉表现在他来回走动、边哭边跳躁动的行为上,根本不理会治疗师和治疗师演奏的音乐。可是,鲁道夫并未因此而停止演奏,而是继续演奏,不久爱德华的音乐天性表现出来了。鲁道夫希望用他演奏的音乐与爱德华建立起关系,后来鲁道夫演奏的曲调大多是一会儿上行或一会儿下行,用音乐去配合爱德华的声音——哭声,也可以说鲁道夫此时的即兴演奏是在配合爱德华的情绪。鲁道夫并没有等着爱德华来跟随、配合自己,而是在观察爱德华的过程中,即时调整自己的音乐创造,将爱德华哭的音调、强弱、走向等揉进自己的演奏中。不仅如此,鲁道夫还一手弹琴,一手击鼓,用鼓声支持爱德华宣泄,当孩子哭跳时,鲁道夫跟随其一起跳动,慢慢的爱德华的行为不自觉地与鲁道夫的音乐吻合起来,且开始意

---

① 高天.音乐治疗学基础理论[M].北京:世界图书出版公司,2007:199.

识到治疗师鲁道夫,这时治疗室的气氛达到了最高点……治疗师将爱德华领到钢琴旁,将鼓槌交到他手上,让他触摸乐器后将他送出治疗室,此时,爱德华的情绪稳定多了。

当爱德华第二次走进治疗室时,只是有点紧张,嘴里哼哼着没有大声地哭,反而有时会跟着治疗师音乐发出啊——啊——的声音,但仍有点不高兴。不过爱德华还是接受了这一事实,表现在语言(自言自语)上出现了音乐中的节奏,治疗师认为这时可以进行学习了……

爱德华在三节治疗课之前,一般要哭闹一小时左右,后来他自己愿意上音乐治疗课。第三次上治疗课时,见到治疗师已有打招呼的意识,用啊——啊——啊如小节内切分节奏型,唱调旋律如低音 5 到中音 5 再到 3 似的,治疗师马上配以相同情绪的音调和相似音区的琴声来回应和唤醒他。罗宾逊说:"此时治疗师要解决的关键问题是内心的问题,而不是外在的问题、社会问题等。"

爱德华第四次上治疗课时,已会与治疗师的音乐对"喊"、对"叫"了,当然,这样的"喊"和"叫"不能将其等同于人与人之间的争吵,而要将他视为与治疗师的对话。鲁道夫用肢体示意爱德华随乐而跳,他没反应。治疗师就拉着爱德华的手跳,孩子在这过程中一直笑,接着治疗师打了一下钹,爱德华叫了一声来回应治疗师,治疗师带着爱德华像开玩笑一样边跳边击钹,随后出现了治疗师不让爱德华击钹的那只手来演奏,爱德华就换另一只手来演奏,治疗师将他手中的槌收走,并单腿点地蹲下平视他,这时,爱德华竟然坐到治疗师的腿上,双手抱着治疗师的脖子,歪着脑袋盯着治疗师的脸开始"说话",尽管他说不清楚,但他开始接受治疗师作为他的朋友。此时,治疗师才开始演奏柔和的音乐,爱德华开始兴奋。这以后孩子进入治疗室,不是靠近钢琴,而是走到治疗师身旁,爬上凳子抱着治疗师,当治疗师把他抱下来,他会再次爬上凳子抱着治疗师,鲁道夫和爱德华就像父子关系一样,鲁道夫演奏乐曲开始尝试教爱德华说话(唱《HELLO》歌)……

爱德华第八次上治疗课时,他要抱鲁道夫,鲁道夫不让他抱,他开始失望,但此时他不会大声哭闹了……

在上第九节课之前,爱德华就非常想上治疗课了。上课时爱德华表现出想要抱鲁道夫的意愿,治疗师允许他抱,爱德华会表现出很高兴……在此后边弹边唱的治疗过程中,爱德华已经能用平静、柔和的声调说话,并跟着学唱治疗师的声调。有时还会变换声调来回答治疗师,使治疗师兴奋不已地抱起他边唱边跳,还演奏钢琴……这表明爱德华的想象力非常丰富。这节治疗课让人难忘之处是:治疗师与特殊儿童能够真正达到交流了。

第十节课之后爱德华有了简单的语言,此后治疗师为了巩固和促进爱德华的语言,采用教唱歌曲对他进行语言的训练,如 *HOW ARE YOU*。起初爱德华只与父母、治疗中心的工作人员、中心的小朋友等进行沟通,后来爱德华去百货商店或见到书上的食物能够用语言表达自己的想法,治疗师此时建议爱德华的父母将他送往残障儿童学习中心进行学习……

二、鲁道夫-罗宾逊音乐治疗的方法

简单地说,鲁道夫-罗宾逊音乐治疗方法是以音乐为中心,即治疗师借助于音乐介入特殊儿童,又凭借特殊儿童的音乐反应来看特殊儿童进步的历程。由于整个治疗过程中音乐是最主要的转化媒介,特别是对于有语言或认知障碍的特殊儿童来说,除了音乐的交替沟通外,很少或几乎不用其他的沟通方式——语言,因此,特殊儿童很容易参与到治疗活动中。

(一) 鲁道夫-罗宾逊音乐治疗法

长期进行特殊儿童音乐治疗工作的经验告诉鲁道夫和罗宾逊,治疗中当特殊儿童退缩时,音乐完全能够直接进入他们的意识成为没有压力和危险的信号,使特殊儿童跨越智力缺陷、认知和心理障碍,感受音乐直接给予他们的快乐。

在鲁道夫-罗宾逊音乐治疗中,治疗师会有针对性地让特殊儿童学习乐器、歌唱、创作音乐及表演音乐剧等来提高他们的音乐感受能力,并使用不需要经过专门训练就能即刻自如演奏的各种简单的乐器,这些乐器包括各种大小不一的鼓类、钹、锣以及各种木琴、铝板琴等。还有是为残疾人专门改良设计的变形乐器,再就是治疗师和特殊儿童自身都共同拥有的便携式的"乐器"——嗓子,即人人都有的嗓音进行演唱。

1. 即兴演奏技术的使用

鲁道夫-罗宾逊音乐治疗中的音乐是重要的载体和手段,治疗师采用即兴演奏钢琴或边弹边唱的形式来引起孩子的注意,或用即兴的音乐去描绘和配合特殊儿童个体的性格特征和情绪变化,促成特殊儿童在听、聆听、反应、跟随、配合等方面的反馈,让其感受具有美感的歌曲或乐曲,在音乐审美的过程中唤起孩子的反应,来达到治疗的目的。这就是鲁道夫-罗宾逊音乐治疗中即兴演奏技术使用的核心之处。随着特殊儿童音乐治疗成效的转变,治疗师会选择有针对性的其他乐器让其演奏体验。因此,音乐审美体验这时也成了音乐治疗过程中不可缺少的、强烈的动力。如:治疗师选择柔和、优美及孩子感到安全、亲切的旋律,或选择协和饱满的伴奏效果等。任何人的听觉器官都会被高品质的音乐美感所吸引,特殊儿童也不例外。在有意识或无意识听的过程中,会不自觉地对音乐进行体验,如随乐敲击、摇头、晃动身体等。鲁道夫-罗宾逊音乐治疗思想强调,高审美水平的音乐可更有效地直达人的内部、刺激人的创造力,有特殊需要的人们可以借助音乐找到自己内部的创造性动力,从疾病或创伤中走出来。

值得一提的是,鲁道夫-罗宾逊音乐治疗中的审美不同于一般意义或音乐教学上的"审美"。治疗师是根据特殊儿童的不同情况,选用音乐的各种元素进行音乐的编创,可反映出特殊儿童个体内心的本质。正如鲁道夫和罗宾逊认为的那样,不协和音是音乐和声中极重要的且富于表现力的组成部分,不协和音是使音乐能及时活跃起来并且是保持原音乐流动性活力的因素。因此,当有些特殊儿童个体的生命体验有别于普通人的体验时,就需要治疗师以不谐和的、刺耳的、富于表现力及具有挑战性的不协和音来帮助唤醒特殊儿童,刺激他们有所反应地参与到音乐活动中,如自闭症儿童等。

2. 特殊儿童即兴音乐的创作

鲁道夫-罗宾逊音乐治疗,有时也会让儿童自己选择乐器,一般是简单的打击乐器、奥尔夫音条乐器和鼓类等。通过自由演奏的方式,对各种节奏型、强弱变化、旋律与和声结构的变化及其他音乐要素的探索得到逐步提高。特殊儿童个体即兴音乐的创作,被治疗师看作是其内部生命"旋律"涌动的外化。本流派的治疗师们大都在钢琴上即兴演奏,当不知所措的特殊儿童进入治疗室后,治疗师即兴创作的音乐声,是不受特殊儿童意识所控制,可直接深入其内心触碰潜意识的,他们会在音乐声中有所反应,即被视为他们认同治疗师音乐的反应,通过即兴音乐的演奏将自我表现出来。在这反应的过程中,治疗师通过模仿特殊儿童个体说话、唱歌及演奏乐器的节奏型,或用完全不同于特殊儿童个体即兴演奏的音乐,去诱导其改变速度、强弱、长短等,在他们演奏的间歇或某个没有解决的音的后面添加某音、某段、某句,或在某个调性音后面加入一个和声序列等,来帮助特殊儿童个体完成即兴音乐的创作。

特殊儿童即兴音乐的创作,有时是在治疗师即兴演唱声音的引导下做出的回应。有的也是在特殊儿童有意无意、自发情况下的创作,特殊儿童的这些演奏在治疗师眼里都被看作是音乐的即兴创作、自我的表达或与他人的交流。此外,治疗师还常常会将特殊儿童在治疗中所发出来的哼哼声、创造出来的声响或音乐进行记谱,经补充、整理以便在之后治疗需要时进行重复、发展。

特殊儿童在治疗过程中的创作演奏,不仅可以表达自我,也可与同伴或治疗师的共同演奏来不断丰富、扩展自我音乐的表达和对他人音乐的意识,增强自我肯定意识,完善自己和建立自信。

3. 治疗师即兴音乐的创作

在鲁道夫-罗宾逊音乐治疗中,治疗师一般是运用乐器演奏或边唱边演奏乐器,来联结特殊儿童与治疗师之间的互动和沟通,建立起彼此的交流关系也是治疗师追求的目标之一。治疗师即兴音乐的创作,有部分是治疗师根据特殊儿童当下的表现和听到音乐之后的反应,引发治疗师的音乐创作灵感,加之特殊儿童随后在治疗师音乐声中的互动变化创作出来的。治疗师通过即兴音乐的创作,除有优美、抒情温婉的音乐,还有怪诞、生疏、刺激、具有攻击性的声音或音乐,来营造接受和信任的氛围,激发特殊儿童的兴趣和想法,促使其对音乐的反应及潜意识中音乐感觉的展露,治疗师根据特殊儿童对音乐的感觉进行创作,以达到吸引特殊儿童参与的目的。治疗师通过继续演奏即兴音乐,不断调整与特殊儿童情绪变化相对应的契合点,从而引导特殊儿童由于干预后出现的反应。当双方都被对方音乐吸引并有适当的反应和回应时,这种以音乐互动的关系和发展方向就在他们之间建立起来,这时特殊儿童的音乐自我表达可视为音乐交流能力。

治疗师主要是以音乐作为媒介来引发特殊儿童的治疗性改变,基本上不使用语言。虽然,即兴演奏是鲁道夫-罗宾逊音乐治疗的基本方法,但是,实际治疗中播放现成的歌曲和事先创作好的音乐也会成为治疗师常用于治疗的方法。当治疗师需要引发特殊儿童语言时,也会使用语言来指导特殊儿童的行为,毕竟特殊儿童将来是要走出治疗室接触外部世界的,因此,语言在治疗中的使用也会成为重要的内容。

治疗师即兴音乐创作时需要注意以下几点。

首先,治疗师即兴音乐不能因自己的习惯、喜好、情感来演奏,而是应该围绕特殊儿童个体当时的情绪走向、需求及治疗的目的来即兴创作。治疗师的即兴音乐应该可同时提供具有引领、支持、跟从和鼓励性的音响效果,也可以提供指令与挑战式特点的音乐,使治疗中的音乐具有多重含义和各种体验,给予特殊儿童成长需求的支持。

其次，治疗师在即兴创作音乐时，要熟悉各民族的音乐风格及不同风格的音乐会产生何种情绪反应。即兴过程中对不稳定音的进行和解决不应受和声学理论、原则所限，可随机式自如改变音域、速度、强弱、调、节奏、节拍、旋律、和声等，以便即时跟从和适应特殊儿童的音乐或者其动作的改变。

最后，治疗师的即兴演奏可以是现场呼应特殊儿童认知的需要创造新的音乐，也可以是已有歌曲或乐曲的二次创作，或治疗师根据特殊儿童治疗的进程及现场行为的变化，在治疗过程中用上述音乐各要素进行再度创作。因此，治疗师的即兴音乐创作应以循序渐进及可持续发展的方式来创作。

4. 治疗形式

鲁道夫-罗宾逊音乐治疗中治疗形式的选用，是治疗师根据治疗的需要选择不同的形式，即个别治疗、集体治疗或两种形式都参加的方式。通常鲁道夫-罗宾逊音乐治疗是由两个治疗师组成一个工作组，一位负责掌控治疗方向的治疗师进行即兴演奏，通过音乐来引发特殊儿童参与治疗性音乐的体验，而另一位负责配合演奏治疗师的目的和方向，帮助特殊儿童对音乐进行即兴反应。这两个治疗师不存在水平的高和低，只是根据实际工作需要而分工。因此，人们称前者为主治治疗师，后者被称为协同或辅助治疗师。也会有三个治疗师组成共同治疗的工作组。很多时候，会使用钢琴、吉他、打击乐器等，进行即兴性的音乐治疗，如特殊儿童即兴的问，治疗师即兴的答。每次治疗的时间在三十分钟左右，刚开始时可视特殊儿童的承受能力来确定；至少每周治疗一次，治疗时间的长短和治疗的周次数都不是固定不变的，而是依照特殊儿童的承受力和投入程度来进行适当的调整。

集体治疗方式，适合需要他人示范的刺激或多人给予鼓励与支持的特殊儿童，集体治疗可成为个别治疗的拓展或补充。因为集体治疗的目标，是培养特殊儿童适应社会的一种理性的情绪。当特殊儿童在个体治疗中显示较稳定，需要增加交流的刺激、加强交流的能力、获得独立的体验及增强社会性刺激时，则可以用集体治疗方式。当特殊儿童在集体治疗中，显示出必要的交流行为后，这显著的进展就形成了特殊儿童在集体治疗中获得的治疗效果。常见的集体治疗活动有歌曲或吟唱、器乐活动、音乐游戏与配乐故事、身体律动、舞蹈等。

集体治疗采取主治疗师负责整个音乐活动，辅助治疗师负责演奏音乐，这个音乐往往采用现有音乐，而且是熟悉的音乐，易于被全体特殊儿童所接受，并能在音乐声中进行互动，以达到各自治疗目标。活动内容是根据集体成员的状况进行创造的，即兴创造的歌曲或活动也是依据集体成员的想法、心情和需要来定。对很多特殊儿童来说，在集体环境中创造出来的交流体验是不可能从其他途径获得的。

对于严重语言障碍者、病情严重者及有影响集体治疗行为者，都适合进行个别治疗。例如：鲁道夫和罗宾逊曾为一个六岁自闭症儿童大卫（David）做音乐治疗。他不会自己系鞋带，有长期的焦虑症，视觉与动觉协调不佳，但听觉与动觉协调能力非常好，他可以敲出相当复杂的鼓点节奏，显然他具有音乐天赋。鲁道夫和罗宾逊在治疗方法上，将系鞋带的过程编成了一首歌，在第二次治疗课上大卫就试做成功。歌曲是一种时间形式，大卫和此元素有一种特殊的联结，所以可以利用一首歌的时间结构而理解系鞋带的过程（鲁道夫-罗宾逊，1992）。

（二）鲁道夫-罗宾逊音乐治疗过程

鲁道夫-罗宾逊音乐治疗方法在治疗之前，并没有一套完整的评估体系对特殊儿童进行评估,只有一般性的交流。他们认为对于正常儿童来讲,做一些测评工作还比较容易,但是,对特殊儿童来说情况就太复杂了。特殊儿童有不同的情绪表现。如果把每一个特殊儿童的可能性都预测到,恐怕会很多,重要的是要把儿童带到适合的音乐情境中。鲁道夫-罗宾逊音乐治疗的核心强调的就是即兴化的创造性音乐和个性化的治疗方案。他们认为文字有的时候会表述错误,甚至会给人造成误导。因此,鲁道夫-罗宾逊音乐治疗前,并没有一个已经设计好的程序或形式,而是全凭治疗师依据自身的全面素质和多年实践经验的积累,在与特殊儿童的音乐互动中,治疗师通过不断观察和评估及特殊儿童当时的需要进行适时调整。治疗师还会用改变自己嗓音的音色、音调等方法,在音乐的演奏和交流中,引导特殊儿童个体参与音乐体验,并学习交流技术。

鲁道夫-罗宾逊音乐治疗采用亚瑟兰(Axline)和莫斯塔卡(Moustakas)所提倡的"关系治疗"。亚瑟兰提出与儿童接触的过程中要注意的八个基本原则,也是鲁道夫-罗宾逊音乐治疗采用并拓展应用于治疗的八个原则,这八个原则是我们正确认识鲁道夫-罗宾逊音乐治疗精神的重要依据。

这八个原则是:
(1) 治疗师对患者有真正的兴趣,并在其间发展出一种温暖、友善的关系。
(2) 对患者如其所是的接纳。
(3) 创造安全感与许可性的治疗关系,使患者得以自由地探索与表达自己。
(4) 治疗师能敏锐地辨认和反映患者的情感。
(5) 治疗师尊重患者为自己抉择与解决问题的能力。
(6) 以非指导而不是指导的治疗态度,治疗师只是跟随而非引导患者。
(7) 治疗师能够欣赏治疗渐进性过程,也就是患者的自然成长步调,且不强求加速此过程。
(8) 治疗师只有在协助患者接纳个人与关系中之责任的情形下,才会设定限制。[①]

罗宾逊认为针对不同程度的特殊儿童,鲁道夫-罗宾逊音乐治疗可用以下方法治疗(见表3-1)。

表3-1 鲁道夫-罗宾逊音乐治疗对不同程度的特殊儿童所采用的方法

程度	治疗
1. 开始新的发展及成长	可用音乐对一些有音乐感觉的孩子进行治疗
2. 给进行中的发展赋予力量、支持及协助达到其他治疗目标	可用其他音乐器材,加速这类孩子的治疗
3. 属于普及、支持与充实性质的	可将这类孩子与其他孩子在一起治疗 特殊儿童一般就到这个层次为止,如果想再上一个层次就很难了

总之,鲁道夫-罗宾逊音乐治疗是以特殊儿童为中心的治疗方法,注重"当时"特殊儿童的状态和变化,即特殊儿童与治疗师当时的关系及互动状况,以声音或乐器即兴演奏,来反映特殊儿童的情感、情绪或身体心理节奏。这种方法既有别于,又近似于心理治疗中的患者中心学派,用语言反映患者内心的状态,促进患者自我体验与自我了解。

---

① 吴幸如,黄创华.音疗十四讲[M].北京:化学工业出版社,2010:76.

(三) 鲁道夫-罗宾逊音乐治疗的评估

一般其他音乐治疗流派会经历前期的多项评估和测试,留下详细的测试内容和数据等。而鲁道夫-罗宾逊音乐治疗前期则没有多项测试与检查,只是直接将特殊儿童带入以音乐为主的活动中,与治疗师"玩音乐",然后,治疗师以描述性语言为其详尽地记录下音乐活动的表现,作为评估和成效评价的依据。可以清楚地从整个治疗记录中查阅到特殊儿童在兴奋、自由的音乐治疗中实现了音乐自如的表达。当这种表达被同伴和治疗师理解和呼应时,互动的效应不断攀升,使特殊儿童人际交流技巧得到提升,成功的自由即兴创作也使其自信心大幅提高,特殊儿童在音乐中快乐地成长,使得治疗性目标随音乐目标的达成而实现。

不仅有治疗师的治疗结束后的日志记录,更主要的是来自于录像或录音回放的记录。鲁道夫-罗宾逊音乐治疗过程中,强调把治疗的全过程完整录音或录像,治疗师再通过回放录音或录像资料来共同记录。对特殊儿童在音乐和非音乐方面的表现,进行详细描述,并进行公开化的质性研究。记录的治疗文件按时间顺序建档收藏以备使用。对记录方法的使用也有其长处和不足之处。

长处:可以通过回放轻松再现特殊儿童当时的音乐体验过程,帮助治疗师进行回忆、记录和分析,不必担心在治疗时既要做治疗,又要记住各种问题,而影响治疗。

不足:特殊儿童在治疗室中的表现与局限于电视屏幕上的表现是有所不同的。一个是立体的大空间,治疗师和特殊儿童都在其中;另一个是看似立体的空间,但治疗师却在立体空间的外面,而特殊儿童则被框在其中,而且其身边的环境有时又不能同时再现。这就会使治疗师遗忘特殊儿童当时瞬间、细微的体验反应,也会使治疗师曾拥有的对特殊儿童的意识与回放后得到的意识产生冲突。录音是只闻其声,不见其人,更易漏掉许多细节。这会影响治疗评估的效果。

因此,不能单凭回放的录音、录像,而要在每次治疗结束后,治疗师就进行治疗日志的详细记载,再与回放相结合,做整理、分析,治疗评估的结论就具有客观性。

在鲁道夫-罗宾逊音乐治疗中,治疗师会根据特殊儿童演奏乐器的特点、与他人即兴音乐互动的程度,来评估特殊儿童的状况。为使特殊儿童今后能融入社会,提高其生活质量,鲁道夫-罗宾逊音乐治疗的长远目标和短期目标在于发展特殊儿童个体的潜能,而不是达到某些具体的行为,来符合文化中所期待的或普遍认同的"正常"的标准。[①]

因此,鲁道夫-罗宾逊音乐治疗师们特别关注特殊儿童在成长过程中内心世界的发展。如:自信和自尊心、自发性表达、交流能力、独立能力、人格等,不仅要看到特殊儿童外部行为的改变,即短期目标的实现,更要看重特殊儿童在情感、认知和意识上的改变的。

鲁道夫-罗宾逊音乐治疗成效的评估,是从每次治疗的日志、录音、录像和特殊儿童在音乐中的表现来评价其真实的改变的。

1. **鲁道夫-罗宾逊音乐治疗的评估内容**

评估的内容主要有三方面,即音乐演奏能力、使用乐器沟通的能力以及对音乐的认知。

2. **鲁道夫-罗宾逊音乐治疗中儿童参与程度的观察项目**

(1) 反应:没有反应、没有兴趣、非常自闭。

---

① 高天.音乐治疗学基础理论[M].北京:世界图书出版公司,2007:197-198.

(2) 表情：试探型、警觉型的接受。

(3) 动作：有限度的，即试探、警觉型、少量交流。

(4) 意向：活动、关系有明显改善，有更多依赖，对治疗师有积极的态度，眼神有对视。

(5) 态度：表现型的互动，可与治疗师愉悦的合作。

(6) 创造：相互创造型的表现。

每一阶段的进步都需要较长时间，过程较慢。前3项主要针对自闭症的孩子。

3. 鲁道夫-罗宾逊音乐治疗中儿童抵触情绪的观察项目

(1) 非常顽固，音乐活动中非常拒绝。

(2) 焦虑，表现出不确定型的抵制。

(3) 自卫，有时躲闪，对音乐若即若离。

(4) 自卫，有局限性和目的性，控制力有所提高。

(5) 自行其是，要表现自己，有一定的反叛性，没有一定的灵活性。

三、鲁道夫-罗宾逊音乐治疗的实例

下面两个实例是笔者2005年在北京聆听国际特殊教育学者克莱夫·罗宾逊教授的讲座后整理而来的。

实例 3-2

妮可尔（Nekle）是在她母亲怀孕22周出现流产现象，经过保胎至24周出生的早产女孩，她出生时只有一斤二两，医生及家人都认为这孩子活不成了。早产会给婴儿带来许多麻烦，如不会自主呼吸，内部器官发育不全等，必须给妮可尔动手术才能去除一些阻碍生命体征的问题。因此，在她出生后的第一、二周都做了手术，她的眼睛看不见，妮可尔的妈妈一直在医院陪着她。妮可尔出生后的第一年一直住在医院里，一岁时才出院，但是，一两周就要去一次医院。她长到四岁半时已经做了26次手术，后背还背着一个营养包。她虽然看不见，但是在摸索。

她不说话，但是，喜欢弹钢琴，患有自闭症，腿也站不稳，整天玩一个小乐器——儿童吉他。不与别人交流，却嘴里常哼哼着，非常被动。四岁半时来到鲁道夫-罗宾逊音乐治疗中心接受音乐治疗。第一次到治疗室是罗宾逊牵着她的手走进治疗室，主治治疗师演奏着柔和的音乐，给她一种积极的暗示和支持。同时，用轻柔的唱对妮可尔"说着话"，使妮可尔感受人文的环境。当妮可尔第一次在钢琴上弹奏时，速度和拍子很准确（给人的印象是乐感很好），很快她就进入了积极的音乐交流状态。

当妮可尔的治疗进入第三阶段时，音乐治疗师帮助妮可尔去定位一个重要的目标。妮可尔的妈妈告诉治疗师，在前一阶段妮可尔就会唱《铃儿响叮当》等圣诞歌曲。治疗中，主治治疗师就用妮可尔会唱的歌曲《铃儿响叮当》对其进行干预，治疗过程中为了锻炼妮可尔手的控制力，治疗师递给她一个铃铛……

罗宾逊：对于一个四岁半的孩子来说，应该看重孩子的内在感受，看她能做些什么（注意她的旋律）。她如何用身体的运动来表现音乐（注意她的身体律动）。当治疗师在妮可尔的活动中加入打击乐之后，妮可尔表现出更加积极和快乐的情绪，而且，还探索性地尝试不同乐器的演奏。

罗宾逊：在妮可尔日常生活环境中，是不可能有这种刺激的，此时，音乐给了妮可尔良好的刺激和发展的机会。治疗中，治疗师送给妮可尔一首她熟悉的圣诞歌曲，并对此歌曲进行了许多即兴创作。如：治疗师即兴加进口哨的吹奏，使孩子有了新的感觉。

当妮可尔的治疗进入第五阶段时，让孩子学习定位技术（眼睛看不见）。妮可尔最初进入治疗室时，行走离不开治疗师的帮助。经过治疗师逐步教会妮可尔体会身体的动作、身体动及律动，再经过听辨声音及音的方向的训练，虽然她最初做的律动不是很稳，但是，可以看到妮可尔冲破禁锢的表现。治疗师被妮可尔的表现所感染，即兴的音乐旋律来自于孩子律动。

罗宾逊：音乐是一种表现形式，是人类内心的表现，音乐治疗利用这一点帮助人的成长。

妮可尔的妈妈带她去小姨家，她一整天中有四五个小时都在弹奏钢琴，弹一首小歌曲。治疗室中，妮可尔并不想让治疗师与她共同分享音乐和探索音乐，治疗师有责任帮助妮可尔摆脱上述倾向。当妮可尔接受了两个月的音乐治疗后，她又有很大的变化，更具有了独立性。当妮可尔进入治疗室时将治疗师的手推开，不难看出，妮可尔希望自己独立探索音乐。妮可尔的主动性、积极性、独立性都要比以前强很多。之后，她的父母为她买了一架钢琴，并请了一位钢琴老师，妮可尔跟其学习了两个月。妮可尔不喜欢传统钢琴老师的教法，而更喜欢自己在探索中学习。当她各方面能力有所提高后，治疗师就让她开始探索其他乐器，为的是扩展其探索的领域和多种表达方式。

罗宾逊：在此阶段，音乐帮助音乐儿童（条件儿童）完善各方面，发展出一个新的自我。

妮可尔的妈妈：音乐治疗把妮可尔带到世界中。孩子学会的第一个词是从凯诺（罗宾逊妻子）那里学来的。现在她已经五岁了，孩子在家里弹钢琴时像一个作曲家，而且，常用音乐表现自己的思想。

罗宾逊：纽约鲁道夫-罗宾逊音乐治疗中心有许多孩子是早产儿，在音乐的敏感性方面表现得非常突出。如：对声音的音高、节奏有了感受性。研究表明，胎儿在20周左右就开始了听觉的发展，对音乐很敏感。

手钟琴在音乐治疗和特殊教育中具有非常重要的作用。

一开始，妮可尔不是很愿意接受手钟琴，但是，为了让她学习接受新事物，必须让其尝试不同的乐器，逐步泛化到与不同人的交往中，对其发展是有好处的。之后，治疗师决定让妮可尔学习歌曲，来发展她的认知。

罗宾逊：从这个例子我们感受到，人与人交往的过程中，没有任何一种形式像音乐治疗形式那样独特。人与人之间的关系，从未像音乐这样能带来这么直接的关系。一方面是儿童的性格，另一方面是内在的音乐感受性与音乐的对应。

实例 3-3

莫瑞色(Morrissey)是一个两岁的女孩,她有两个治疗师,一位是罗宾逊夫人凯偌(Karol),另一位是艾伦·特瑞(Alan Turry),她也是一位非常重要的治疗师。艾伦抱着莫瑞色,她病得很重,大脑受伤造成不能学会语言,不会走路,自我保护意识非常强,很害怕不熟悉的事物和环境。但是,她的父母发现给她放音乐,她很喜欢,所以,父母把莫瑞色送到鲁道夫-罗宾逊音乐治疗中心接受音乐治疗,希望能够帮助她。治疗师注意到这个小女孩很容易受到惊吓。作为主治治疗师,凯偌准备了轻柔的音乐,希望莫瑞色能够喜欢,同时,凯偌哼唱着即兴的旋律。这时莫瑞色的哭声与音乐及曲调相互糅合在一起,而莫瑞色所表现出来的性格和情绪是不快乐的,她不喜欢这个旋律。但是,莫瑞色与生俱来的音乐性与治疗师的音乐开始对应。虽然,她的性格与音乐之间是有矛盾的,但是,莫瑞色哭、唱的旋律和凯偌治疗师演唱的旋律形成了两个声部,即凯偌唱的是旋律,莫瑞色唱的是和声声部的旋律。治疗过程中,莫瑞色的眼睛看不见,治疗师就拿着莫瑞色的手让她触碰并感受铃鼓的方位,再进行敲击,这是一种即兴合奏,有短小的旋律、节奏。之后,莫瑞色看起来很开心。

第2节 临床奥尔夫音乐治疗

在音乐教学法中都会提到世界著名的奥尔夫音乐教学法,此方法是由著名的音乐家、教育家卡尔·奥尔夫(Karl Orff,1895—1982)于1926年在德国创立。奥尔夫音乐教育思想体系的核心是"整体的艺术",即把音乐、舞蹈、语言、节奏融合在一起的音乐行为教育法,而不是将音乐的各要素分隔开来学习。后来,其中的奥尔夫即兴创作被运用于音乐治疗中成为"奥尔夫即兴创作音乐治疗"方法,也被称为"临床奥尔夫的音乐治疗"。

一、奥尔夫的核心概念

在奥尔夫教育体系中,强调人的自然状态——"原本性",即在教学过程中,要求学生用身体不同部位以各种自然的姿势和动作,将自我与音乐中的要素节奏联系起来,去感受和体验音乐中内在的关系。这就是奥尔夫提出的"人体乐器"或"声势"。在教学中,希望通过学生自己即兴演奏自己创作的音乐,达到使学生发挥创造性和主动学习的目的。因此,奥尔夫创造了课堂上的节奏、语言和歌唱的固定音高与节奏性较强的简单打击乐器结合起来的教学,使原先过分强调和声训练教学的模式转换到综合性、多层次的节奏训练上。这样,奥尔夫音乐教学法不仅为儿童学习音乐扫清了道路上的障碍,而且,还在培养学生自信、自尊、创造力、人格等方面也取得了可喜成效。

早期的奥尔夫教育方法旨在培养音乐教师或音乐专业的年轻人,十多年后他才将音乐教育工作的重点转向了儿童,使奥尔夫教学法成为从孩子出发,适应其特点的正常儿童的音乐教育方法。自1949年在奥地利萨尔茨堡莫扎特音乐学院开设了奥尔夫儿童音乐试验训练班,至1951年教学中加入了动作训练的内容,才使"学校音乐教材"得以全面运用于学校教学。从此,奥尔夫的音乐教育体系也开始逐步被介绍到世界各地。

后来,奥尔夫教育体系的教师和其他治疗师们,为了帮助特殊儿童,将奥尔夫乐器、动作和节奏,特别是即兴演奏、演唱的方法运用于特殊儿童的教学和治疗中,收到了意想不到的效果,也使奥尔夫教育体系成为著名的音乐治疗流派之一。

奥尔夫本人也有可能没有意识到此教育方法对特殊儿童的教育、康复存在的意义。但是,1962年奥尔夫在美国坦普尔(Toronto)大学的一次演讲中说:"奥尔夫教学法在包括音乐治疗在内的新领域的发展使我现在格外忙碌。"1962年萨尔茨堡奥尔夫机构的主任威廉·凯勒(Wilhelm Keller)就把奥尔夫的方法应用到了特殊儿童人群。[①] 1963—1973年,格特鲁德·奥尔夫(Gertrud Orff)与医生、心理学家、特殊教育家们研究奥尔夫的音乐教育体系在新的教育学科"音乐治疗学"中得以发展。朱迪斯·贝文(Judith Bevan)根据奥尔夫的观念:"所有儿童都有能力在各自的发展水平上进行创造和表达他们自己。"[②]使他成为第一个将奥尔夫教学的方法运用于特殊儿童的教学和治疗中的人。此后,奥尔夫教学法与音乐治疗不断结合,并在特殊儿童的教育和治疗或康复领域中普遍使用。

二、奥尔夫理念临床应用及方法

当"整体艺术"与"原本的音乐"这一教育思想被应用于特殊儿童临床治疗后,大大提高了特殊儿童参与活动的兴趣,同时,使特殊儿童的康复治疗和学习多了一条途径。

(一)奥尔夫的理念

奥尔夫的理念被运用于特殊儿童临床治疗中,是与他对音乐原本性特征的认识分不开的,即一种具有原始艺术特征的观念,强调音乐的节奏性。

1. 原本性音乐

奥尔夫认为原本的音乐是音乐、动作、语言、舞蹈的结合体,即每个人必须是真正、完全参与到音乐中,而不是单纯的被动式学习音乐。原本的音乐是以音乐行为的方式存在于整个音乐教学或音乐治疗的活动中,即使儿童在演唱、舞蹈等专业技术缺乏的状况下,也不会影响到学生或特殊儿童听到音响之后,根据自己的内心的想法去做动作,表达自己的情感,抒发自己的情绪,使感官和肌肉达到自然的统一。正如奥尔夫所说:"音乐出于动作,动作出于音乐。"两者互相依存,互相作用。在教学或治疗过程中,可根据每个儿童的特点,安排学生或特殊儿童能够胜任的音乐"任务",强调活动中的即兴创造的行为。

2. 音乐基本要素

节奏源于生活,作用于音乐作品,用生活中或自体的节奏来挖掘儿童内在的音乐节奏潜能。奥尔夫认为通过采用一定的手段学习先于音乐原本性的东西,如节奏、听觉训练等,有利于儿童今后学习其他内容。因此,在教学或治疗中,选用节奏乐器进行"即兴演奏",使儿童达到学习的目的。奥尔夫指导教师要正确认识和对待儿童的即兴演奏,只要乐器发出声响,不论儿童演奏时是何种心态,都应将其视为即兴演奏的形式,是内心感受的"流淌"。儿

---

① 高天.音乐治疗学基础理论[M].北京:世界图书出版公司,2007:165.
② 李姐娜.奥尔夫音乐教育思想与实践[M].上海:上海教育出版社,2002:34.

童通过节奏练习将音乐、动作、语言紧密结合,形成教学或治疗中的整体因素,儿童自己用带固定音高和不带固定音高的乐器演奏音乐,同时,伴有歌唱、舞动等。儿童逐步听懂、认识和理解音乐织体的内涵,进行非语言的交流和自我表达。

3. 交流方式的探索

奥尔夫认为可以与小锣(打击乐器)进行交谈——促使言辞无法理解的乐器发声,是音乐与心灵的交流和对应,在团体形式下会增加人与人交流的可能和机会。在奥尔夫眼里,奥尔夫音乐教学法不是以学习音乐为目的,而是将音乐作为疏导心灵力量的一个手段。教学中,儿童愉悦、自然的玩奏,奏响的声响(音乐)进入儿童心里,激发其联想、想象和创造,陶冶情知,净化心灵,达到培养人的审美意识。而在音乐治疗中,目的更不是对音乐的学习,而是通过音乐使心灵力量得以散发,产生交流、投射、移情、社会适应性行为等。

科拉列·斯内尔(Coralie Snell)将奥尔夫的基本观点总结如下:

(1) 根据每个人的特殊需要、能力和潜力,为每个个体提供全面发展的机会和体验。

(2) 创造力是所有人类的先天特点。

(3) 每个人都有表达的潜能,都可以在适当的刺激条件下做出反应。

(4) 愉快的体验会增强任何一种学习过程,并为学习过程提供持续的动力。

(5) 与普通的学习一样,音乐的学习应该成为参与的体验的结果,而参与的体验又会引发学习过程。

(6) 音乐对人的成长是至关重要的。

(7) 对乐理的学习应直接产生于参与奥尔夫音乐学习的体验之上。

(8) 儿童学习音乐的最好途径是通过重复过去的,在人性的本能中获得音乐性的过程。

(9) 团体的形式是重要的,而每一个个体在团体中都有独特的作用。[①]

(二)临床奥尔夫音乐治疗的主要方法

奥尔夫深受达尔克罗兹节奏重要性观念的影响,发展了自身的节奏训练。奥尔夫教学法是以团体活动为主,每个儿童在团体中不同位置上承担着不同的角色,发挥着各自的作用。奥尔夫方法运用于临床治疗可以是个别、小组和集体治疗的形式,重点在于帮助特殊儿童能够很好地参与到音乐治疗的活动中,在感受、想象音乐的同时,用说、唱、动作、舞蹈等去模仿、探索、即兴音乐。在奥尔夫音乐活动中,治疗师结合本土文化以刺激儿童多种感官,激发特殊儿童演奏/演唱的欲望,同时,促使他们听乐而动的兴致大增,跟从治疗师学习用音乐表达、沟通、思考及对非音乐概念的理解。例如:通过节奏、身体动作、乐器的训练活动,对特殊儿童进行感知觉的干预,达到发展特殊儿童的其他能力的治疗目的。

1. 节奏训练

通过节奏的训练将特殊儿童本身具有的一种潜在的能力激发、召唤出来,使他们具有更敏锐的感知、判断、整合等能力。因此,节奏训练是诱发特殊儿童感觉和知觉最基本、最有效的方法之一。临床奥尔夫音乐治疗就是通过节奏听说,朗诵字词、成语或谚语、儿歌或童谣,玩语气的游戏,嗓音游戏等训练特殊儿童感觉和知觉。

---

① 高天.音乐治疗学基础理论[M].北京:世界图书出版公司,2007:166.

2. 动作训练

动作、节奏的练习及多声部动作、节奏的训练,为听辨能力的提高、肢体的放松、乐器演奏及多声部乐器演奏奠定基础。通过身体不同部位在时间、空间、方位中的运动,再配合形体表演、即兴动作等,使身心得到平衡发展。训练从拍手、拍腿、捻指、跺脚开始。

例如:治疗师进行动作训练,可让特殊儿童:① 仿师拍手;② 仿师拍手和跺脚;③ 仿师拍手、拍腿与跺脚①(见图 3-1 和图 3-2)。

图 3-1　仿师拍手

图 3-2　仿师拍手和跺脚

3. 乐器的训练

在有音高的乐器上进行演奏并辅以动作节奏,形成的是奥尔夫方法的多声部器乐合奏。音乐治疗师在充分了解特殊儿童当前功能水平的基础上,配以相应的乐器和活动,朝着确定的治疗目标前进。奥尔夫方法强调在音乐活动中给予儿童尝试操作音乐的自由权,来探索声音和身体运动。从说话、歌唱、身体动作、身体击拍等模仿进入,让儿童从自体开始体验。当儿童能模仿音乐模式的同时或之后,治疗师授以即兴演奏的知识,提供尝试新的演奏机会。经过前述过程,治疗师鼓励儿童在各种体裁、风格的音乐作品中创造自己的作品,并以奥尔夫方法中说、唱、演奏等方法表现出来。这样的器乐合奏使孩子们能领略到演奏多声部织体音乐合奏的音响魅力,及身体配合、协助共同进行才能完成一首多声部的奥尔夫方法的器乐合奏乐曲。同时,特殊儿童在玩奏的过程中,学习和锻炼了忍耐、坚持、等待、理解等品质。奥尔夫乐器为没有乐器学习经历的特殊儿童创造了参与器乐演奏的机会和可能。

(三)临床奥尔夫音乐治疗的作用

临床奥尔夫音乐治疗所起的作用,在于帮助或纠正肢体保持或改善运动的功能和身体肌能均衡发展,身体、动作的协调和平衡;发展语言能力,学习表达;激发开口意愿,学会用音乐或语言表达需要、情感、沟通等能力;发展儿童的感知觉,如听觉、空间觉、方位觉等;可积

---

① 李妲娜.奥尔夫音乐教育思想与实践[M].上海:上海教育出版社,2002:88.

累人与人之间互动的经验;培养长效注意力;学会情绪控制和释放郁闷情绪的手段;挖掘潜能,弥补弱能;培养听觉和反应能力;培养音乐及音乐以外的节奏感。

总之,临床奥尔夫音乐治疗强调的是儿童个人成长重于音乐知识和技术的学习与训练,治疗的过程体验重于治疗结果的理念,使奥尔夫教学法本身就蕴藏的治疗潜能得以显现,随着音乐治疗学的发展,奥尔夫教学法自然成为独树一帜的音乐治疗学派。①

三、奥尔夫理念临床应用的实例

听后动起来

让多动症儿童自由地站立,听鼓而动。教师轻敲,每个多动症儿童要轻走、动作或卧地,要随鼓声大小而做;教师慢敲,每个多动症儿童要慢走或动作要慢(像机器人的动作);教师重敲,每个多动症儿童走的脚步要重;教师快敲,每个多动症儿童要快走或动作要快;鼓声停,每个多动症儿童就要停下来,保持动作的原样,当鼓声再次响起,多动症儿童就接着走。此方法不需要多动症儿童具有某种技术能力,很快就能学会。教师使多动症儿童在不知不觉中走近节奏,达到训练多动症儿童的听觉、判断、控制的反应能力(还可用其他乐器)。再过渡到有序的形式,如不同的队形和听乐曲走和做动作(要求多动症儿童注意听,然后做出自己认为符合乐曲的动作)。

分析:治疗师根据多动症儿童对信息输入和输出存在共济失调的状况,采用闻鼓而动的训练,刺激他们的感觉系统和周围神经,通过动静结合来调整大脑信息处理的能力,达到自我控制力的提高,即逐步建立起行动前的思考,形成社会性意识的内化。

空间觉的训练

音乐不同于舞蹈、影视等有形艺术,它是看不见、摸不着的听觉、时间的艺术。通过一定的体态运动,让多动症儿童慢慢地体验感受空间、时间的长短,学会协调控制身体的各部位是奥尔夫另一个创造性教学或治疗的方法。

把多动症儿童分成两组,面对面,隔有一段距离而坐,每个多动症儿童可自选一个色彩鲜艳的简易打击乐器,放在凳子的前面。这时,治疗师播放一首儿童歌曲,多动症儿童边拍手边向对面的多动症儿童走去,绕一圈与坐着的多动症儿童双手对拍,再按原路返回坐下;奏响乐器,再由对方多动症儿童做同样的动作……可反复多次练习。要求多动症儿童动作与乐曲节奏、速度、旋律同步进行,当乐曲结束时正好做完整套动作。要求:不可以乐曲没结束就做完,也不可以乐曲结束了还没做完动作。

---

① 吴幸如,黄创华.音疗十四讲[M].北京:化学工业出版社,2010:88.

> 多动症儿童会做后,可让两边的多动症儿童相对而同时做动作,到两组相对距离的中间处时,两者对拍双手(来回共两次对拍双手)……可培养彼此合作的意识,眼、耳、手、身体协调的能力,理解、判断的能力等。
>
> 分析:此例治疗师重在发展多动症儿童知觉,设计和组织的教学内容,通过音乐节奏引领进行手触觉的训练,手、脚、眼、耳、身体的协同运动,来调整大脑信息处理的能力,达到自我控制力和精准度的提高,即逐步建立起行动前的思考,形成社会性意识的内化。

第3节 柯达伊理念的临床应用

柯达伊音乐教学法是世界音乐教育体系中具有影响力的教法之一,由著名的匈牙利音乐教育家、作曲家、民族音乐理论家柯达伊·佐尔坦(匈牙利语:Kodály Zoltán)所创立。他把音乐文化教育看作是包含读谱、写谱和听音乐的能力,学校音乐教育是呵护音乐兴趣,使音乐对人终生起作用,而不是"扼杀"音乐兴趣的地方。柯达伊把人人都有的器官——"声带"作为教学实践的乐器;把具有亲切感的母语音乐——"民间音乐"作为音乐教学的责任和特色;把训练音乐听觉的"视唱练耳"和"首调唱名法"作为学习音乐的基础,来提高儿童的音乐兴趣。

一、柯达伊基本理念

柯达伊认为音乐与人的成长和全面发展有着密不可分的关系。音乐是人类文化中的一部分,人在生命中如若缺少了音乐,就是缺少了文化,人生就是不完整的。因此,柯达伊强调音乐应该属于每一个人。不难看出,柯达伊把音乐教育的目标锁定在了培养完美的人。

柯达伊认为学习音乐应从了解声音入手,再过渡至音乐符号的学习。就有了将声带作为儿童学习音乐的基本乐器,以自体声音去体验音乐,以此来培养儿童自然歌唱的声音状态,学习和理解音准、节奏、速度、艺术表现、情感处理等,获得音乐及音乐文化的体验。自然声音的形成,可使儿童个体产生与他人不同的、独有的声音,再与音乐及音乐文化的积淀相结合来表达自己的心声。在柯达伊音乐教学中,多声部歌唱的出现率达到90%以上,声部与声部的配合、旋律与歌词的结合,都能锻炼和教会儿童倾听,互相衬托、支持;培养音高概念与声部的和谐,有助于儿童音乐内心听觉的发展,特别是不会乐器的儿童更是如此。柯达伊认为歌词不但对歌曲的旋律能产生特定的效果,而且对语言基础的奠定也有特殊的作用。同时,歌唱的过程可使儿童产生愉悦和满足感,完整地演唱歌曲可使儿童产生高成就感和自信心。

民间音乐的使用是柯达伊音乐方法中的另一教学手段。柯达伊认为民间音乐的重要性在于,它既承载了本民族的历史,又是孕育未来的摇篮。因此,没有任何东西可以取代民族的传统。这一理念反映在"母语音乐"的教育上,音乐入门教育采用五声音阶与"母语音乐"叠加的教学方式进行教学。在音乐选材上,以绝大部分匈牙利纯正的民间音乐为主,使儿童先在了解、掌握自己文化的基础上,再去拓展其他音乐领域,包括学习世界民族民间优秀的音乐文化。

视唱练耳和首调唱名法的训练也是柯达伊音乐方法中不可缺少的教学手段。柯达伊十分重视儿童音乐视唱能力的训练,通过大量的音乐读写、听唱来训练儿童的整体(内、外)听觉能力。他根据首调唱名法 Do 随各调在线谱上位置的不断改变,而音级唱名仍保持"固定"不变的原则,去帮助儿童掌握音级间的关系及帮助儿童建立调式的概念。柯达伊通过使用小声演唱的方法进行视唱练耳,去训练儿童大脑和内心对绝对音高的听辨、记忆能力。柯达伊还根据儿童的认知特点,采用英国约翰·柯尔文(John Curwen)手势谱,将音与音之间原本抽象的音高关系,通过手势直观、形象地展示给儿童,使儿童能借助视觉来加深对音与音之间的关系、调式中音级的倾向性的理解和学习,帮助听觉建立音高(音与音之间的距离)概念,并将这种听觉能力转换成唱的能力(视唱和歌唱)。而且,为了使大小调音阶自然地在教学中呈现并被儿童所接受,柯达伊将五声音阶运用于手指谱上,形成了手指谱作为音阶教学初期的训练内容。

二、柯达伊理念运用于治疗

许多研究证明,音乐不但可以减轻一些身体上的痛苦、抚慰受创的心灵,合理的、有计划地运用音乐去帮助肢体上、心理或情绪上有障碍的儿童和成人,可达到治疗、康复、教育和训练的目的。

柯达伊在理论中曾指出:"音乐绝不是少数人孤芳自赏的财产。它应该使每个人都能够接近,这是最高的理想。"[①]音乐学习的关键期在于儿童时期,错过这一最佳期,就很难接近音乐。这使我们从上述理论中看到了音乐作用于儿童的基本目标:① 每一个儿童天生的音乐能力应该尽可能得到最充分的发展;② 音乐语言应该像说话中的语言一样让儿童容易理解,能够阅读,并可以用音乐的语汇进行创造;③ 民歌和音乐的传统应该传承给儿童;④ 世界上最好的音乐应该能够让所有的儿童接受和适合它们;⑤ 音乐对人类的生存发展是必须的,而不应被认为是无足轻重、可有可无的。

既然这些目标和效果适用于每个儿童,那么有特殊需要的儿童也不例外。正如斯特朗(Strong,1983)所说:"虽然柯达伊从来没有直接谈到过特殊教育,但是,柯达伊的方法可能是实现他让音乐属于每个人,包括让音乐文化进入特殊儿童人群的伟大理想的最好方法。"[②]

将柯达伊理念运用于特殊儿童音乐治疗有不同程度的干预作用:① 对触觉、视觉、听觉、动作等各种感觉统合的联结;② 对特殊儿童情绪的稳定;③ 特殊儿童对外界注意力的提高;④ 对有序感形成的促进;⑤ 对人际沟通能力的改善等。还有手势谱、节奏谱的使用,对学习障碍、智力障碍、多动症、身体协调能力低弱的儿童等都有很好的效果。因此,音乐治疗师在临床实践中,将柯达伊教学法的灵活性和适应性用于特殊儿童的音乐治疗上。

柯达伊节奏教学中,节奏的读法为:二分音符读作"ta-a"(双手拍拢后,从左侧移至右侧,使音的时值达到二拍);四分音符读作"ta";八分音符读作"ti";十六分音符读作"ti-ri-ti-ri";切分节奏读作"ti-ta-ti";附点四分音符读作"ta-m-ti";附点八分音符读作"ti-m-ri";四分休止符读作"嘘";八分休止符读作"嘶"。[③]

---

① 杨立梅.柯达伊音乐教育思想与实践音乐基础教育的原则与方法[M].北京:中国人民大学出版社,1994:36.
② 高天.音乐治疗学基础理论[M].北京:世界图书出版公司,2007:178.
③ 杨立梅.柯达伊音乐教育思想与实践音乐基础教育的原则与方法[M].北京:中国人民大学出版社,1994:67.

实例 3-6

拍手唱歌是教师在幼儿或小学教学或治疗中常用的方法,而柯达伊教学或治疗法中用它培养节奏感,让儿童听辨出一个音中唱了几个字。进行节奏、节拍的练习,可一人单独完成节奏、节拍,也可两人或两组对拍进行对比等。

实例 3-7

抓住语言与歌唱都有节奏和节拍的特点,用儿童熟悉的童谣、儿歌等介入节奏练习。根据儿童的年龄可将儿童抱坐于腿上或手拉手面对而坐,边说边晃动身体和手臂,感受节拍和节奏。也可以选择节奏简单的歌曲,治疗师用上述方法进行。还可以通过游戏的形式与歌曲节拍的结合,让儿童感受节拍和节奏。

实例 3-8

5名大约10岁左右的中度智力发展障碍的孩子,在一个特殊教育学校上学。音乐治疗课上,为了训练他们的自我控制力和认知音符,治疗师从孩子们已学歌曲中将熟悉的节奏提取出来,运用柯达伊音乐和人生命本体有着密切关系的哲学思考,采用视、听、口、手、脚联合演练,来感受四分音符与八分音符时值的不同。孩子们跟随治疗师有节奏地读"ta"、"titi",同时,手随节奏拍。接着治疗师拿出两张图片,一张上面画了一棵参天大树,另一张上面画了两棵紧靠在一起的小树,治疗师指着画了一棵大树的图读"ta",再指着画了两棵紧靠在一起的小树的图读"titi",并示意孩子们用刚才的方法练习;然后治疗师又出示了两张节奏卡片让孩子们练习,当治疗师无论出示哪张图片,孩子们都能看、读、拍正确时,治疗师让孩子们站起来,用手、脚配合再次将四分音符与八分音符时值的不同表现出来,双脚同跳"ta",双脚分踏"titi",口读、手拍同时进行,这时治疗师还配以钢琴八度和单音的演奏渲染气氛。最后治疗师将四分音符和八分音符的图片与前两次的图片对比,使孩子们对四分音符和八分音符有了深刻的认识,也得到了体会的经验,并能较好地控制自己的动作和行为,注意力得到了训练。

分析:音乐治疗师根据孩子们的实际情况,从训练孩子们的感觉、注意和自我控制的能力出发,学习音乐知识,使孩子们在寓教于乐中身心得到了改善。

第4节　达尔克罗兹节奏教学的临床应用

20世纪最早确立的音乐教育体系——达尔克罗兹音乐教学法,曾经是其他音乐教育思想、方法、体系的"灯塔"。此教学法是由瑞士著名的音乐教育家、作曲家爱弥尔·雅克-达尔克罗兹(Emile Jaques-Dalcroze)创立。这一音乐教育体系曾经历了三个阶段才初步完善起来,这三个阶段分别是:视唱练耳、即兴演奏和音乐体态律动操,由此形成了一个全新、完整的音乐教育体系。

一、达尔克罗兹的核心理念

达尔克罗兹认为,音乐的本质是人类对情感的反映,人类通过身体将内心情绪转化为音乐,这就是音乐的起源。[①] 因此,音乐教育就不能只是技术训练与艺术表现力、音乐理论与音乐音响和感受相隔离的教学。在达尔克罗兹音乐教育体系中,强调敏锐的音乐感觉依赖于敏锐的身体感受及"节奏与生命"的关系。即:音乐中的节奏和力度不仅依赖于听觉,还依赖于人的感觉。如果不重视身体与节奏的关系,儿童就不能对时值与节奏的排列组合做出准确判断,也不会将觉察到的组合变化用人声表现出来。

在达尔克罗兹音乐教育中,运用肢体作为表达音乐的语言,强调人体从参与中获得音乐、身体协调、生活和文化知识等学习的经验,这正是特殊儿童在康复和学习中所需要的重要体验。特殊儿童经过节奏训练,将音乐节奏的变化通过肢体运动来外现,使身体随节奏运动达到和谐发展。这是达尔克罗兹培养学生心灵、唤醒音乐本能的一种途径和手段,更是达尔克罗兹的重要理论和贡献。

"体态律动"是达尔克罗兹在法国心理学家埃杜阿·克拉帕里德的支持和帮助下逐步创立的体系。它是集音乐、身体、情感为一体的,有别于韵律体操和舞蹈的音乐运动方式。此体系除节奏训练外,还可训练听觉,进行即兴创造活动,以此来促使学生的听觉、运动觉、注意力、思维、情感、情绪的协调发展。"体态律动"强调经验对于音乐学习的重要性,以节奏为基础,训练儿童控制情感与精神。通过音乐与身体动作的结合使感觉认知与神经系统、肌肉运作、情感达到协调及反应表达能力的提高,从而来发展儿童的身心和谐。

体态律动操的创立填补了学校教育涉及人体某几个方面同时训练的课程,特别是对特殊儿童大脑、身体、认知和感觉方面能够同时训练。达尔克罗兹认为体态律动操的所有训练是为了加强集中注意的能力,使身体习惯与自我控制,能随时并迅速地接受大脑的指令,获得联结意识和潜意识及调整潜意识的能力。达尔克罗兹创立的体态律动运用于特殊儿童的康复,能使特殊儿童在长期的训练下其感受性发生变化,从而打通障碍感受通道或通过某些正常的感觉通道去影响障碍感受通道,并补偿某个感觉通道的缺失。

米德(Mead,1994)对达尔克罗兹音乐教育法总结出了四个基本前提:

(1) 音乐律动唤醒身体、听觉、视觉和头脑里的想象。

(2) 将视唱练耳、即兴演奏和音乐律动体操结合在一起,可增强表达性音乐感、智力的理解能力。

---

① 蔡觉民.达尔克罗兹音乐教育思想与实践[M].上海:上海教育出版社,1999:13.

（3）音乐可以通过说话、姿态和运动来体验，也可以通过时间、空间和力量来体验。

（4）人类最好的学习途径是通过感觉器官，音乐教育应当围绕触觉、动觉、听觉和视觉等来进行教学。[1]

达尔克罗兹的教育理念和方法认为，儿童无须在音乐上事先进行学习和准备，音乐就能够被各类儿童所接受，能激发他们的学习愿望，挖掘他们蕴藏的潜在能力。体态律动操能带来教学以外治疗上的价值，即：体态律动操可训练儿童的专注力、记忆力、空间觉及增加空间和身体的认知，学习与人互动等能力。因此，治疗师和特殊教育工作者将达尔克罗兹的理念和方法应用到了特殊儿童的临床治疗中，使之成为音乐治疗十大流派之一。其实，达尔克罗兹也曾将节奏律动的练习运用于视障学生的音乐治疗，使视障学生能在愉快的空间中自主探索，所采用的方法大多都是简单易行的。

二、达尔克罗兹理念运用于临床

达尔克罗兹音乐教育方法、原理运用于音乐治疗后，治疗师开始将达尔克罗兹音乐教学法初级、中级的策略运用于特殊儿童的治疗中。例如：体态律动用于特殊儿童的肢体训练、自我表达、动作的准确、空间感、协调感等方面，有利于提高肌肉和神经系统的能力；用于视障、听障、智障及动作严重失调、情绪障碍、行为障碍、发展迟缓及精神障碍等，可达到治疗的目的。

1. 运动（节奏）训练

达尔克罗兹的研究认为，通过身体运动可以与大脑建立一个"桥梁"，即运动觉。如：人体时值的探索、自然时值的探索、生活时值的探索；节拍的探索，手臂操、脚节拍操、球节拍操；节奏探索，双手节奏练习、手脚节奏练习、脚部节奏练习、综合节奏练习；旋律探索，上下运动旋律练习、前后运动旋律练习等。[2]

2. 内心听觉的训练

内心音乐的听觉是体验和表现音乐的能力，它使人在没有音源的状态下能获得想象出音乐音响效果的能力。这种能力要从节奏训练开始，使动觉与听觉统一起来，即生理、心理的统一。此能力的练习可培养学生的注意力和主动记忆的能力。可选用抑制与呈现的学习模式来训练，如无小节的休止练习。[3]

（1）学生按教师所给速度自己拍掌，听到教师的数字口令"4"，停止拍掌并同时按所给的数字大声读拍，"Da、Da、Da、Da"。保持原拍速的均匀。

（2）学生走步，听到数字口令，停步并同时轻声读拍。

（3）学生拍手或走步，听到数字口令，默数拍，并用身体其他部位，如头、肩等，无声地表示拍。

3. 即兴创造的训练

音乐即兴能力是指一个人在听到音乐做出听觉分析、想象，即音乐思维之后的创造性行为。即兴创造是经过节奏运动和听觉训练的学习，才能将它应用于音乐实践中，即达到音乐—身体—情感—思维的沟通。

---

[1] 高天.音乐治疗学基础理论[M].北京：世界图书出版公司，2007：170.
[2] 郑莉.现代音乐教学理论与方法研究[M].北京：中国文联出版社，2004：65.
[3] 蔡觉民.达尔克罗兹音乐教育思想与实践[M].上海：上海教育出版社，1999：32.

实例 3-9

针对特殊儿童学习障碍、情绪紊乱、智力发展障碍,音乐治疗师希本(Hibben)在报告中介绍了达尔克罗兹音乐律动操训练项目取得的成效。

他认为对这类特殊儿童可建立以下治疗目标:① 增强特殊儿童的注意力和聆听能力;② 帮助特殊儿童增加他们对身体各部分的关系的自我意识,学习身体的空间运动控制能力;③ 促进同伴之间的相互接受和感激;④ 提供自我表达的机会。

通过音乐和运动的游戏,特殊儿童对各种新的想法进行探索,最终提高了他们的自我感觉和自我评价。[①]

实例 3-10

针对低年级视力障碍儿童,某校音乐治疗师用达尔克罗兹的体态律动来发展视力障碍儿童的运动觉、内心听觉及即兴创造力。音乐治疗课上,以训练视力障碍儿童发展集中注意的听、想象和联想、记忆和判断、感受或情绪创造性的表达、身体的控制等能力为目标。治疗中,治疗师通过训练视力障碍儿童身体对力度的变化,对时间、空间细微变化的领悟,进行创造性和自发的表达,来达到目标的实现。治疗师还可以通过体态律动来发展视力障碍儿童对旋律流动倾向、音的物理属性(音高、音强、音色、音值)、速度、拍律等的理解,提高视力障碍儿童的社会适应性。

分析:音乐治疗师根据视力障碍儿童活动不便、本体运动欠缺的实际情况,以训练视力障碍儿童运动觉、注意地听、记忆和判断等能力为目标,对提高视力障碍儿童生活质量和社会适应能力是非常必要和有价值的。

第5节 其他音乐治疗流派简介

除上述音乐治疗流派常运用于特殊儿童领域外,还有一些具有一定影响力的音乐治疗流派运用于特殊儿童领域。例如:精神分析的音乐治疗、应用行为矫正的音乐治疗、人本主义理论的音乐治疗、发展性音乐治疗、节奏性听觉刺激法,在此将作简要介绍。

一、精神分析的音乐治疗

近代史上最具影响的经典理论之一"精神分析"是由奥地利精神医学家弗洛伊德(Sigmund Freud,1856—1936)提出的,精神分析的主要理论有:无意识理论(即潜意识)、人格的

---

① 高天.音乐治疗学基础理论[M].北京:世界图书出版公司,2007:174.

结构理论、人格发展阶段的理论。精神分析的治疗方法技术是：自由联想(free association)、释梦，还有阻抗、移情、解释去揭示症状背后的无意识动机等。

精神分析的音乐治疗属心理动力学派的音乐治疗中的一种。此方法借助于精神分析的无意识理论，即潜意识、人格的结构理论、人格发展阶段的理论，以及移情与反移情、防御与阻抗、语言引发内省等概念，来指导治疗师的工作。精神分析的音乐治疗是以音乐与语言相结合的方式，探索患者潜意识中的矛盾和症结。治疗中的治疗关系是以音乐治疗师与患者间移情与反移情的反应来呈现，而这种关系则成为治疗中的内驱力和焦点。治疗技术以聆听、即兴等方法来进行。精神分析音乐治疗师，除了有对音乐治疗理论、技术的学习，还必须有过自我内心深层探索、分析和治疗以及语言、身体语言和音乐语言的训练经历，方能成为精神分析音乐治疗师。

二、应用行为矫正的音乐治疗

应用行为矫正的音乐治疗是将行为矫正法运用于音乐治疗中。行为治疗的理论主要有：俄国心理学家巴甫洛夫实验中的经典条件反射、美国心理学家桑代克实验中的操作性条件反射和斯金纳的情绪性条件反射。三种条件反射成为行为治疗理论的基础。行为治疗的方法技术是：行为功能的分析与评估、确定靶行为、行为的观察测量、量表设计、系统脱敏。依据行为治疗所形成的音乐治疗技术，如：工娱疗法（即娱乐疗法）、操作性音乐疗法、儿童的音乐行为矫正法、音乐训练法；此类大部分理论和方法技术与行为治疗有关，还有与行为治疗中系统脱敏技术有关的音乐放松法和音乐脱敏疗法等。

三、人本主义理论的音乐治疗

具有代表性的是美国心理学家马斯洛(Maslow)的人本主义理论，即：需要层次学说（又称动机层梯说）、顶峰体验。他认为，人的各种动机呈层梯形式分布；顶峰体验的人使自己不是在想自己，而是使自己尽最大可能去体验正在体验的事。它具有临床意义，如创造性音乐引导想象音乐治疗技术中，以音乐诱导患者出现以往的顶峰体验情绪，化解心理症结，找回自我，发展自我，促使心智成长，走向自我实现。

另一位是罗杰斯，他是个人中心疗法的代表。他的理论主要是：实现与自我实现，理想自我与现实自我，积极关注的需要，而且强调无条件的积极关注。在人本主义自我实现理论基础上形成的音乐治疗方法有"引导意象和音乐引导想象"的方法、奥尔夫即兴创作疗法、音乐心理剧，还有以引导病人情绪体验为主的"聆听讨论法"等。

人本主义理论的音乐治疗有代表性的是音乐引导想象治疗。

音乐引导想象(Guided Imagery and Music，简称GIM)，是由美国小提琴家、著名的音乐治疗家邦妮(Bonnie)创立。

音乐引导想象与心理动力治疗相关联，其理论是建立在人本主义和超个体心理学基础上，强调自我意识和音乐对自我发展的影响。使人在放松的状态下聆听音乐探索自我治疗的方法，引导内心深层的情感和想象，投射出个体独特的生命历程，引发自省力量，达到治疗、转变的作用。

邦妮将治疗过程分为四个步骤：预备会谈、放松引导、音乐聆听、经验总结。

预备会谈奠定了治疗的基调,为治疗师和患者提供可达成一致性的机会。治疗师了解患者的以往病史和对主要问题进行评估。另外,初次会谈还将介绍音乐引导想象的过程、解释可能出现的联想体验。

放松引导包括两个内容:放松和注意力的集中。通常使用放松的方法有两种形式:肌肉渐进放松和自主放松。

音乐聆听联想的阶段通常有三个状态:先导、桥梁和核心。时间为30～40分钟左右。开始播放预先选择好的音乐片段组合。在此期间,患者在聆听音乐的同时向治疗师口头报告自己所联想到的内容。治疗师则支持和促进患者的联想,并通过提问的方式提供各种机会来探索所有联想可能带来的体验。

经验总结可能会有不同的变化方式。有些治疗师可能让患者通过画画的形式来整合在联想中的体验;其他治疗师可能运用认知治疗的方式通过语言来进行体验的整合。另外,还有一些治疗师会选用音乐即兴演奏或运动的方式来达到经验总结的目的。

四、发展性音乐治疗

发展性音乐治疗由玛丽·伍兹(Mary Wood)博士所创,是一个针对2岁到14岁具有严重情绪与行为困扰的儿童发展的心理教育介入模式(psycho educational treatment approach),其理念来自奥尔夫教学法的哲学观,由一系列的音乐经验来促使儿童发展。此模式又结合了精神医学、心理学、社会工作、教育学和音乐教育诸多专业领域。

发展性音乐治疗的治疗程序,有汉斯尔(1999)的四个阶段和彼得斯(2000)五个阶段两种文献记载。比较起来,汉斯尔的四个阶段亦即是彼得斯五个阶段中的前四个。彼得斯的五个阶段是:① 愉悦地回应音乐环境,建立对治疗师和自我的信任感;② 成功的音乐经验;③ 从团体参与中学习音乐技能;④ 融入音乐团体历程中;⑤ 把个人或团体的音乐经验应用在新的情境中。

发展性音乐治疗模式对从事儿童治疗的治疗师是具有参考价值的模式,可以改编后运用在不同病症的儿童人群中。治疗师可以根据个人临床经验,配合特殊儿童个别的临床需求,进行重新设计使之符合某次治疗目标的活动,透过治疗师的即兴创作运用,使特殊儿童的潜能得以启发,进而克服生理、心理、情绪、认知、人际等障碍。[①]

五、节奏性听觉刺激法

节奏性听觉刺激法(Rhythmic auditory stimulation,简称RAS)是由美国科罗拉多州大学的迈克尔·萨伍特(Michle H. Thaut)博士提出的,以节奏反复特性与节奏性的动作同步,促使下肢行进动作能力提高的方法。由外部音乐时值为直接指令,使听觉活动为触媒,引发脊椎动作神经元的兴奋,从而产生准确、理想的动作。此方法在前期评估时,测得患者行进的速度、节奏的基准线,再选择与下肢行进动作同步的音乐作为节奏指令,配合、促进其行走。在音乐节奏指示下患者的运动反应会向规律化转变,有效地提高其运动功能。节奏性听觉刺激法适用于脑瘫儿童、肢体障碍儿童等。

---

① 吴幸如,黄创华.音疗十四讲[M].北京:化学工业出版社,2010:93.

本章小结

本章介绍了音乐治疗的流派，主要介绍了心理治疗领域中的音乐治疗模式：鲁道夫-罗宾逊音乐治疗；音乐教育领域的音乐治疗模式：临床奥尔夫音乐治疗、柯达伊理念的临床应用和达尔克罗兹节奏教学的临床应用。

鲁道夫-罗宾逊音乐治疗，即创意性即兴音乐治疗流派的治疗对象最早是特殊儿童，后来逐步发展到其他领域。在鲁道夫-罗宾逊音乐治疗中，治疗师不用或极少使用语言，特殊儿童通过简单乐器的演奏、歌唱、音乐创作及音乐剧的表演等活动，来提高其音乐感受力，发展其社会适应能力，学习音乐以外的知识。

临床奥尔夫音乐治疗以奥尔夫教学法与音乐治疗相融合而产生。在每一个人都有能力参与音乐理念的指导下，将有能力或无能力的儿童，根据其能力给予合适的位子，让其参与奥尔夫教学法的合奏。

柯达伊理念的临床应用，是在音乐属于每一个儿童及"了解声音先于符号学习"理念的指引下，将声带作为儿童学习音乐的基本乐器，以自体声音去体验音乐。通过音乐学习的四个步骤，即准备、意识化、强化、评估，去获得音乐和非音乐的知识。特别是手势谱及节奏读谱法在治疗中的运用，使特殊儿童更加直观地理解音乐及非音乐的知识。

达尔克罗兹节奏教学的临床应用，是将其节奏和运动相结合的方法运用于治疗之中。强调"敏锐的音乐感依赖于敏锐的身体感受"，及节奏与生命的关系。在治疗中，运用肢体作为表达音乐的语言，从中获得音乐和非音乐学习的经验。特殊儿童经过节奏的训练，将音乐节奏的变化通过肢体运动来外化，使身体随节奏运动，从而达到身心协调发展。

其他音乐治疗流派的介绍，意在使读者更多地了解适合于特殊儿童的音乐治疗的方法，使选择音乐治疗方法的范围更广一些。

 思考与练习

1. 怎样理解鲁道夫-罗宾逊音乐治疗的理念及技术？
2. 简述奥尔夫音乐治疗的理念及方法。
3. 怎样理解柯达伊的基本理念？
4. 简述达尔克罗兹的核心理念及实际操作手段。

第 4 章　自闭症儿童的音乐治疗

学习目标

1. 了解自闭症儿童音乐治疗的导入技术。
2. 掌握自闭症儿童音乐治疗计划的确定。
3. 熟悉自闭症儿童音乐治疗的评估程序。

　　自闭症儿童音乐治疗的研究结果已经被自闭症儿童康复领域认为是最令人鼓舞的成果之一,同时也被世界各国致力于研究自闭症儿童康复的专家们所关注。但是,此研究成果至今仍未被更多的人所了解。为了坚持以自闭症儿童成长需要为本,提供适合于自闭症儿童康复训练的音乐治疗技术,也为了让更多人分享这一研究成果,本章将对自闭症儿童音乐治疗的程序与操作方法进行简要叙述。通过对自闭症儿童的特征、音乐与自闭症儿童的关系、音乐治疗的导入方法,以及音乐治疗方案的制订和治疗成效评估的介绍,引导读者了解自闭症儿童音乐治疗的全过程,并将书中阐述的方法融入自闭症儿童音乐治疗的实践中,来提高自闭症儿童的沟通、行为和社会交往等能力。

　　拉特(Rutter)于 1967 年就对自闭症儿童的教育有过这样的认识:"几乎所有的自闭症儿童都有具体的认知缺陷,通常包括语言和知觉。因此至少最初的指导方法,包括物体和活动,可能比单纯强调图画等视觉刺激或者适用于常态儿童而不适用于自闭症儿童的口语指令更为有用。"①

第 1 节　自闭症儿童音乐治疗的导入

　　自闭症(autism)又叫作孤独症或全面性发育障碍。儿童自闭症是由英国的堪纳(Kanner)教授首次提出,至今已有 60 多年的历史。科学界至今仍不能对自闭症的成因做出准确和科学的解释。但是,学术界却有这样的共识:自闭症是因大脑、神经系统的发育障碍而引起的广泛性、发展性障碍。这种疾病呈现出许多有别于其他精神病、发育障碍的特征。不仅如此,自闭症儿童还表现为心智年龄的低龄化,致使他们在自控力、耐挫力等方面出现了不同程度的障碍。更主要的是表现在沟通、行为和社会交往这三大方面同时出现了严重问题。

一、自闭症儿童简述

　　自闭症大多发生在儿童早期,直接影响着儿童在感知觉、情绪、语言、沟通、认知、动作、行为等方面的发展。世界卫生组织编写的《国际疾病分类手册(第十版)》(ICD-10,1992)将

---

① [英]朱丽叶·阿尔文.自闭症儿童音乐治疗[M].张鸿懿,译.上海:上海音乐出版社,2008:2.

自闭症定义为：在3岁以前表现出异常、有缺陷的发展；特点为在社交互动、沟通、局限、重复行为三方面的功能异常。他们在日常生活中情感淡漠，无目光接触，缺乏对亲人的正常依恋，表现出严重的自我封闭，男童的发生率比女童高出3倍至4倍。《国际疾病分类手册(第十版)》中关于自闭症儿童的诊断标准为：

(1) 交互性社会交往方面本质上的障碍，下列五项中至少要有三项：

① 无法恰当地利用眼神、面部表情、身体姿势和手势等肢体语言来调节社会交往。

② 未能发展出(符合其智力年龄，且有充分发展机会下的)同伴关系及和同伴彼此分享喜好的事物、活动及情绪的能力。

③ 在紧张或痛苦时，极少寻求或让别人来安慰和爱抚自己，别人感到紧张或痛苦时也几乎不去安慰和爱抚别人。

④ 缺乏主动地与别人分享快乐的能力(例如别人高兴时自己也感到高兴，自己快乐时也把别人带入快乐中)。

⑤ 缺乏社会情绪的交互性，对别人的沟通性行为反应有障碍或做出不恰当的反应。

(2) 沟通方面本质上的障碍，下列五项中至少要有两项：

① 口语发展迟滞或完全没有发展，而且没有用手势、哑语等替代性的沟通方式来辅助沟通的意图。

② 不太会引发或维持一来一往的对话，对别人的话语不会予以交互性的反应。

③ 以刻板、重复或特异的方式使用字词或短语。

④ 言语的音高、重音、音速、节律和声调等有异常。

⑤ 缺乏各种自发的装扮性游戏或年幼时的社会性模仿游戏。

(3) 局限、重复以及刻板的行为模式、兴趣和活动，下列六项中至少要有两项：

① 执着于刻板、狭窄的兴趣。

② 对某些不寻常的物品特别着迷。

③ 强迫性地执著于某些不具功能性的常规或仪式。

④ 经常出现刻板或重复的动作，包括手部或手指的拍打、扭转或复杂的全身动作等。

⑤ 对游戏材料的某些部分或无功能的成分的执著(如气味、表面的触感、发出的噪音或震动等)。

⑥ 对于环境中细小的、无关紧要的变化感到痛苦。

(4) 必在3岁前出现以上三个方面的发展迟缓或障碍。

目前，国内外儿童自闭症发病率呈上升趋势，且男孩发病率高于女孩，病始早、病程发展缓慢，一般2岁后才易被察觉。[1]

事实证明，自闭症儿童越早发现，越早进行康复训练，他们是可以在情绪、社交、认知、沟通等多方面得到不同程度的改善。

二、自闭症儿童与音乐

自闭症儿童虽然在感知觉方面存在着明显的问题，但是，这类儿童却有着杰出的机械记忆的能力。他们并不像我们日常看到的那样，当对自闭症儿童说话时他们没有反应，好似因

---

[1] 韦小满.特殊儿童心理评估[M].北京：华夏出版社,2006：11.

听不见声音才表现出退缩和孤僻。美国自闭症研究院院长里姆兰德(Rimland)博士把自闭症人士的音乐能力比作"具有宇宙性的"。的确,自闭症儿童对某些声音或音乐表现出特别敏感和感兴趣,有的甚至具有正常儿童所无法比拟的音乐天分。许多实验也证明了这一点,在阿普尔鲍姆(Applebaum)等科学家大脑半球电生理研究中明确记载,尽管自闭症儿童具有其他的知觉损伤,但他们仍然能够接收和处理音乐刺激。而里姆兰德(1964)等科学家认为,尽管自闭症儿童在与别人交往中,他们的人际反应严重受损,但他们对一定的音乐形式和音乐刺激的反应却显示出他们先天的音乐功能并没有受损。① 这说明自闭症儿童的大脑是可以接受感觉信息的,只是看他们是否愿意接受,或这种信息的刺激是否符合自闭症儿童的心理年龄及感受器官的特点等。

音乐是听觉的艺术,存有视觉刺激所不可及的效果。因为,人的听觉是不会因人的意识而关闭。当音乐由人的声带或乐器振动发声,它可跨越自闭症儿童语言的障碍区,直接刺激他们的听觉系统进入大脑,引起脑神经亢奋性的提高,消除外界因素所致自闭症儿童的紧张感,有利于治疗师与之建立治疗关系。因此,治疗师才选用音乐作为介入自闭症儿童的工具。

音乐是一种非语言的交流形式。它与言语有着许多共通的元素,如音的高低、快慢、强弱、句法、呼吸等。当自闭症儿童在语言方面的障碍阻隔他们传递自己的情感时,郁闷的情绪就会蓄积于心折磨着他们,这时音乐的使用便成了自闭症儿童交流感情的唯一媒介。当自闭症儿童在充满欢愉的音乐声中反复唱咏歌曲,他们则会表现出能够接受歌曲的内涵,而且语言也出现慢慢被开启的现象。

音乐还可以通过自身的物理属性及时间的延续,去影响任何智力或受过任何教育水平的人,将隐藏在人潜意识中的许多东西激发出来,从而达到引起人在行为方面的改变。自闭症儿童也不例外。不仅可以通过音乐或音乐活动将自闭症儿童的负面情绪疏导出来,还可以在音乐激发自闭症儿童体内能量产生和谐共振时,使自闭症儿童的身体由静态转变为动态随乐而动,并亲身参与到具有各种社会因素及灵活性和适应性的音乐活动中,通过视听、模仿、实践等准确地感受和吸收许多外来信息,重组、整合、改善诸如情绪、人际交往、认知等方面存在的问题。这正是我们会看到自闭症儿童在许多方面发生着细微的变化,如姿态、手脚的运动、面部表情、眼神、微笑等。

英国的朱丽叶·阿尔文(Juliet Alvin)、奥瑞尔·沃里克(Auriol Warwick)把自闭症儿童在音乐治疗中的状况概括为三个基本阶段:

第一阶段:音乐可以暂时越过认知过程而触及情绪和性格障碍。一项音乐体验的具体的感知可以忽视口头语言,而满足儿童对非言语自我表达的需要。

第二阶段:我们看到儿童在认知上正发生着变化,他们认识到人和音乐是可以建立沟通关系的,并且他们在音乐活动中不断地增加着体验。

第三阶段:自闭症儿童显示出明确的方向,走向一个具体的领域,能从中找到满意和成功的自我表达的方法,这种满意和成就的源泉也许会持续到他们今后生活的许多年里。②

---

① 苏琳.儿童自闭症音乐治疗[C]//第五届学术年会论文集.北京:中国音乐治疗学会,1999:125.
② [英]朱丽叶·阿尔文.自闭症儿童音乐治疗[M].张鸿懿,译.上海:上海音乐出版社,2008:2.

三、导入音乐治疗的技巧

自闭症儿童给人的第一印象是无目光对视,甚至离开或躲避走近他们的人。他们只关注自己的物品、动作或事等,对别人的沟通性行为反应存在障碍或做出不恰当的行为反应。试想一下,一名陌生的音乐治疗师要想接近他们,并对他们顺利地进行音乐治疗,谈何容易。这就是本节介绍音乐治疗导入的用意。

自从人类第一次感受到大自然中婉转美妙的鸟鸣、舒缓明澈的溪水等声响,音乐就拥有了玄妙奇异的影响人类的特殊属性。许多自闭症治疗者终于开始用一种更科学的眼光,去发掘音乐对自闭症儿童所拥有的强大和潜藏的治疗效果。

导入,即是为了顺利地建立起治疗关系及进入系统化的治疗而设置的非常重要的环节。在自闭症儿童曲折而漫长的治疗过程中,治疗成效的评价离不开治疗前后对量和质连续追踪的分析评估。因此,当自闭症儿童进入治疗室之前,治疗师就须进行全面细致的观察和调查,着手撰写相关的记录,建立自闭症儿童治疗前后的档案索引。记录要从治疗师第一次与自闭症儿童见面开始,再将随后了解、测试的基本情况、非音乐行为和音乐能力等内容一一搜集进行评估。当然,建立治疗关系是导入设置的重要环节和组成部分。

对自闭症儿童个体信息的搜集,包含:姓名,性别,年龄,学校,班级,现阶段的心理、生理状态,父母亲文化程度及家庭教育,主要陪伴,料理自闭症儿童日常生活的家人及其文化程度和爱好。了解自闭症儿童对音乐喜好的程度、自身的音乐能力、音乐经验和音乐倾向,以及自闭症儿童的特长、发展需求和心理需要等问题,还要对他们在其他环境中的语言能力、沟通技巧、非语言沟通手法做观察了解,并参照正常儿童关于认知、语言、沟通、社会行为功能、身体动作、情绪调控等能力标准进行对照、分析,做出细致的评估报告或评估表,以它作为制订治疗计划的依据。

第一次与治疗师见面,自闭症儿童一般都有家长、老师或他们熟悉、信赖的人陪着。随着治疗的继续,他们将逐步在上治疗课时与陪伴者分开。这就要记录他们是第一次就完成了与陪伴者分开,还是逐渐完成与陪伴者分开,还是完全不能与陪伴者分开,这在他们情绪、表情、行为等方面造成的影响都要详细记录。

治疗的开始阶段(前几个星期),是安抚自闭症儿童情绪和建立治疗关系的关键期。治疗师此刻暂可不必打破自闭症儿童退缩、封闭的状态,更不要试图以治疗师的意愿让他们选择乐器或物品,以及强制他们参加治疗师为其预设好的活动,以免造成自闭症儿童更大的退缩。各类性格特征的自闭症儿童在治疗初期中的反应各不相同,治疗师此时要做的是一边自己试奏出各种声音(音乐或音乐活动),一边去观察他们此时的表现。有的自闭症儿童对屋内声音的变化、人员的变动、乐器的更换、演奏方法的不同等关注程度低,有的关注程度高;有的主动接触乐器,有的会玩弄、模仿、探索乐器演奏的方法;有的却不碰任何乐器,只是远远地、不时看几眼等。自闭症儿童在音乐中的行为表现与音乐以外的行为往往是一致的,治疗师要分析他们此时内心所处的状态,即内向的性格。自闭症儿童是否仍处于一种矛盾和不安的境地,还是治疗师为其创设的环境、活动、乐器等不能吸引他们,使自闭症儿童仍处在自己的空间里等。治疗师在分析的同时,要耐心地等待,并留给自闭症儿童足够的时间去适应。治疗师再适时地给予积极主动的音乐刺激,自然的引导,等待自闭症儿童选择喜欢的乐器及主动拿起,甚至拨弄乐器和"认真地试听"。治疗师此时还要考虑他们是否已适应了陌生环境,并被室内的物品(乐器)所吸引,或者他们感到陌生环境的安全,将他们比较活泼的性格自然流露,表现出瞬间有意或无意关注外界的行为,也可能是性格外向所致等。在这种情况下,治疗师(辅助人员)要适时抓住机会,选择自闭症儿童能够允许的距离、位置和方法与他们共同参与感兴趣的活动。这种参与并不是简单地、形式上地参与,而是能够得到自闭症儿童内心世界真正认可的,并形成共有感觉体验的参与。

自闭症儿童的情况比较特殊,因此,在导入及治疗的过程中,有经验的治疗师会对以下方面进行记录:记录他们触摸、拿起、拨弄乐器的种类、次数及每种乐器在手中的时间;记录他们对哪种乐器感兴趣,对哪种乐器不闻不问;记录他们对乐器是否有破坏行为或破坏行为的倾向;记录他们在感情、情绪中表现出的焦虑、压抑、喜悦等程度;记录他们注意力和自我控制的程度及时间、间隔数;记录他们对待治疗师的态度是好感、接受、拒绝、过分服从还是冷漠等;记录他们是否存有强迫倾向和智力发展等方面的问题;记录他们表现出冲动、攻击行为和破坏乐器时,治疗师是用何方法及时调控的;记录每次治疗治疗师考虑、分析的内容,以便治疗小组及时总结、制订治疗计划及调整治疗计划,为治疗成效评价的准确性和客观性奠定基础。

自闭症儿童由于自身各种病症因素的制约,每个自闭症儿童所表现出来的凸显症状、程度和形式也就不相同。因此,治疗师选择导入的技术及短、中、长期目标也就不同,导入的进程也就不相同。所以,音乐治疗师面对每一个自闭症儿童的音乐治疗(每一计划)都是一个新的挑战。同时,每位音乐治疗师也不能把自闭症儿童的音乐活动仅仅看作是在玩,虽然会有些困难和辛苦,但这些会给自闭症儿童的未来发展带来许多实实在在的帮助。

要测试和了解自闭症儿童的音乐倾向,如:① 音乐的类别及风格,如民乐、民歌、通俗歌等;② 对演唱者的偏好,如男、女等;③ 歌曲或器乐曲,如中、外等。测试和了解自闭症儿童的音乐倾向可成为治疗师亲近、接触自闭症儿童的"敲门砖"。对音乐爱好的倾向要通过前期测试了解,与测试验证相结合(见表 4-1 和表 4-2)。

表 4-1 语言发展评估表

日　期:

姓　名		性　别			治疗次数		第　次	
联系电话			父母文化程度			年级		
分值 项目	5	4	3	2	1	0	备　注	
自己说话的音量							控制音量(大、小)	
说话的音调							语音省略、声调高低错误、含糊不清	
模仿声音							强、弱	
跟随发声及换气								
语句表述流畅							是否(喃语、口吃)	
语句表述停顿								
表明需求能力								
用字、词的能力								
说话的速度							快、慢	
声音颤抖状况							多、少	
声音是否异常							嘶哑等	
其他症状							助听器、唇颚裂、捂耳朵	

表 4-2 音乐听辨及操作能力表

日　期：

姓　名		性别		治疗次数		第　次	
联系电话		父母文化程度		年级			

项目＼分值	5	4	3	2	1	0	备　注
模唱歌曲或同步哼旋律							简单、复杂
双手或单手跟拍或仿拍节奏							简单、复杂
脚跟拍或仿拍跺节奏							简单、复杂
跟敲、打或仿敲节奏							乐器演奏是双手同时演奏、先后交替演奏还是单手演奏,节奏是敲、打简单的,还是复杂的；粗大动作和精细动作的能力
分辨音乐的音色							
分辨音乐的强弱							
分辨音乐的快慢							
随乐身体即兴舞动							
随音乐仿师身体律动							肢体协调性：上肢左、右,下肢左、右；动作快、慢及身体的平衡感等
随音乐活动参与的时间							长、短
分辨音乐声音的大、小							
聆听音乐注意时间							有、否,长、短、频率
聆听音乐后的反应							有、否,长、短、频率
独自会唱简单的歌曲							完整、提示,简易、复杂
理解歌词的含义							能、否
其他							目光或身体接触、眼神或手势表达、对指令的反应、听到尖锐声音会逃避、尖叫、哭闹等

值得注意的是,在测试的过程中,治疗师是用唱来指示自闭症儿童做各种测试内容。

测评分值记录:能很好地完成记 5 分;完成得较好记 4 分;基本能完成记 3 分;提示能断续完成记 2 分;提示能零星完成一点记 1 分;完全不会记 0 分。

实例 4-1

动作能力训练

(1) 粗大动作

四肢的运动、协调与平衡能力,空间感、方位感感知。

内容:① 架子鼓组合乐器的摆放拉开距离,要求自闭症儿童模仿演奏或自己演奏;
② 自体的认知《上下左右歌》。

上下左右歌

1=C 4/4　　　　　　　　　　　　　　　　　　　胡世红词、曲

```
1  3  5. 6 | 5  5 5  5  5 | 2  3  4. 5 | 3  3 3  3  3
向 左  看     看, 啪 啦 啪  啦;  向 右  看     看, 啪 啦 啪  啦;

1  3  5. 6 | 5  5 5  5  5 | 3  4  3. 2 | 1  1 1  —  ‖
向 上  看     看, 啪 啦 啪  啦;  向 下  看     看, 啪 啦 啦。
```

(2) 精细动作

手指拿、抓动作,手、眼、抓协调的知觉能力。

内容:① 治疗师拿、抓、捏各种打击乐器并演奏,要求自闭症儿童模仿;
② 演奏《小鼓敲起来》。

小鼓敲起来

1=C 2/4　　　　　　　　　　　　　　　　　　　胡世红词、曲

```
1   3  | 5 6  5 | 4  3 | 2  — | 2  3 | 4 5  4 |
小   鼓,   敲起 来, ×  × ×,     小  鼓,   敲起 来,

3   4  | 5 5  5 | 5 4  3 2 | 4 3  2 1 | 2  3 | 1  — ‖
×   ×  ×, 我们  一 起 敲 响, 一 起 敲 响, ×  × ×。
```

语言能力训练

(1) 发声测试

内容：发音

1=C 2/4

| 1 2 3 | 3 4 5 | 5 4 3 | 4 3 2 | 1 — ‖
| 依 依 依 | 依 依 依 | 依 依 依 | 依 依 依 | 依
| 啊 啊 啊 | 啊 啊 啊 | 啊 啊 啊 | 啊 啊 啊 | 啊
| 依 依 依 | 啊 啊 啊 | 依 依 依 | 啊 啊 啊 | 啊

(2) 咬字吐字清晰度

内容：① 模仿治疗师唱；

② 念儿歌《两只老虎》等，跟念或模仿。

当一些自闭症儿童进入治疗室后，不理会任何人、物、声音，表现出极其狭窄的注意力及社会交往障碍、言语发育障碍、认知能力缺陷、感知觉异常和刻板行为时，治疗师可依据他们当时的具体表现，试配与之相应的声音与音乐进行导入，帮助治疗师与自闭症儿童建立治疗关系。

音乐治疗开始阶段用声音、律动和音乐与自闭症儿童做互动，与其取得联系，具体做法如下。

(1) 当自闭症儿童坐在那儿不停地晃动时，音乐治疗师可配以相"吻合"的音响效果。如选用 F 大调 Ⅰ—Ⅳ 的和弦。因为 F 调 Ⅳ 级下属和弦的不稳定感，与 Ⅰ—Ⅳ 和弦的使用，使音响效果处于一种不停动荡、浮躁不定的状态。当自闭症儿童向前晃动时，配以 Ⅰ 级和弦；当自闭症儿童向后晃动时，配以 Ⅳ 级和弦；当自闭症儿童停止不动时，伴奏的交流也就停止。这样多次反复后，自闭症儿童会逐渐感到自己能控制音乐（音乐听他指挥），如他改变了行为，音乐也随之改变。一旦他对音乐有了这样的意识后，即意识范围就会扩展，他的注意也就容易被引回至现实中。

(2) 当自闭症儿童蹲伏某处独处不动，表现出很谨慎或很不安的样子时，治疗师可选择一些恬静的音乐去试着引起自闭症儿童的注意。有的自闭症儿童允许他人触摸，治疗师就可跟随音乐轻拍他，或抱其坐在膝上跟随音乐摇晃，或抱他在膝上边演奏乐曲边前后晃动来建立关系。

(3) 当有的自闭症儿童具有破坏性行为时，如精力旺盛、力气大而不知如何疏散，大喊大叫，伴随有踢、蹬、跳乃至于破坏乐器或其他物品的行为，治疗师可选用鼓、镲、铙钹等乐器试着影响他。治疗师还可用音乐配合或模仿他喊叫的高低、强弱、快慢、连贯或跳跃的声音，来实现非语言交流，达到建立治疗关系的目的。

（4）当自闭症儿童在屋内不停地跑动或走动时，治疗师可用两个八度或隔一个八度的属音G，配合他行进中左右脚力度、速度、停顿（休止）等的变化，来引起自闭症儿童的关注，从而建立治疗关系。

（5）当治疗师叫自闭症儿童名字时，有的能答应，但不与之交流，这时治疗师可用重新填词的歌曲，演唱他的名字，不答应的也可用此方法。当他回答自己名字时，治疗师可与之共同演唱他名字的歌曲，并加上辅助动作、目光对视等帮助他学习交流的技巧。

（6）当自闭症儿童拒绝与人交往时，治疗师也可选用乐器作为交往的中介物，让其聆听现场即兴演奏的音乐，帮助他建立对声音和人的意识，引导他愿意触摸乐器，进而建立身体接触。治疗师还可用自闭症儿童感到熟悉、亲切的歌曲来安慰和唤醒他，使其与治疗师建立关系。

除以上六种方法外，还可用其他方法介入自闭症儿童，从而建立治疗关系。

音乐是一种综合性的刺激，它可将脑内不同区域的活动联系起来，而语言只能在单一区域。治疗中，要求治疗师经过多次观察、探索，了解自闭症儿童的一个眼神、一个声音的变化，了解其对某个没接触过的节奏感兴趣的程度及肢体沟通的专注，来发现自闭症儿童在智力等各方面的改善。

对大部分自闭症儿童来说，音乐是他们听觉上强有力的刺激物。对治疗师来说，使用乐器和音乐，以"破坏性"的方式打破自闭症儿童关注的区域，成为治疗师建立治疗关系的最佳手段。

四、导入的注意事项

由于自闭症儿童大脑、神经病变程度的差异性，导致自闭症个体所表现出来的症状都具有其独特性，因此，在做自闭症儿童训练前的导入要因人而异。在实施音乐治疗时，治疗师要为他们创设安全的训练环境，使自闭症儿童对治疗师产生信任感，使他们在音乐氛围中体会到自由、舒适，并有参与的欲望。当然，这也取决于他们的听觉接受信息的程度及反应能力。

当自闭症儿童感受到治疗师的宽容、接纳时，他们会变得关注治疗师及发出的指令，并给予回应。治疗师在给予指令时，应该是自闭症儿童容易接受的简单句，句与句之间要有停顿，给自闭症儿童留出思考、理解和做出反应的时间。关键是治疗师说话时，嘴巴要尽量靠近自闭症儿童的耳朵，且与自闭症儿童保持说话时的高度和近距离，音量适中且慢而不拖的语速，确保指令的清晰度。

一般而言，乐器对自闭症儿童不会造成紧张，因此，乐器可成为治疗师和自闭症儿童沟通、交流的中介物。治疗师可选择演奏方式、颜色、形状、材质不同的乐器吸引他们的注意力。治疗师也可以在自闭症儿童感到安全的场所，给予非指导性的、他们可以自由选择使用乐器还是嗓音进行音乐活动的权利。

因此,治疗师应遵循导入的原则:自我表露原则、非言语沟通原则、音乐要素原则、形象说明原则、非指导性原则、空间区域原则、友好触摸原则。

1. 自我表露原则

治疗师在演奏、演唱时,主动将自己的愉悦情感通过演奏、演唱表现出来,与自闭症儿童共同分享,同时,用音乐声展示出治疗师的温和友好的情怀。当自闭症儿童感受到治疗师愉悦的情感时,彼此的关系就会增进,阻碍治疗的风险就会减小;治疗师也会为自己敞开心扉的共同分享而感到值得。如果治疗师没有足够的情感开放,自闭症儿童对治疗师的信任就会降低,从而极大地限制治疗关系的建立。

2. 非言语沟通原则

由于自闭症儿童言语的缺乏和退缩行为,因此,在治疗的起始阶段,治疗师要选择不涉及言语的音乐沟通方式,即非言语沟通方式。音乐不仅是通过听觉得到刺激,还可通过多重感官得到刺激。音乐的使用可帮助自闭症儿童与治疗师的表达与沟通变得更通畅,利于双方拉近距离,顺利开展治疗。

3. 音乐要素原则

用音乐要素的信息传递指令,如音调、音量、音速、音高等影响自闭症儿童。可以激发兴趣,进行有趣音乐要素的训练活动,在活动中逐步规范行为,培养忍耐、等待、合作等品质。

4. 形象说明原则

如需用语言,也可用音乐、肢体姿势代替语言,或用动作伴随语言来共同陈述指令。这一原则在治疗训练课上非常好用。它可以帮助自闭症儿童提高对句子指令的理解度,从而改善自闭症儿童的认知水平,逐步达到认知重构。

5. 非指导性原则

自闭症儿童在自行选择乐器时,治疗师要保持足够的耐心和信心,不要试图有控制性的指导。治疗师只可随时准备着(保持一定的距离,以不给自闭症儿童造成压力为原则),当自闭症儿童一旦需要帮助时,治疗师及时给予协助和支持。通过让自闭症儿童自主选择乐器,了解自闭症儿童的个性,同时,对他的消极情绪进行疏导。

6. 空间区域原则

治疗师要给退缩的或逃避身体接触的自闭症儿童设置一个极其放心、安全的"领地"。如:通过划圆圈、塑胶泡沫垫子等来划分领地,并且没有他们的允许绝不踏入他们的"领地"。与此同时,治疗师也要为自己划出一个"领地",这是为后期治疗师与自闭症儿童共同分享"领地"做准备。

7. 友好触摸原则

如果自闭症儿童不介意治疗师的触摸,治疗师可在治疗活动中,随乐轻拍孩子的手、腿、背、肩,也可互拍,还可以将低幼自闭症儿童抱着随乐晃动,也可抱其坐在治疗师的腿上随乐晃动或演奏乐器加晃动。这可增加双方的交流和信赖感。当然,这种非语言的交流也会因形式、环境、个人的不同,而使个体感到威胁。因此,治疗师要仔细观察,谨慎使用。

由此可见，当治疗师要面对自闭症儿童时，不仅要做好自身的心理和技术等方面的准备，更重要的是让自闭症儿童能够感受到环境的安全，氛围的欢欣，并享有一定自主权利的空间。在经过双方亲密接触后，使自闭症儿童在对治疗师有充分信任的情况下，才可能接纳治疗师，使治疗关系得以建立，从而顺利地进行音乐治疗。

实例 4-3

A 是一名 8 岁男孩，在他 5 岁和 7 岁时，分别两次被确诊为自闭症和无语自闭症。他患有噪音恐惧症，在小时候做过腭裂手术后，他似乎就听不见了，他的恐惧症可能是这些痛苦的经验给他带来的。他不能忍受任何一种响声，连他自己的嗓音也不例外，表现为动嘴不发声，而用手势表达意愿。他还会想象有吵闹的声音使他受不了，便常捂住耳朵予以防卫。在他很小的时候，他母亲就发现他有许多不安的表现，例如，整晚不睡，不停晃动，弄坏窗子，总低着头，不注视，不怕从很高之处往下跳，无目的地搬动物件，用手摩擦粗糙的物体表面直至手流血。

A 是一个安静退缩且具挑战性的病例。当一个孩子抗拒、大叫或表示愤怒时，总可以发现行动与反应的领域。但是，A 将自己封闭在他无声的世界里，他冷漠、被动、几乎是无语、总低着头、两眼闪避、下垂，他似乎在身体和精神上总是筋疲力尽、温驯及懦弱。从身体上看，他是个非常秀气、漂亮的孩子，有双精美的手。但与他的年龄相比，身高显然矮了，走路的样子也很怪，他所有的活动都是抑制感情的。但是，在他冷漠的表情下，他有时会受到神经紧张的猛烈打击，口部变得呆滞和僵硬，有时还会没有理由地哭泣。他保持注意力不超过一两分钟，然后就拒绝进行下去，并说"不做了"。

开始时他没有交流，不看治疗师，似乎也没有察觉到环境。

在第一次治疗课间，治疗师评估了 A 对各种音乐经历的消极和积极的反应。治疗师让他观看，让其注意听许多乐器的演奏，如钟琴音条、钢琴、鼓、吊镲、笛、砂槌、大提琴。他对节奏没有反应，鼓也不能吸引他，表现出没有接近任何一件乐器的倾向，还拒绝开口唱歌。但是，他对优美、持续的、共鸣浑厚的音响有明确的反应，特别对大提琴感兴趣。播放大提琴音乐时，他会抬起头来注意听，直到音乐消逝。这个音乐振动对他来说似建造了一个保护性的环境。

分析：音乐治疗师在治疗中小心创设治疗环境，同时选用多种乐器和音乐不厌其烦地谨慎试用观其反应，终于找到 A 喜欢播放的大提琴音色和大提琴乐曲。因为，大提琴的表现力很强，音色极其低沉柔和，浑厚而丰满，能将人们深沉而复杂的感情表达出来。例如，圣桑优美的大提琴乐曲《天鹅》，几乎就是无人不喜欢的。正是由于这梦幻似的音乐，直接浸入 A 的心扉，才使 A 不自觉地被音乐吸引，暂时走出自己的天地。音乐治疗就是要创造许多使自闭症儿童暂时回归现实的事实。对治疗师来说，大提琴音乐的发现，意味着对 A 进行音乐治疗的切入点已经找到。

第2节 自闭症儿童音乐治疗的方案

自闭症儿童对音乐特有的感知与良好的音乐反应能力,成为治疗师克服自闭症儿童无语言交流的工具,也使治疗师能够借助音乐特有的非语言性走近自闭症儿童,促成自闭症儿童康复训练的成功,从而达到改善、恢复、提高自闭症儿童生理和心理的能力。

一、音乐治疗目标的确定

自闭症儿童与智障儿童都存有全面性发育迟缓现象,但是,自闭症儿童发育次序与智力障碍儿童发育次序呈现出不同的趋势。智力障碍儿童发育次序基本上与正常人一样,只是各方面发育迟滞,而自闭症儿童发育的次序却是颠倒无序的。如:常表现为有的自闭症儿童不会自己吃饭,却会计算;有的语言缺失,却在某些方面的记忆力表现非凡;等等。为了改善自闭症儿童退缩、不与人交往、情绪波动大、社会适应能力弱等问题,治疗师会根据自闭症儿童当下病症的具体特点,制订出正确和有意义的音乐治疗计划。而治疗计划内包含着治疗的长期目标和短期目标。

长期目标可在前期评估的基础上建立。它只是为了促成自闭症儿童在某个方面发生治疗性改变的一个方向。将改善的类型、领域、难度及其他教师都能观察到的某个问题行为作为长期目标,可供大家进行讨论。

短期目标是治疗中每个阶段期望的结果。即:是在较短时间内可观察和测量到的行为结果。短期目标的累加是成为长期目标最终实现的根本。对治疗计划而言,短期目标具有实质性的指导意义,并随着每个治疗小目标的实现而发生着变化。

1. 靶行为的确定

靶行为是问题行为与适当行为的总称。也就是说,音乐治疗不是将某个病症给治好了,而是在音乐治疗中努力挖掘自闭症儿童的某些优势能力,或发展现有某些优势能力,去替代问题行为或使问题行为弱化,即减少一种问题靶行为,增加一种适当靶行为来达到治疗的目的。因此,靶行为的设定成为目标建立的基础。

另外,音乐治疗的优越性在于,靶行为不是孤立存在的,会受到个体诸多不同程度行为因素的影响,同时,个体诸多不同程度的行为因素也会受到靶行为的影响。

下面,从自闭症儿童音乐治疗的实例来看治疗师是如何分析找出靶行为并建立治疗的长期目标,继而建立各短期目标,使其上升为长期目标的全过程。

 **实例 4-4**

小 D,男,轻度自闭症,7 岁。一眼看上去他是一个不爱动、孤单的孩子,眼神迷茫,常低着头不知在想什么。在家里,小 D 没有目的性地搞破坏,撕、咬或抠他能拿得到的东西,特别是床单、被子、纸、沙发等东西。他对人有攻击性行为,如对他的母亲和奶奶。对妹妹不友好,特别嫉妒母亲与妹妹在一起。父亲带他不多,相处时还好。

根据上述例子,治疗师分析如下:① 小D在交互性社会交往方面存在障碍,如缺乏主动与别人交往的能力。无法恰当地用眼神、面部表情、身体姿势等肢体语言来调节社会交往。缺乏社会情绪的交互性,对别人的沟通性行为反应有障碍,甚至有不恰当的行为反应。② 沟通方面有障碍,如不太会引发或维持一来一往的对话,对别人的话语不会予以交互性的反应。③ 局限、重复以及刻板的行为模式、兴趣有障碍,如执著于刻板、狭窄的兴趣。

治疗师把"眼神迷茫,常低着头"确定为问题行为。将"目光追随于一个物体或一个人身上"选为合乎需要、性质相反的行为,来取代问题行为。此例将"目光追随"选作靶行为。

对小D靶行为"目光追随于一个乐器或一个人身上"的描述:

目光追随:两眼要直视离他大约一尺或一尺半远的乐器或人的眼睛。而且,当乐器或人移动了6寸或更多时,小D的目光随物体的移动而移动,凝视乐器在新的位置上2秒钟之内。当乐器或人移动位置,小D目光之前的游离,必须在两秒钟内找到乐器或人的新位置。

小D靶行为设置:

靶行为一:减少不当行为——眼神迷茫,常低着头。

靶行为二:增加一个适当行为——目光追随于一个乐器或一个人身上。

按规定,移动目标可记录目光集中追随的频率,从而计算出整个试验中正确反应的百分比。治疗时,由治疗师来确定刺激物或眼睛的位置变换。

2. 目标的确定

目标是治疗性进展的"航标",是治疗师在治疗中可寻的方向。为此,自闭症儿童音乐治疗目标分为短期目标和长期目标两部分。

值得注意的是,每阶段的短期目标必须具有延续性,且指向长期目标,且随着自闭症儿童问题的改善而参照长期目标的方向及时调整。

治疗师设定目标前需要考虑以下问题:治疗师是否已经能够识别出自闭症儿童当下真正需要改变的问题;目标是否能设定明确,具有特定性;目标的设定是否具有可操作性,并可对其成效进行评估,即可测性;设定的目标是否符合自闭症儿童个体的能力水平,适合其心理水平。

以实例4-4中的小D为例建立短期目标,短期目标要包含三个方面:行为(靶行为)、标准(行为发生的次数)及条件(何条件下出现的行为)。

长期目标:改善视觉跟踪。

短期目标:

A. 乐器或人在他面前平移时,80%的情况下小D目光会追随移动。

B. 乐器或人在他面前垂直移动或蹲起时,3次中有2次小D目光须追随凝视乐器或人。

自闭症儿童的治疗是一个漫长而又不能确定成果的"旅程"。一个简单动作的微小进步,都意味着治疗师坚持不懈、反复的努力,引导自闭症儿童不断练习得到的成果。当靶行为和相关目标建立之后,治疗师就开始着手制订音乐治疗计划,进入音乐治疗实训阶段。

二、音乐治疗计划的确定原则

音乐治疗的原理应贯穿于治疗训练的始终,它对制定治疗目标、设计治疗计划、采用治疗措施、确定治疗方法以及选择治疗的组织形式都具有指导性的作用。通过音乐治疗的训练,自闭症儿童会获得可喜的成就感。

确定音乐治疗计划时需遵循下列原则。

1. 个体差异性原则

儿童自闭症的成因不同、家庭文化背景的差异、管教方式的不同,性别、性格、年龄的差异等,导致每个自闭症儿童所表现出来的个体症状、程度及行为模式都不同,对音乐的感受程度及音乐能力也不同。因此,治疗师必须依据对自闭症儿童前期观察及评估的内容,仔细、认真地进行个案分析,拟订治疗、训练计划。

2. 可沟通性原则

音乐治疗和训练计划的确定须能激起自闭症儿童的沟通欲望。特别是对无语言或不愿说话、情绪不稳的自闭症儿童,要选择有助于音乐沟通音响效果的乐器,尝试不同乐器及人声(嗓音)。用简单的音、节奏、速度、音乐声去刺激,鼓励他创造和模仿,不要用音乐教学评估原则来看待自闭症儿童的反应,并急于试图对其纠正。

3. 可接受性原则

由于自闭症儿童心理年龄的低龄化,治疗训练计划的确立应由简至繁。治疗师须选用趣味性的方法,发展自闭症儿童非交流性语言的能力。因此,选用既符合自闭症儿童认知水平,又能发展其认知能力的训练方法是治疗师必须考虑的。

4. 无意行为原则

自闭症儿童常有一种不同于他人的全新的自我表达的行为现象,这种行为是不可预知的突发行为。治疗师需在经验的基础上变换新的技巧以应对突发行为对治疗的干扰,治疗师要有这种心理上的接受、技术上的准备、行动上的应对才能引导自闭症儿童不断进步。

5. 细化性原则

仅有长期目标和短期目标还不够,应将短期目标再细分为各个程序、步骤等,让自闭症儿童感受到目标的接近和容易完成,从而产生成就感,提高自信心,为自闭症儿童在治疗中形成自身的支持力量奠定基础。

实例 4-5

某自闭症儿童小 M,因自身状况,从小很少活动,腿部无力,养成了不爱动的习惯,学校活动也不愿参加。为了改变小 M 的现状,治疗师选用了他喜欢的乐器——爵士鼓让其学习演奏,目的在于训练他腿部的力量。

一般爵士鼓是以坐姿来演奏,但是,治疗师为了很好地锻炼他的腿,采用站姿让其演奏。刚开始,小 M 累的时候治疗师让其坐下来演奏,进行站、坐交替练习。后来慢慢过渡到每节治疗课都站着演奏,再过渡到将鼓、镲等乐器摆放的间距拉大,每次治疗师都现场演奏与其配合,小 M 非常有兴致地演奏。对小 M 来说,是音乐调控了他的演奏,使其在不知不觉中将身体重量来回移到不同的腿部和脚上,锻炼了腿部脚部的肌肉和韧带。治疗师掌控着音乐的快慢、强弱,掌控着整个治疗的节奏。以至于后期鼓、镲摆放的间距大到需要小 M 来回走动或跑动,才能跟上治疗师演奏的速度。经过一学期的治疗,小 M 的腿部力量增强了,参加学校活动的次数多了。时间长了,小 M 爵士鼓的演奏水平也有了提高。当然,这些成果是由许多短期目标的实现叠加得来的。

三、音乐治疗计划的确定方法

治疗师必须了解自闭症儿童个体的音乐能力及发展特点。要经过缜密细致深入地观察、记录和分类,熟悉每一个自闭症儿童对音乐的感受、记忆和表现等方面的特征,从而有的放矢地制定切实可行的治疗目标和治疗计划。

如果治疗师不了解自闭症儿童在音乐方面所表现出来的个体差异,那么他在制订治疗计划、安排训练内容、设计治疗活动时,就不可能做到从自闭症儿童的实际水平出发,去满足他们各个不同发展期的需求,也就难以实现治疗目标。

自闭症儿童处于音乐临界期(12 岁)以下,95％的人对音乐都有良好的反应。因此,确定自闭症儿童音乐治疗方法的原则是:以自闭症儿童音乐方面的能力优势去带动、弥补或转换其弱势,使自闭症儿童在音乐治疗中逐步恢复和习得其丢失的能力。自闭症儿童音乐治疗计划应根据其需要解决的具体问题而制订,灵活多样的治疗内容及适当的方法是至关重要的。

1. 促进自闭症儿童非语言沟通的训练

人类信息的获得,离不开语言和文字的接受与输出的传递,而语言又是人与人之间交流最直接、最简便的方法。对于那些没有语言的自闭症儿童来说,发展其语言和非语言性的表达与交流能力是十分重要的。

音乐非语言性的潜质,在促使自闭症儿童个体的音乐性得以逐步发展的同时,他的其他能力也将得到改善与发展。要对自闭症儿童实施治疗,首先要解决的问题就是注意缺乏与语言沟通给治疗带来的阻碍。同时,为了能建立安全、平等、愉悦的治疗关系,在音乐治疗中,治疗师可采用音乐即兴的方法,去诱发自闭症儿童的关注度和非语言性的交流愿望,使他们产生交往、沟通的意识与动机,再过渡到开启语言的训练上。

注意缺乏与非语言的治疗可选用音乐即兴的方法。音乐即兴有其独特性,在治疗中,音乐即兴可使自闭症儿童的心理方向更密切地融合在音乐中,创造出双方沟通的氛围和环境。而自闭症儿童的演奏可依据自己内心的感受、思想及情感导向来进行即兴。通过即兴演奏,可以平复、疏导自闭症儿童自身紧张、不安、烦躁等异常情绪和病态心理,使具有先天逃避交往心理的自闭症儿童开始有交往的可能以及产生对外界关注和互动的兴趣,增加自闭症儿童注意力的转移,进而接纳治疗师。

音乐即兴适用于自闭症儿童治疗的各个阶段,尤其是初始阶段。乐器可选择钢琴、鼓、其他打击乐器等。可由治疗师事先选择一些材质不同的乐器,放在特定的位置上由自闭症儿童自己选；也可在前期资料搜集评估的基础上，治疗师直接选定使用。无论用何种方法选用乐器，都要仔细观察、适时调整。

在治疗初期，治疗师可将自闭症儿童在治疗室内的步态、动作、喊叫声、哭闹声、喃语声、敲打声等各种声音，当作是自闭症儿童对外界发出的沟通信号，即非语言性的表达。治疗师在现场及时给予乐器，如钢琴或打击乐器或人声（嗓音）或钢琴与人声配合，作相对应的声音反馈或对答。例如，自闭症儿童的喊叫声，治疗师可用同音高的单音与其对应或回应；自闭症儿童的哭闹情绪，治疗师可以用旋律上行、下行的起伏、变化的速度或哼唱的方法与其对应或回应；自闭症儿童的敲打声，治疗师可做出有节奏、强弱变换的声音与其对应或回应（可选择金属打击乐器或钢琴）；自闭症儿童的步态、动作，治疗师可以用和声，以功能解决或倾向主和弦音的旋律（如：Ⅴ—Ⅰ）反馈于他的形态。通过治疗师给予外来的音乐声响的刺激，使自闭症儿童能够意识到这声音与他的声音、动作是一样的，从而产生非语言对话的可能。这些也都有可能激起他的关注、尝试和兴趣，转而产生音乐上往来的互动和交流。治疗师与孩子的沟通模式逐渐被确立，这也为紧接其后的训练和学习打开了自闭症儿童的"心门"。

2. 促进自闭症儿童语言的训练

人类语言能力是智力结构中最重要的基本能力之一，是人类在未来成长过程中许多能力得以发展的前提条件，它是人类进行交流和学习不可或缺的基本工具。自闭症儿童语言发育的迟缓或缺乏，是造成自闭症儿童认知水平低于同龄正常儿童的原因之一。因此，在进行音乐治疗时应重视和加强自闭症儿童语言发展的训练。

麻省理工学院的语言学家和哲学教授诺姆·乔姆斯基(Noam Chomsky,1957)在奠定近代语言学结构分析的基础之前，德国音乐学家海因里希辛克(Heinrich Schenker,1935)就指出了音乐与语言存在着颇多的共通点。如：人类的语言与音乐听觉、发声系统是共享于听觉系统；语言与音乐的声响讯号基本上都有语意，只是语言与音乐的语意各自有不同的选择性和局限性，语言与音乐也都可以利用有限的符号做无限的组合，进而表达无限的新意等。因此，要发展自闭症儿童的语言能力，就不可忽视听觉的训练。

大部分自闭症儿童的听觉能力是低于正常儿童的，但是，他们的听觉系统却没有问题，只是自闭症儿童没有聆听外部声音的意识和习惯。这就需要治疗师通过听辨音高的训练对自闭症儿童进行听觉注意、听觉识别、听觉理解、听觉选择等有针对性的练习，培养自闭症儿童听觉感受器的聆听意识和习惯，从而提高自闭症儿童接受和分辨外界声音的能力。

(1) 促进听觉训练

自闭症儿童语言表达能力的训练，最先需要解决听辨问题，即人声、不同质地的乐器、音色、音高及发音方向等的感知觉；继而是发音的控制力；然后是字、词、句的使用；最后是提高自闭症儿童语言表达的能力。

听辨人声　将不同年龄、性别的人声与相应的音乐配合，让自闭症儿童边听、边参与做动作，加上辅助道具、面部表情等，穿插着图片的使用，帮助自闭症儿童对人声的听辨、记忆及与现实人物的对接。

听辨音色　用不同材质的乐器进行演奏，认辨实物；通过不同材质乐器的演奏方式方法来辨别乐器音色的不同；进而练习差异较小的音色变化，达到听辨细微差别的训练。

听辨快慢 选择声音(风声、水声、雨声、车铃声、车轮滚动声等)和音乐旋律给自闭症儿童听,同时,随声音和音乐做活动,感受音响带来的快慢、渐快、渐慢、极快极慢、极慢极快、极慢渐快、极快渐慢等多种速度的体验。这样不但训练了自闭症儿童的听辨力,还训练了自闭症儿童对生活中出现类似声音做出判断的能力。

听辨音高 选用音域最宽且有音高的钢琴进行练习。无论是听辨音高差别大的训练,还是听辨音高差别小的训练,钢琴都不失为最好的乐器。当然,这种听辨不同于音乐课上的单音、双音、和弦等让学生静坐聆听的方法。音乐治疗中的训练,要加上肢体的动作、身体的运动来帮助自闭症儿童进行听辨。治疗师还可选用适合自闭症儿童音域的旋律类打击乐器(木琴、音砖、音棒、手钟琴等)、人声等做自闭症儿童音高对应活动的工具,或作为自闭症儿童自己使用的工具。

例如:治疗师弹或敲出一个单音,针对不说话的自闭症儿童,可以先教会他们,再过渡到让他们用自己手中的乐器模仿奏出相同的音,甚至能唱或唱奏同步。针对有语言的自闭症儿童,他们能够接受指令,可以要求他们用自己的声音去模唱,再奏出,直到唱奏同步。当自闭症儿童能基本模唱出单音音高时,就可进入下一阶段音程的训练。音程以选用协和音程为原则。初起,治疗师演奏、演唱出一个大三度的旋律音程,当他们可以模仿演奏、演唱及唱奏同步,并能分辨出两音的高、低之后,治疗师就可弹奏大三度旋律音程(应注意在自闭症儿童说话音域内,寻找其语音最清楚的音作为"基准音",以此音作为基音,向上构置大三度旋律音程),如自闭症儿童说话清楚的音高是 b,则可在 b—b^1 音域内练习奏唱;训练一段时间后可选自闭症儿童说话最不清楚的音为"基准音",向上构置大三旋律音程进行练习。当训练有成效时,就可加入语言进行更高一层的认知训练了。

需要注意的是,此练习要有趣味性,不可如音乐教学中的视唱练耳;自闭症儿童模仿时要给予足够的时间,等待自闭症儿童的回应。

(2) 促进口语沟通——歌曲接唱方式[①]

歌曲接唱方式是训练自闭症儿童语言能力、认知能力、沟通能力、交往能力及社会适应能力平衡发展的有效技术。

此方法目的在于将歌唱式的学习方式,转变为口语式的沟通学习,适用于自闭症儿童沟通障碍。歌曲以自闭症儿童熟悉的儿歌为主,如《妹妹背着洋娃娃》。

1=D 4/4

5. 5 3 2 | 3 2 1 — | 3. 2 1 6 | 5 6 5 — |
妹妹背着 洋娃娃,　　走到花园 来看花,

6. 6 1 6 | 1 2 3 — | 2. 2 5 5 | 3 2 1 — ‖
娃娃 哭了叫妈妈,　　树 上鸟儿 笑哈哈

步骤如下:
步骤一:治疗师完整地范唱全曲(含歌词)二至三遍。

---

① 张初穗.音乐与治疗[M].台北:先知出版社,2000:84.

步骤二：治疗师范唱每句旋律或歌词，当唱到该句的最后一个音之前时，就空着不唱，等待自闭症儿童发出声音或唱出最后一音或是字、词。如：治疗师唱"妹妹背着洋娃（停顿）"，自闭症儿童接唱最后一字"娃"，即便自闭症儿童唱不清楚，也算其自主性的接唱了。治疗师要以口头即时给予表扬和鼓励，并继续第二乐句的练习。当接唱率达80%以后，就可进入第三步骤。

步骤三：治疗师唱第一乐句时，留下该乐句最后一个词组不唱，让自闭症儿童接唱。如：治疗师唱"妹妹背着（停顿）"，自闭症儿童接唱"洋娃娃"，治疗师均要以口头立即给予表扬和鼓励，并继续下一乐句。

步骤四：方法同前，这时治疗师只唱起头音，如"妹妹"，其余动词、名词都留给自闭症儿童接唱。

步骤五：如果自闭症儿童接唱全曲达80%后，此阶段治疗师则以纯粹念该首歌歌词的方式，让自闭症儿童接念。方法细则，仍与步骤一、二、三、四相同，由接念一个字，再长至接念整段乐句歌词。

步骤六：治疗师自行创作简单的儿歌，一开始以四至六句长度为宜。教学方式同接唱（念）教法一样的步骤。最好是与自闭症儿童日常生活、上课规则有关的内容，创作有节奏性的念法。

值得注意的是：① 整个训练应该是真正互动的过程，是自闭症儿童自愿加入，而不是强迫参与的过程。治疗师的训练手法应灵活多变，不可让自闭症儿童坐在那儿，一遍一遍地教，这样自闭症儿童会拒绝训练，前期建立起来的良好治疗关系会被破坏。② 若治疗师在给予口头鼓励时，中断了自闭症儿童接唱的动机，属不必要的鼓励，即须马上减少或停止。③ 当自闭症儿童接唱遇到困难时，等待或给予非言语的引导是治疗师重要的"技术"。

（3）旋律音调法

这种方法结合音高、节奏及手势，可针对说话缺乏抑扬顿挫、流畅性低的自闭症儿童有强化的效果。障碍表现为说话短促、断断续续、结巴、平均音等都适用此方法。

在用此方法之前，必须先找到自闭症儿童说话声音的实际音高，再依其结巴、断断续续的字词作节奏、音高的练习。如：自闭症儿童说话声音的音高大部分不出现 d^1 的音高，而只会说几个字，而且是短促的音，可用改变旋律音调法去训练，如"老师好"的旋律变化为：

1＝C　4/4　　2　3　5　—　‖
　　　　　　　老　师　好

练习之后可将字增加为"老师你好"，旋律变化为：

1＝C　4/4　　2　3　5　3　‖
　　　　　　　老　师　你　好

然后看自闭症儿童的进步状况，再增加其他字进行节奏、音高、长短的训练。如果自闭症儿童不理解音的高、低时，治疗师可用手势帮助自闭症儿童理解说话声调高低的变化。

语言与声音（音乐）是相辅相成的学习沟通的工具，适合自闭症儿童能力的音乐性活动或音乐治疗中使用的方法，是可以改善和提高自闭症儿童语言沟通能力的。[①]

---

① 张初穗.音乐与治疗[M].台北：先知出版社，2000：88.

3. 促进自闭症儿童身体协调的训练

促进自闭症儿童身体协调的训练可用"音乐律动法"。音乐律动法可调动自闭症儿童身心各方面的潜能，发展听觉和节奏感，协调身体与肢体的配合能力。还可为自闭症儿童提供一种释放的、无威胁的自我表现空间，有助于抵消自闭症儿童的禁闭机制和一些强迫性观念。

音乐律动法包括：体态律动、歌表演、随乐舞动的练习法。音乐律动治疗模式可分为一位治疗师的治疗模式和两位治疗师的治疗模式。一位治疗师的音乐律动治疗模式，可用播放音乐的方法，治疗师与自闭症儿童共同做随乐活动。两位治疗师的音乐律动治疗模式，一位治疗师现场演奏，另一位治疗师与自闭症儿童共同做随乐活动。

治疗中，不少自闭症儿童喜欢有治疗师现场演奏的治疗模式。现场演奏音乐可提供一种强有力的视觉冲击力及增强随即互动的趣味性。步骤如下：

步骤一：治疗师演奏第一遍音乐时，另一位治疗师观察自闭症儿童的情绪和此时对音乐的反应；第二遍演奏时，另一位治疗师随音乐律动，自闭症儿童做感受音乐自发性律动。即：自发式的，各做各的，互不模仿。

步骤二：治疗师随音乐双手拍节奏，脚步并不停下来，观察自闭症儿童跟学情况。当自闭症儿童能哼唱、拍手、与音乐速度同步时，治疗师可改变原先的肢体动作与他互拍（互拍有许多种形式，不要局限于面对面的互拍）。

步骤三：当自闭症儿童与治疗师互拍出现主动行为时，可加入脚的内容（音乐律动可从脚、手、身体任何一个部位开始做）。治疗师可拉着自闭症儿童的手或带着他做动作，两脚需先后随身体的倾斜单脚支撑，另一只脚离地面不易高，只要离开地面就行；随着自闭症儿童兴奋点的调整，治疗师可轻拉自闭症儿童向前或向后移动；当他能自主跟随治疗师做以上动作时，就可进入下一步骤。

步骤四：加入治疗师与自闭症儿童互拍、旋转、方位等互动的训练内容（不在原位进行，扩大范围活动），治疗师与自闭症儿童的动作基本一致。

步骤五：自闭症儿童自主表现明确，可进入治疗师跟随自闭症儿童做活动，适时给予提醒完成动作，中间不时加入治疗师与自闭症儿童不同的新动作与其交流互动。

值得注意的是：① 对于触、碰不抵制的自闭症儿童可按此法做。② 对于触、碰抵制的自闭症儿童可由其他方法介入，使其对触、碰不抵制后，再进行上述律动。③ 音乐体验，有时会使自闭症儿童变得"着迷"，使自闭症儿童转为"内向"，不理会周围的环境，心不在焉地凝视，着魔似的摇晃或哼哼。这时的音乐就成了自闭症儿童逃脱现实的"迷幻药"——一种独处的方法和保护，这时的音乐体验反而是一种制约。治疗师必须对此行为进行对抗，把自闭症儿童这种音乐体验转向感性意识及转向积极的情境中。

4. 促进自闭症儿童情绪调控的训练

情绪问题是自闭症儿童的主要障碍之一，它可以通过音乐要素——力度的训练得到改善。力度是由振幅决定的，它受人的能动控制，直接影响着音量和传播力。在音乐演奏、演唱中，大力度（能量）的输出就能得到宏大的音量；相反，就能得到柔和、宁静的音量。不同的音量会给人不同的感觉。如大力度的音量可排除人在生理、心理上的某些不适和烦躁感觉，还可"屏蔽"掉人周围不必要的声响。因此,音乐治疗师喜欢用"鼓"来训练自闭症儿童的情绪。使"鼓"的演奏成为自闭症儿童疏泄负性情感,促使某种过分强烈的情绪得以宣泄、疏导甚至升华,来调整、培养自闭症儿童健康向上的良好情绪。

治疗中,用音乐中音的强、弱、渐强、渐弱等来练习。也可以用标题性的方式来进行,即由治疗师或自闭症儿童选定一个标题,如"妈妈笑了","爸爸生气了","我想要——",然后治疗师或自闭症儿童按照自己的感受或理解进行演奏。也可以用无标题的,即自由的演奏。甚至治疗师或自闭症儿童先进行无标题的演奏,之后治疗师或自闭症儿童再给演奏的内容确定一个标题。

除了以上对自闭症儿童的音乐治疗方法外,还有其他方法,如:音乐视谱结构化教学、歌表演、奥尔夫乐器的使用、音乐提示方法等,这些都是设法使自闭症儿童获得一些有益的东西,并产生深刻感受、持久受益的方法。在音乐治疗中,对自闭症儿童采用个别治疗还是集体治疗,这得根据自闭症儿童的个体差异来决定。

值得注意的是,在采用以上音乐治疗方法时,必须根据自闭症儿童的具体情况进行具体分析,切不可在自闭症儿童没有做好社交上、音乐上的准备,就匆忙设法使其参加音乐活动。

5. 物我关系

治疗师可利用锣、钹进行动与静的训练,有利于自闭症儿童对"物我"之间存有关系的留意,一旦自闭症儿童建立了这种物我关系的概念,他的社会接触便会开始。故训练自闭症儿童听音,可帮助其建立社会关系;可以刺激语言的学习与表达能力;还能促进自闭症儿童领会听音的规则。如:上个声音终止接着发出另一个声音,自闭症儿童就会懂得语言规则及物我关系。乐器不仅可作为疏解紧张的方法,也可促进其语言的学习。

与自闭症儿童交流、沟通是件极不容易的事,下面让我们看一看有资质的治疗师是如何做到的。

实例 4-6

自闭症儿童小 N,男,就读于某特殊学校一年级。第一次到治疗室,小 N 面无表情地向治疗教室的三面墙壁轮换着走过去,然后背部紧贴墙体慢慢滑着蹲下或坐下,嘴里不停地说着什么,上眼睑耷拉着,似看非看,非常警惕地观察着周围的动静。治疗师只要有一点动作,他都会很快地变换姿势或换个地方或转个方向;治疗师如不动他就会一直蹲或坐在那儿一动不动,嘴里仍不停地说着。治疗师拿起事先准备好的打击乐器试着演奏了几下,只要治疗师换个乐器演奏,他都会在第一时间,快速地瞟一眼,就再不理会了。治疗师根据小 N 嘴巴嘀咕的声音,即快慢、停顿、强弱间,用邦格鼓同步演奏,很快第一次治疗时间就这样过去了。

第二次治疗,小 N 看似无变化,但是,他有两次突然不发声,头微侧似在听什么,很快就不再理睬治疗师的演奏,直到治疗结束。

第三次治疗,治疗师发现小 N 坐在地上嘀咕时,他的右手会无意识、不定时地拍打自己的左脚掌,并且嘴巴嘀咕的动作会放慢。于是治疗师在钢琴上为小 N 拍打左脚掌的行为即兴配奏,另一位治疗师则用邦格鼓即兴配奏小 N 的嘀咕声。当小 N 再次要拍打左脚掌时,治疗师停止了邦格鼓上的演奏给予等待,小 N 突然发觉音量减小,睁大眼睛看着手拿邦格鼓的治疗师,约两三秒后小 N 再次边拍边嘀咕。没过多久,当同样事情再次发生时,小 N 又出现了上述现象,治疗师等待小 N,并用钢琴小声配奏,这时小 N 看了几秒钟"邦格鼓"治疗师后,又瞟了一眼"钢琴"治疗师,紧接着又像之前那样不停地嘀咕。

小 N 这瞬间停止嘀咕的动作着实给治疗师一个"启发",那就是让琴声成为小 N 与治疗师之间沟通的工具。在后来的治疗中,治疗师惊讶地发现小 N 对钢琴弹奏出来的和弦音节奏非常的敏感,且记忆能力很强。不但能在铃鼓上准确地拍出正确的乐曲节奏,而且能在治疗师的示意下持续演奏,并能停留等待乐曲间奏的演奏。演奏过程中,小 N 自信与满足的表情常溢于脸上。

分析:在治疗中,治疗师细心缜密的观察与敏锐灵活的作风极为重要。治疗师要有足够的耐心和冷静的态度,才能处理和解决不常出现的、意想不到的问题。

实例 4-7

自闭症儿童小 Z,男,特殊学校二年级学生。在第一次治疗活动时,他不断地将铃鼓及其他打击乐器往教室的墙边扔,甚至会突然拿起乐器或别的东西走到窗边,将乐器或可拿到的东西往楼下扔。治疗师希望通过演唱不同风格的儿歌引起他的注意,但是这对他来说是徒劳的,只要治疗师稍不注意,他就继续这样做。因此,第一次治疗时间还没到就提前结束了。

第二次音乐治疗,音乐治疗师仍不愿放弃。当小 Z 进入治疗室时,治疗师试着唱起了在第一次治疗时的歌曲,这时,小 Z 的反应令治疗师惊讶。当治疗师刚唱完第一句歌词,他便漫不经心的跟唱起这首歌,直至跟唱整首歌曲。在小 Z 跟唱的过程中,虽然有个别词唱得含糊不清(歌词记不太清楚),但是,基本上还是能记得的。为了了解小 Z 对歌曲的记忆和喜好,治疗师再次唱起了这首歌,歌曲中间有的地方留给小 Z 边填唱歌词边拍铃鼓,他也能一点儿不错、一点儿不漏地唱出来,音很准,而且他的兴致很高。

分析:治疗人员必须耐心地去体察自闭症儿童,才能确切地找到沟通的方法,再通过不同的活动方式去激发和吸引自闭症儿童的兴趣和注意,使自闭症儿童自然参与到音乐活动中来,再逐步将这种注意转移到治疗师身上,使自闭症儿童通过音乐与治疗师进行交流和沟通,才能为接踵而至的治疗工作打开顺利之门。

当然，并不是每一个自闭症儿童都对音乐有反应，也会出现个别自闭症儿童对音乐没有反应的特例。这就要求治疗师细心观察、审慎权衡采用与音乐有关的各种方法，为每一位自闭症儿童创设符合其特殊需要的治疗计划，这才是音乐治疗师所必须面对的真正的挑战。

四、自闭症儿童音乐治疗的评估

自闭症儿童音乐治疗的评估，是为鉴定自闭症儿童音乐治疗效果而设置的最后步骤；是治疗师检验音乐治疗三个时间段，即前期、中期和后期的工作成果；是了解自闭症儿童音乐治疗目标达成的效果；是了解音乐治疗采用的方法、技术是否有针对性；也是治疗工作有序进行、直指目标不偏颇的一个重要保证。

治疗过程中的"评估"起着不断修订治疗计划、调整治疗追随长期目标的作用；治疗尾声的"评价"是为治疗目标达成情况做一个总结，同时，也为后续音乐治疗或其他治疗提供依据。因此，"评估"与"评价"同样重要，但意义不同。没有评估，评价将失去基础，治疗将失去方向。没有评价，评估将失去依据，治疗将失去结果。

(一) 音乐治疗评估的原则

对自闭症儿童音乐治疗的评估必须遵循一定的原则，才有可能确保评估的准确性。音乐治疗的评估原则为：

1. 整体性原则

自闭症儿童的音乐治疗是在训练其音乐感知觉的基础上，去促进自闭症儿童神经系统的发展和完善，达到全面提高自闭症儿童心理和社会适应能力以及在其他方面的进步。因此，治疗师要以全面评估自闭症儿童的观念对多种背景、多个人员、多重资源跟踪整合、综合评价的方法进行，还要避开治疗师自身人格的差异出现片面评估的结果。

2. 经常性原则

在自闭症儿童音乐治疗的过程中，应该用动态评估的方式经常检测评估。因为，自闭症儿童的治疗是一个长期、艰苦而复杂的治疗过程，如果不经常评估，就有可能偏离预设的治疗目标。这种经常性动态式的评估有助于及时对自闭症儿童的反应进行分析、总结、调整、修订各阶段的治疗计划。可使治疗师随时把握治疗的方向和进程，以求治疗计划的可持续性，对最终达成治疗目标起着至关重要的作用。另外，经常性的评估也是音乐治疗区别于音乐教育的一个重要标志。

3. 认同性原则

音乐治疗所面对的是不同程度的自闭症儿童。每个自闭症儿童自闭的成因、个性、家庭、经历及对音乐的喜好等是不同的，选用治疗的方法不一样，导致音乐治疗成效的大小也就不等。评估时，治疗师应在每个自闭症儿童原有症状的基础上，去关注个体的点滴进步，以寻求长远的发展。不能以治疗师个人的性格来判断、强求治疗进步的一致性，而忽略自闭症儿童自身不同的变化。治疗师应该从实际出发正确认识自闭症儿童所取得的每一点进步，无论自闭症儿童进步大小、快慢都要认同。另外，每个自闭症儿童的评估结果都应视为是再续治疗和今后发展的起点和依据。

4. 均衡性原则

自闭症儿童音乐治疗的评估应检验每个阶段目标设置的均衡性。每个儿童自闭的程度不同，需要解决问题的先后也会不同，设置活动的难易程度不可跨越太大，否则会造成某阶段目标不易实现的状况。所以，各阶段治疗计划制订的均衡与否，直接影响着治疗的成效。因此，检测治疗计划制订的均衡度也是评估自闭症儿童音乐治疗成效的原则之一。

（二）音乐治疗评估的方法

音乐治疗评估主要有：治疗前的初始评估、阶段性成效评估和预设疗程终期成效评估。当然，还有每次治疗的随时评估、经常性的评估。

治疗前的初始评估是对自闭症儿童各方面功能性的测试，了解其当下的障碍与问题，进行问题行为等级划分，制定近、中、远期目标，同时为后期的绩效评价提供可靠的基准和依据。中期评估的项目与初始评估相同，属再测。它是在预设疗程的中间段，对自闭症儿童治疗性变化、治疗的进程、治疗目标的方向进行分析评估，确保终期目标的达成。终期成效评估旨在了解达成治疗目标的程度，及今后的治疗问题。无论哪个时期的评估，它都是对自闭症儿童的治疗是否达到预期目标或是否偏离方向的检查。

目前进行音乐治疗效果的研究，主要集中在量化评估与质化评估两种方法上。

1. 量化评估

量化评估是指通过具体客观的实验、测量，并把生理指标与测得数据加以比较，以求成效数据的评估方法。由于治疗师的人格特点和治疗风格等因素所致，治疗师对治疗成效的评估有时会带有主观性和片面性。因此，量化评估由治疗师的评估和"他评"两部分组成。

治疗师的评估是根据每次自闭症儿童在治疗活动中的表现记录和评估表中的指标参数来对比、分析自闭症儿童音乐治疗的成效。评估主要分初始评估、中期评估、终期（疗程结束）评估。其中还可有周评估和月评估，这不仅是为后期评价奠定基础，更主要的是治疗师要了解自闭症儿童在周或月阶段音乐感受能力及在一定时间内心理稳定的状态。除了将初始评估、中期评估与终期评估进行综合评定外，还采用"他评"的方式进行评估，即由自闭症儿童所在学校的老师、家长或同学（有的自闭症孩子是在普通小学上学）对其能力状况给予评定，以增加评价中测量结果的可靠性和一致性，提高治疗成效的可信度。

量化自闭症儿童音乐治疗的成效，治疗师要编定评估表，从音乐的感知觉能力、表达和演奏能力、语言能力、交往互动能力、自理能力等方面，多方位、多角度地综合评估自闭症儿童音乐治疗的效果。

2. 质化评估

质化评估是对每个自闭症儿童治疗过程进行观察，用文字描述进行记录，并加以前后对照和分析的方法。其来源包括：治疗师对治疗过程的纪录，其他身心测量表，自闭症儿童的父母、老师、同学、其他治疗师等反馈的信息。其内容包括：注意力持续度增加、注意力集中度增加、自闭症状减低、语言字词量和表达频率增多、情绪不稳定情况减少、参与度增加、抵触心理的减少等。

总之，量化评估与质化评估是相互支持、相互弥补的检测方法。两者结合起来运用，使评估更具科学性和准确性。

(三)个案成效评估实例

实例 4-8

小 M,女,7 岁,智商一般,语言水平弱,拒绝与人交往,别人对其说话就像没听见,情绪不稳,有时会哭闹,注意力涣散,对母亲的离开无依恋行为,肢体动作协调性和控制性差。但她喜欢听音乐,无论是电视中的歌曲还是乐曲,无论是家人演唱还是歌星演唱她都爱听,而且听几遍就能哼唱歌曲。有音乐她就能安静下来,有时还能看会儿故事书。

评估内容:通过治疗,小 M 在父母、老师、周围邻居的眼里,她的日常行为能否有所改变?

抽样分析:7 岁的小 M,经检查被诊断为自闭症,接受成效评估的检测。家长、老师在评语中都写有小 M 拒绝与人交往,情绪不稳,对他人说话充耳不闻等,且动作协调能力差。

治疗师采取了以下策略:安排她接受个别治疗,上 36 节治疗课(每周两节)。针对小 M 的问题,治疗师认为首先要解决的是对外界声音警醒能力的培养,稳定情绪,因此,采用音乐即兴和歌曲接唱的方式进行治疗。

评估方法:治疗师在此个案研究的框架下对治疗进行评估。首先,了解小 M 的行为在家里、学校和其他环境中的基本数值之后进行音乐治疗。治疗过程中根据周、月填写调查问卷,以检查小 M 行为反应及变化。得出以下治疗初始和治疗后的变化参数描述:

① 小 M 的音乐能力:听、奏、即兴表达等能力有较大提高。分值在 4 分左右。

② 小 M 在家的行为:家长评估 10 多个项目,如看电视哼哼,提醒后基本能做到不哼哼;而治疗前不仅哼哼不停还发脾气;她说话时会有目光对视,但时间不长;等等。分值可达 4 分。

③ 小 M 在学校的行为:老师评估 10 个项目,如注意力、情绪、感受力、理解力、与同学相处、语言表达等。分值为 3 分。

每一项的评分等级是 0 到 5 分。能很好完成记 5 分,完成得较好记 4 分,基本能完成记 3 分,提示能断续完成记 2 分,提示能零星完成一点记 1 分,完全不会记 0 分。

评估总结:小 M 经过音乐治疗后有目光对视,情绪较治疗前有明显改善。父母亲对其的评价是对她讲话基本能够听,眼睛基本会有对视,就算不对视,提醒后也能做到。情绪也较治疗前开朗了许多,见到人让其打招呼也会照着做。肢体动作的协调也有所改变。尽管与正常孩子相比,还有很大差距,但是,在原有基础上已有较大提高。家长对音乐治疗结果表现出极大的信心。在学校,老师的要求比较高,因此,评估也较严格。老师认为小 M 在上课时注意力涣散有所改善,并出现与同学交往的意愿,同学与她交往时,她也不那么回避了,虽然话不多,但有注意听同学说话的现象,每当这时她的脸上就会有兴奋的表情或手部动作出现。但还不够,应该继续向好的方向发展。

建议:小 M 可继续做一个疗程的音乐治疗,以巩固取得的进步。

本章小结

在学习自闭症儿童的音乐治疗时,人们常常就音乐治疗的音乐活动来研究自闭症儿童,结果重视了音乐活动的开展而非注重了音乐治疗活动的目的所在。实际上,学习自闭症儿童的音乐治疗,先要了解自闭症儿童与正常儿童的差别,只有在把握正常儿童一般特征的基础上,才能针对自闭症儿童的特殊性进行研究,并运用音乐治疗的方式、方法和技术对自闭症儿童进行治疗,以达成预期的治疗效果。

自闭症儿童存有许多障碍和异常行为,其言语和沟通的缺乏及无社会交往能力是自闭症儿童诸多问题的重点。当自闭症儿童表现出上述行为时,任何人都无法接近他,包括他的母亲。对自闭症儿童来说,陌生的治疗师、生疏的治疗环境以及没有他所熟悉物品的摆放位子等,给他带来的只能是不可名状的压力、恐惧、害怕和退缩,表现在"画地为界"或拥有"领地"的意识来保护自己;大声哭闹或顿足蹦跑或砸扔物品等来与你"沟通";晃头、动身、绕圈跑、喊叫、撕纸、头撞椅、鹦鹉语言等述说着自己感官或心理的需要和要求。这些都是自闭症儿童的问题行为,其原因错综复杂。我们如不尽其所能地去了解他们,自闭症儿童的音乐治疗就很容易迷失方向。

治疗师为了尽快地介入自闭症儿童,应在音乐治疗时找到一个切入点,并建立起良好的治疗关系。本章第1节通过对自闭症儿童的特点,自闭症儿童与音乐的关系的直接陈述,揭示自闭症儿童音乐治疗的导入技术和导入的注意事项。本章对音乐治疗导入技术的评说,告知我们唱、奏、跳、表演等活动使用的意义所在,且已被证实。

当音乐治疗的功效被应用于自闭症儿童的言语、沟通和社会交往问题上时,此原因归结于绝大部分自闭症儿童处在音乐敏感期(12岁以下)之前,对音乐都有良好的反应,甚至有少数自闭症儿童具有惊人的音乐感知和记忆能力。因此,当治疗师把音乐作用于自闭症儿童的一种正向行为时,这种行为便会增强,同样,当音乐抑制或干扰自闭症儿童一种负向行为时,这种行为便会显著消退。本章第2节通过对自闭症儿童音乐治疗方案建构过程的讲述,展示出音乐治疗师选用音乐作用于自闭症儿童行为上的力量,及音乐治疗师设计一个系统化步骤的音乐治疗计划,来完成并评估音乐治疗成效。

 思考与练习

1. 怎样理解自闭症儿童与音乐的关系?
2. 制订自闭症儿童音乐治疗计划应注意何问题?
3. 简述自闭症儿童音乐治疗的导入方法。

第 5 章　多动症儿童的音乐治疗

1. 了解多动症儿童音乐治疗计划的原则。
2. 掌握多动症儿童音乐治疗计划的确定。
3. 熟悉多动症儿童音乐治疗的评估程序。

"多动症"实际上是指注意力缺陷多动障碍，也是一种常见的儿童行为障碍。这类儿童存在着与实际年龄不相符的注意力涣散、活动过多、冲动任性、自控能力差等行为特点。随着生活条件的变化，近年来患多动障碍的儿童人数呈上升趋势，这不仅对儿童的身心健康、家庭生活造成了严重影响，而且引发的社会问题日益突出。这一现象引发了许多教育家和治疗师将符合"生物—心理—社会"现代医疗模式的音乐治疗运用于儿童多动症康复教育的实践中，以期取得满意的效果。

本章将通过对多动症儿童的临床症状、音乐与多动症儿童的关系的阐述，引申出音乐治疗在提升多动症儿童自尊心、自信心，改善不稳情绪，调整、释放抑郁心情等方面所起的作用，并对多动症儿童音乐治疗的导入、治疗计划及治疗成效评估等进行介绍，使大家对治疗师如何运用音乐进行多动症儿童音乐治疗的全过程有一个科学、综合的了解和认识。

第 1 节　多动症儿童音乐治疗的导入

多动症是一种严重影响儿童心理成长发育的疾病。若不及时治疗，有些儿童的病症将迁延至成年阶段，以至影响终身。因此，儿童多动症治疗越早效果越好，后果越轻。由于音乐治疗是融科学、艺术及人际交往于一体的治疗技术，所以，它能给多动症儿童以愉悦、安抚、激励之情，并在远离药物、回归自然的健康理念引导下，进行身、心、精神等全面的调整和治疗，这符合治疗多动症儿童以生理、心理并重，强调心理干预的原则，有助于实施消除多动症儿童成长"后遗症"的工程。

一、多动症儿童简述

多动症，即注意力缺陷多动障碍（Attention Deficit Hyperactivity Disorder，简称ADHD）。"多动症"儿童智力正常或趋于正常，男孩发病率高于女孩。多动病症在 6 岁之前大都不易被发现，当小学阶段多动症状影响其学习时，才能被发现。其病因尚未明确，但一般认为多动病症的发生与大脑单胺类神经递质失衡存在着密切关系。因此，儿童多动症主要表现为：注意力缺陷(易分心、不专心)、多动及冲动。有的孩子以注意力缺陷为主，有的以多动及冲动为主，更多的是三者并存。

1. 注意力不集中为主的类型

该类型的多动症儿童的主要表现为：粗心常犯错，不能关注细节，无法保持注意力集中，不能专心听讲，极易分心，对所做的事情或参与的活动感到吃力，东西摆放无秩序，常遗忘事情等。

2. 多动及冲动为主的类型

该类型的多动症儿童的主要表现为：在座位上坐不住，在不恰当的地方和时间内跑动、爬高，难于安静地参加活动。不假思索地做出回应，如被问或做试卷时，只顾抢先回答或交卷，不论对否。没有先来后到的意识，无忍耐性，爱插嘴等。

3. 障碍并存为主的类型

多动症的混合类型，拥有上述两种所有的表现。由于多动症儿童存有上述问题，因此，在日常学习和生活中表现为：

(1) 多动

在教室里不能静坐，话多，不守纪律，不听指令，过度喧闹，越是需要保持安静和遵守纪律的环境中，多动越突出，喜欢玩危险的游戏。

(2) 注意力不集中

上课时不能坚持听讲，在座位上扭动不止，易被外界声音或活动所吸引。做作业时，慢且草率，计算易出错，错别字多。将"6"读或写成"9"，把"d"读或写成"b"，左右不分。阅读时漏字跳行，因而学习成绩落后，一直延续到高年级。有的多动症儿童存在知觉活动障碍，如临摹图画时，主次关系分不清，不能理解图形的组合。前者属于空间定位能力障碍，后者属于综合分析能力障碍。在做重复性、不新奇的事或需多努力的活动时，注意力维持就更困难。相反，有吸引力的、新颖的或在不熟悉的环境中症状则会减轻。

(3) 冲动

情绪不稳，易激动，缺乏自制力，任性，容易过度兴奋，常不知避危险。在家人面前倔强、不听话、不礼貌。有的还伴有语言发育迟缓。

(4) 继发性后果

学习成绩常低于多动症儿童智力水平所预期的效果。由于成绩差，常受到教师的批评、同学的拒玩及父母的责打，长此以往产生自卑感。因经常不能从父母和教师那里得到满足，又因冲动行为常受责备，会导致出现逃学、离家、攻击别人等行为。这些使多动症儿童在成长的过程中，各方面发展都受到严重阻碍，并趋于复杂和恶化。有资料表明，有多动症病史的未成年犯罪者超过了七成。

据《美国精神病学杂志》最新研究报告介绍，患多动症的儿童如不及早治疗，长大后易在精神、心理方面受损伤。这就要求教育者和治疗者，应该采用因人而异、因材施教的方法教育、引导多动症儿童，多数多动症儿童就不会长大后形成扭曲的心理和人格，也不会对社会造成太多的负面影响。

值得注意的是，"多动症"儿童与顽皮儿童存有以下四种本质的区别：① 在意志力方面，调皮孩子对感兴趣的事物能聚精会神,甚至讨厌别人的干扰;多动症孩子玩什么都心不在焉和无法有始有终。② 在自控力方面,调皮孩子在陌生的环境里和特别要求下能约束自己,可以静坐;多动症孩子根本坐不住,静不下来。③ 在行为方面,调皮孩子的好动行为一般有原因、有目的;多动症孩子的行为多具有冲动性。④ 在生理方面,调皮孩子的思路敏捷、动作协调、没有记忆辨认的缺陷;多动症孩子则有明显不足。

二、多动症儿童与音乐

多动症儿童虽有知觉,却因病症驱使无法控制自己的行动而专心于某事。如今,常规式的教育和集中注意力式(聆听式)的学习方法,使多动症儿童很难融入这种学习和生活中。因此,在临床中常有无法集中注意力学习的多动症儿童,主动要求开启收音机或音响来帮助其学习,以缓解烦躁、忍耐等带来的心理压力。这一行为也表现出多动症儿童对音乐的依赖和喜爱,不亚于任何类型的儿童。因为,音乐和音乐活动在多动症儿童,乃至于所有儿童的眼里,被看作是一种游戏,是能给他们带来快乐之"心"的东西。因此,多动症儿童喜欢音乐,喜欢参与音乐活动。

多动症儿童音乐学习的能力与其智力水平不相上下。对他们集中注意力聆听音乐后的讨论,证明多动症儿童的听觉和听辨力是没有问题的。虽然,他们在聆听式音乐活动中仍有"小动作",看似没听进去,其实,他们已经在听,且基本记住。因此,只要治疗师选择了多动症儿童能够接受的学习方式,他们是可以学好的。不过,针对影响注意力集中的"小动作"是需要在今后的治疗中加以消退的。

从音乐对人的心理影响来看,其一,音乐可成为情绪的载体,将多动症儿童内心的焦虑、郁闷、不安等负面情绪释放出来,使其获得轻松愉悦之心,来面对学习和生活。其二,音乐可激发多动症儿童的想象和联想,为其潜意识世界与现实世界搭建起认知桥梁,从而充分认识自我,达到情感升华。其三,在音乐声中,可使多动症儿童的行为朝预期方向改变,形成多动症儿童在社会约束与个体自由表现间的平衡。

治疗师正是借用了音乐对人的心理影响,在进行音乐治疗训练时,采用了能调动多动症儿童全身心随音乐韵律而动的活动,意在唤醒多动症儿童的潜在能力,激发多动症儿童的正向自我概念的建立,促进多动症儿童注意力、社会行为及其他心理能力的增长,从而达到训练、调节、矫正、教育的治疗效果。

三、导入音乐治疗的技巧

对多动症儿童来说,在音乐治疗中创造高成功音乐经验,使他们一如既往地保持参与音乐治疗的兴趣是首要任务。多动症儿童长期注意力不集中,造成学习成绩差,使他们以高失败"孤立"于学校与家庭,他们自卑、没信心,他们无论学什么都担心再次遭遇失败,而引来批评与指责。所以他们在学习的时候,也会有意无意地表现出:不是我学不好,而是我不想学的样子。治疗师要根据多动症儿童现有能力,创设有趣的音乐活动,引发多动症儿童发自内心的参与愿望,使其获得成就感,逐步增强其自信心,使其学会调试情绪的技巧,这些都是多动症儿童音乐治疗的目的。

多动症儿童的音乐治疗一般可采用集体治疗方式。如个体是多动/冲动性为主或是综合性为主的,无法参与集体治疗的多动症儿童可先进行个别治疗,再进行集体治疗。无论是集体治疗还是个别治疗,都要对每个多动症儿童进行治疗前的评估,为治疗活动的设计做铺垫。每次的治疗时间为30~40分钟,随着治疗的深入,治疗时间可酌情增减。

集体治疗要先确定多动症儿童的名单,了解多动儿童个体情况,进行非音乐行为和音乐行为的观察和测评。初始阶段也就是治疗关系建立的时候,更是进入音乐治疗必不可少的前奏。对多动症儿童进行音乐治疗准备及导入的步骤简要介绍如下。

1. 确定名单

在特殊学校或普通小学尽量选择低年级年龄小的学生,且对音乐感兴趣的多动症儿童进行音乐治疗。班主任根据音乐治疗师的要求,来选择多动症儿童,向音乐治疗师提交接受音乐治疗的多动症儿童的名单。音乐治疗师对提交的多动症儿童进行校内观察,以确定被提交儿童是否愿意并适合进行音乐治疗,进行二次筛选。

2. 咨询家长和老师

治疗师通过阅读病情诊断证明、与家长和老师个别面谈及填写问卷等方式了解情况。即对多动症儿童个人基本状况、家庭、学校生活、社会交往、心理特征、接受治疗情况等方面进行认真的记录。对问题行为进行描述时,要将问题行为出现的起因、时间、注意缺失的程度与次数,问题行为的呈现方式及伴有的其他问题行为等逐一加以描述,包括多动症儿童的喜好及特长,家长、老师常处理问题行为的方式、方法等。

3. 会晤及测试

与确定进行音乐治疗的多动症儿童会晤。在会晤过程中观察其情绪、行为、注意力以及表达、沟通、语言能力等。治疗师还可用心理测试表对照多动症儿童的行为进行测试记录。音乐治疗的前期评估都会选择在音乐活动中进行测试,如进行音乐呈现与抑制的抛球活动,音乐连贯与断奏的动作活动,乐器与说唱交互演奏活动等注意力集中程度的测试。上述音乐活动不仅可以评估注意力,也可针对多动症儿童的注意力进行训练。

注意能力的测试:① 听辨:音高、音强、音速、音色、方位。治疗师演奏旋律乐器,多动症儿童用手示意高低,唱出高低、快慢;强弱可用行走、拍等动作表示;治疗师演奏不同的乐器,多动症儿童根据音色用手指出乐器;治疗师在房间不同的位置演奏不同的乐器,多动症儿童用手指出方位。② 看听动协同能力。治疗师演奏钢琴(乐曲是即兴演奏,上行、下行、级进、大跳、和弦等都可以),多动症儿童手拿儿童玩具皮球随舒缓的音乐做相对慢而连贯的动作(可模仿老师,也可由多动症儿童自己做);当音乐渐强,动作也随之变化;当出现强和弦音,多动症儿童要将球抛向空中并接住,保持在原位不动;等待三角铁敲三声后,钢琴再次奏响时多动症儿童才可再动。

音乐能力的测试:对名单上的多动症儿童做音乐能力量表测试,有十多个项目,治疗师根据项目进行评分。没有就打"无",记"0"分;"提示只会一点",记"1"分;"会一点",记"2"分;"会较多",记"3"分。将各项分数累加并记录,以了解各位多动症儿童的音乐能力(见表5-1)。

表5-1 音乐听辨及操作能力测评表

姓名		性别		学校		年级	
宅电			家庭地址			日期	
内容＼分值				0	1	2	3
模唱歌曲(简单、复杂)							
双手或单手跟拍或仿拍节奏(简单、复杂)							
脚跟拍或仿拍或踩节奏(简单、复杂)							
跟敲、打节奏(在乐器上双手同时、先后交替或单手;敲简单、复杂;粗大动作和精细动作)							
分辨音乐的音色、强弱、快慢(准确与否)							
聆听音乐注意时间(有、否、长、短、频率)							
必须立即满足其要求,否则容易灰心丧气,随音乐模仿治疗师身体律动(肢体协调性:上肢左、右,下肢左、右;动作快、慢及身体的平衡感)							
参与音乐活动的时间(长、短)							
分辨音乐声音的高、低(准确与否)							
聆听音乐后的反应(有、否、长、短、频率)							
独自会唱简单的歌曲(完整、提示,简单、复杂)							
备注							

其他方面能力的测试:① 动作能力的测试。除粗大动作、精细动作(与第4章第1节测试相同,略)之外,还要进行运动精神状态的测试。如:多动症儿童身体对治疗师给的节奏、旋律的反应能力。治疗师用打击乐器演奏,要求多动症儿童随节律而走。在钢琴上弹奏柱式和弦或演奏旋律,要求多动症儿童跟走。治疗师演奏钢琴时,要求多动症儿童随重音的出现抛球并接住。② 交往式语言能力的测试。治疗师用唱来提问,治疗师唱:沙球什么颜色(绿色)?多动症儿童唱:沙球是绿颜色(或绿色)。用《你好歌》进行互问及即兴唱出其他行为的互问内容。创设场景,用歌唱、乐器表演互问演绎生活片段的内容。

4. 对多动症儿童心理测试

对名单上的多动症儿童采用康纳斯(Conners)简明症状问卷表进行平时或一贯性表现的测评(见表5-2)。

表5-2 测评表

康纳斯(Conners)简明症状问卷							
姓名		性别		学校		年级	
宅电			家庭地址			日期	
内容＼分值				1	2	3	4
活动过多,一刻不停							
兴奋激动,容易冲动							

续表

内容 \ 分值	0	1	2	3
惹恼其他儿童				
做事不能有始有终				
坐立不安				
注意力不易集中,容易分心				
必须立即满足其要求,否则容易灰心丧气				
容易哭泣、喊叫				
情绪变化迅速、剧烈				
勃然大怒或出现意料不到的行为				
备注				

5．资料整理分析

治疗师要认识到多动症儿童的主要障碍,这对个别治疗计划及集体治疗中个别化治疗计划很重要。可能因资料来源不同(来源于父母、老师、同伴)结果就会有明显差异,治疗师要找出差异的原因,视为介入多动症儿童音乐治疗的参考。治疗师还要为多动症儿童建立治疗档案。档案内容不要过于简单或概括,要能具体反映出多动症儿童的特征。以备再查、研究及转介使用。

资料整理注意事项：在资料整理分析的基础上,治疗师设计的训练计划要针对多动症儿童个体的特点；针对不恰当行为,要进行目标排序；测试观察要录音、录像和记录,如初始行为、训练方式、突发事件和训练过程等。

记录主要内容的技术：

(1) 记录多动症儿童进入治疗室后对乐器感兴趣的程度、动机的强弱及情绪变化。

(2) 记录多动症儿童在玩弄乐器时所表现出来的能力变化及演奏技术。

(3) 记录多动症儿童对治疗师是有好感、接受、拒绝、过分服从、冷漠等。

(4) 记录多动症儿童是否有破坏行为,如：破坏行为时他的倾向是怎样的。

(5) 记录多动症儿童的注意力和自我控制能力的程度。

(6) 记录多动症儿童对治疗师的提示、帮助、限制等能否理解,理解的程度及治疗师对多动症儿童提问,其作答的程度。[1]

6．建立治疗关系

多动症儿童通常都存在三个不好,即"吃不好、睡不好、处不好"等现象,因此,他们自我评价低,易受挫,是一个"敏感"的群体。治疗前,治疗师与多动症儿童的首次会晤,也就成为多动症儿童音乐治疗导入技术的重点。治疗师在会晤中,要以真诚的态度和姿态让其真实地感受到他已被接纳,多动症儿童才有可能接受治疗师,听从其指令和建议,即接受教育,才会逐步由被动转变为主动,以愉快的心情,自愿接受、配合后期的治疗。

---

[1] [美]苏赞·B.汉斯尔.音乐治疗师手册[C]//第五届学术年会论文集.苏琳,译.北京：中国音乐治疗学会,1999：77.

多动症儿童的音乐治疗不局限于个体治疗,还可选用小组(集体)治疗的形式。治疗师此时担当组织者、引领者、促进者的角色,是以组员参与其中,此时,治疗师和其他组员对多动症儿童会形成多层次交流和互动的治疗关系,治疗小组成员间的相互关系就成为多动症儿童治疗性改变的动力,促使多动症儿童个体学习控制自己的行为、正确对待他人、处理人际关系、接受奖励和批评等生活技巧及建立小组(集体)的观念。

治疗师不仅要以包容的态度来接纳多动症儿童,对他们所喜爱的音乐、音乐形式、演奏乐器的方法等都要表示尊重和接纳。特别要注意的是,治疗师之间的谈话、措辞和神态等要适当,以免再次伤害到多动症儿童,而加重其自卑心理。良好治疗关系的建立对治疗有着实质性的意义。

在多动症儿童参加训练活动时,治疗师可能会遇到意想不到的事情,这时治疗师更需要冷静、耐心、爱心及灵活性,不泼冷水、妥善处理,通过音乐及音乐活动来平抚其不安的心情,调整、转换多动症儿童的注意力,以便重新切入"正题"。所以,音乐治疗的导入期,治疗师要特别注意保护、培养、稳定多动症儿童的正向情绪,消除焦虑和不安全感,多多地鼓励他们。不仅如此,治疗师还要充分运用音乐各要素、形式和方法,引发多动症儿童的兴趣,稳定情绪,使他们积极配合投入到音乐治疗的训练中。

四、实例分析

实例 5-1

小D的过动行为:开始于幼儿园,进入小学后,当受到学校各项规章制度对其行为规范、限制时,他的过动行为表现得就更加突出。上课时,他不停地做小动作,屁股在板凳上扭来扭去坐不定,跪起、趴在桌上、站起甚至蹲在桌子下面等行为不时交替出现。在教科书、作业本上乱涂、乱画、乱改,撕书和本子是常有的事。做事丢三落四,自己的东西摆放无条理,书包、抽屉内的东西被翻得乱七八糟。

小D的注意力:他很容易受环境的影响而分散注意力。教室内、外只要有一点声音都能把他的注意力吸引过去。上课专心听讲的时间很短,小动作做个不停,老师叫他,他会停一小会儿,不一会儿又坐不住;家庭作业常忘记或根本不知道,写作业拖沓,半小时能完成的作业要花上几个小时才能完成。有时在看电视时,也会表现出不专心。

小D的性格:他不能认识到自己的行为将会造成何种后果。做事经常是我行我素,对老师的批评教育不太明白或不往心里去,抵触情绪很大,还会表现出满不在乎的样子,玩耍中不时会与小朋友争吵等。在家里,常提出一些无理要求,得不到满足就哭闹。

小D的学习:他的IQ属正常,但由于小动作不断,上课注意力不能集中,造成学习成绩与智商不相符。他在一对一的监督和辅导下还可以,教师和家长对他的学习抓紧点,成绩就上升,松一松成绩就下降,非常不稳定。

小 D 的上述行为与多动症的三条鉴定指标相吻合：① 注意力不集中，似乎没有什么兴趣爱好，无论做什么、玩什么都心不在焉，无法集中在一件事上，有始无终。② 自我控制能力差，在大部分场合都会动个不停，自我控制能力缺乏。③ 行为活动无目的，不断地变换花样，甚至在看电视、做游戏时也不停。

不恰当行为对一年级的小 D 的影响主要表现在学业上。上课做小动作，写作业速度慢，字的偏旁摆放左右不分，"9"、"6"颠倒，阅读题目或课文漏字跳行等。学业上的问题导致小 D 无论在家还是在学校常受到批评、责罚，使其问题行为更加突出，同学对他都有看法，甚至不愿和他玩。

根据小 D 在学校的课程，治疗师进行一周的跟踪听课，以了解小 D 在各课堂上的具体行为表现（做小动作）。首先，了解全班大多数学生上课做小动作的次数、频率和小 D 上课做小动作的次数、频率，进行数据统计和比较，得出小 D 与正常学生行为的偏差值。其次，依据小 D 的音乐能力评估结果与行为观察记录的偏差值，治疗师为小 D 设定一个最低标准 10～18 次（课堂上做小动作的次数），并分阶段逐步达到目标。最后，通过班主任或辅导员的观察，将小 D 的课堂行为表现等信息反馈于治疗师，记录在特殊儿童的档案中，对照阶段目标，随时修订，以达成各分阶段目标的完成（见表 5-3）。

表 5-3　行为观察记录表①

姓名：小 D　　　性别：男　　　年级：一年级　　　学校：某附小
行为：上课做小动作　　　计算方式：每分钟为一次（每节课 40 分钟）

星期	一		二		三		四		五		合计		偏差值
对象	小 D	学生	小 D	学生	小 D	学生	小 D	学生	小 D	学生	小 D	学生	
语文	22	3	19	5	20	5	21	4	19	4	101	21	80
数学	19	4	18	3	21	5	20	3	19	3	97	18	79
音乐	32	8	无	无	无	无	30	5	无	无	62	13	49

（"学生"为大部分学生；"无"为没有课）

分析：多动症儿童小 D 的音乐治疗，主要是以小 D 在音乐方面某个能力作为矫正行为的突破口，逐步将音乐治疗中的正向行为发展、泛化到音乐以外的行为上，改变小 D 相对比较简单的不适应行为，如：减少小动作的次数、缩短做作业的时间等。

值得注意的是，治疗师必须细致、认真地回顾和总结每个阶段的音乐治疗，才能不断修正计划朝目标迈进；治疗期间，希望家长配合坚持送孩子治疗，有特殊情况可联系调整时间，以保证每周至少一次的治疗，使治疗具有连续性；治疗师必须发挥聪明才智接受挑战，为多动症儿童身心健康发展而做出努力。

---

① 吴增强.多动症儿童心理辅导[M].上海：上海教育出版社，2006：61.

第 2 节　多动症儿童音乐治疗的方案

人脑的信息交换区,并把信息从大脑皮层传送至身体各部位的是小脑。它不仅维持人的身体平衡、调解肌张力、协调躯体运动,还参与语言、认知、记忆、注意、情绪等信息的处理。小脑在学习过程中会使许多生活技能在重复运动后,将其变为无须思考的自动反应行为。实验证明,大部分多动症儿童会受到小脑活跃度低的困扰。当多动症儿童小脑功能低于常人时,他们从学习中领悟到而变成自动反应行为的功能也就受到影响。因此,多动症儿童学习成绩大打折扣,行为问题难以矫正。

治疗师以音乐属于每个儿童的理念为指导,将自身的人格特点、经历、人生观等融入音乐,整合出有别于其他学科的多动症儿童音乐治疗方法。多动症儿童在音乐和音乐活动中,以轻松、愉悦、低唤醒水平的心理环境,学习宣泄、稳定情绪的技术,控制无意动作,增强注意集中,培养自信,建立正确的自我评价等获得了很大成功。下面将对多动症儿童音乐治疗的一些方法进行介绍。

一、制订治疗计划的目标

音乐治疗师在详细搜集多动症儿童各种资料后,经过系统的了解、整理和分析,音乐治疗师掌握了多动症儿童当前症状和问题的真实情况,在此基础上来制定长期目标、短期目标和制订治疗计划。

多动症儿童一般可正常与他人沟通,因此,治疗师在为其制定治疗目标前,要与多动症儿童共同讨论商定行为改进的目标,这样有助于多动症儿童认识到自身行为转变的可能性,树立信心,寻找方向而努力改变自己,从而配合治疗师实现治疗目标。共同讨论行为改进目标可使治疗师与多动症儿童建立起良好的、亲密的治疗同盟关系。同时,行为改进目标的商定也为治疗师制定音乐治疗目标奠定了基础。

多动症儿童的长期目标:通过音乐活动,来培养、训练多动症儿童的注意力,学习情绪释放技术;通过学习乐器演奏技术,消退或替代多动症儿童多动的行为,并泛化到多动症儿童日常的生活和学习中去。

多动症儿童的短期目标:通过音乐治疗中小组成员的相互配合,学习等待、关注、理解、协同等,实现注意、多动和冲动问题的改善。

短期目标的可操作性、多动症儿童行为变化的可观察性、行为变化结果的可测量性,使短期目标具有激励作用,使多动症儿童在音乐治疗中学会宣泄情绪的方法,学会用非语言的手段进行交流,学会聆听,即从无意识聆听到有意识聆听,感受自己的进步,即获得一种成就感。这个成就感可促使多动症儿童在治疗中保持良好的合作态度,增强信心和勇气,去追求更大的进步。

例如:控制情绪可采用不同乐器的音色、音量、速度等进行对比。多动症儿童个体模仿治疗师的行为进行不同乐器的音色、音量及速度等的对比演奏;同时,也使治疗师与多动症儿童在不同乐器的音色、音量及速度等的对比下,进行创造式的非语言的对话;还教会多动症儿童用大音量的乐器进行宣泄(发泄)式的演奏,即释放负面情绪;用悦耳动听的乐器进行抚慰式的演奏,即调整心境,得到平和的情绪;再进行讨论,学会理解他人与自己,学会沟通等。

二、治疗计划的确定原则

多动症儿童的音乐治疗计划也是在治疗目标的基础上制订出来的。不同的治疗对象有其不同的特点,因此,治疗师在制订多动症儿童音乐治疗计划时,需遵循以下原则。

1. 合作性

整个治疗计划的制订,始终要以多动症儿童为中心,承认、尊重多动症儿童是独立的个体。治疗师不可单方设计,要与其父母及老师共同合作。虽然多动症有其生理因素,但与社会因素是分不开的。父母及老师的加入可使治疗成果稳定与持久。

2. 高成就

内容设计要设置相对容易且有高成就感的活动,如音乐治疗师负责演奏音乐技巧难度较高的部分,简单的部分由多动症儿童来演奏。虽然分为两部分,两个人来演奏,但是,这两部分却是一个整体,只有当双方有序配合,才能使作品的音响效果变得饱满和丰富。同时,让多动症儿童感到,只有他的加盟(演奏)才能使音乐更完整、更好听。他做到了,且能做得更好。

3. 渐进性

对多动症儿童活动的安排,特别要注意由简至繁、化整为"零"。如:将动作分解成单一动作,当他能够掌握时再教另一动作,然后再将单一动作逐个连成一个完整的组合动作。演奏技术更是如此,以打爵士鼓为例:握槌的方法,手腕的放松,膀臂的协同,手、脚、眼的配合,身体的方位感等可逐一进行凌空模拟与鼓上实奏相结合,培养多动症儿童注意力和外在的行为控制能力;培养内心对行为、运动的路径、能量等感知觉的记忆;培养有耐心、守规矩的做事风格。

4. 差异性

音乐治疗师要根据每个多动症儿童不同的音乐能力,特别是在集体音乐活动中,分配给多动症儿童的音乐任务要与其能力相符,否则会造成活动的混乱,乃至冷场的局面。如指挥、领唱、领奏等,不可强行轮流做"领导"。

5. 趣味性

由于多动症儿童对每件事或物关注的时间有限,因此,音乐治疗师应设置多种不同的音乐活动或音乐游戏穿插于其中,使多动症儿童感兴趣,增强学习欲望、提高记忆力。需要注意的是,"设置多种",这儿指的多种应设计几种活动、活动时间有多长、活动地点的选择等,治疗师都要考虑和把握,而且每次设计出来的方式将有何种效果都得有预见性。

6. 动静相伴

动静穿插、交替的活动设计,有益于多动症儿童知觉动作的发展和注意力的培养。如果一个人在活动中突然被叫停,在暂时中止的情况下,会使此人的感觉器官提高警觉,随时接受外来信息并做出知觉的选择。当多动症儿童在进行一段音乐活动时,治疗师给出一个"不动"的动作指令,让其停在原位,此时兴奋的多动症儿童会稍作情绪修正及短暂的记忆回顾。当治疗师给出"动"的动作指令时,多动症儿童会重新集中注意力以应对接下来的训练。治疗师也可选用两个不同的打击乐器(音色明显不同的),各表示"动"或"静"的指令,在训练多动症儿童听觉注意的基础上,训练其自我控制力。

7. 创设环境

音乐治疗师首先要提供一个充满感情的学习氛围,这不仅是为多动症儿童,也是为治疗师自己。因为,音乐治疗师的工作只有在充满感情的条件下才能更有效地发挥出来;多动症儿童只有在没有歧视和责罚、充满感情的环境中才能抛弃自卑,努力配合,完成训练计划。治疗师更不要忘记音乐体验层次中前音乐的、准音乐的、非音乐的刺激与反应在治疗中发挥的优势作用。

总之,在音乐治疗计划确定之前,治疗师要将多动症儿童的不当行为,用排序的方法来分级,确定多动症儿童问题行为的分界标准,找出首要纠正的问题行为,把它作为音乐治疗的突破口,制定出阶段性的短期目标。通过运用多种音乐形式、手段和方法,鼓励多动症儿童参与、体验,找回丢失的自信和自尊,重新建立生活、学习的模式。

三、治疗计划的确定方法

人的注意力是一种与神经和心理相关的能力,它的发展与脑有着密切的关系。注意力是否集中,是否能准确、迅速地辨认目标及接受处理信息,而后经过维持、整合,引导出知觉理想的行为,就是注意力。当然,注意力的集中,需要后天儿童大脑的成熟及学习经验的积累而逐步形成。

多动症儿童注意力的缺失,导致了他们行为模式的"另类",即自我控制、刺激信息的接受与处理受到限制。因为,注意力是一种当下表现,多动症儿童当下行为表现为技巧、能力、知识、经验的低弱,做事计划性、技巧性欠缺,安排行动步骤无目标性,未经考虑就反应等。因此,通过音乐治疗提供的不强制、不管制的、宽松的空间,进行空间觉、时间觉、数量觉、方向觉、准确觉等方面的训练,可改善多动症儿童下述问题:① 促使情绪发泄和张扬。② 稳定情绪、培养注意、由短至长时间集中的训练。③ 兴趣所驱下有意控制无意动作的发生。④ 培养自信心,提升自我评价。[①]

因此,通过音乐治疗提供的不强制、不管制、宽松的空间,进行空间觉、时间觉、数量觉、方向觉、准确觉等方面的训练,可改善多动症儿童下述问题:① 促使情绪发泄和张扬。② 稳定情绪、培养注意、由短至长时间地集中注意力。③ 兴趣所驱下有意控制无意动作的发生。④ 培养自信心,提升自我评价。对于多动症儿童上述问题,音乐治疗中可选用歌曲或打击乐器来演唱、演奏,对多动症儿童的自我控制、身体放松进行训练。

例如:项目《幸福拍手歌》根据需要重新填词,加上形体动作的音乐游戏、音乐演奏、音乐表演来提高多动症儿童的自我控制力,放松身体。值得注意的是,《幸福拍手歌》训练的过程中,场面不可太热闹,音量适中,乐曲偏慢,让其听清歌词(需要重新录制放慢乐曲或现场放慢速度演奏)。

---

① [德]劳特·施洛特克.儿童注意力训练手册[M].杨文丽,叶静月,译.成都:四川大学出版社,2006:49.

音乐在特定的时间内,音符按照一定的结构、规律构成流动的旋律,若某段音乐的时间(时值)受破坏,那么,此乐段原本的乐意也就不存在。因此,多动症儿童的自我控制和身体放松,是可以通过唱歌和演奏乐器等活动来实现,同时,也可训练多动症儿童的坚持、理解与协同能力。

刚开始,每次治疗的时间不宜过长,内容要适当且富于新奇,以适时变化活动的方式来吸引多动症儿童的注意力。让想要表现的多动症儿童做领奏、领唱或指挥者,即当小"领导"。并给予肯定和赞美,如口头表扬、拉拉手、小组成员互拍手、肩或背(但要提出限度,如听谁拍的友好、音量不大)等。当他们感受到治疗师的信任与赞赏,就会产生愉悦与满足感,从而推动多动症儿童自觉自愿地配合治疗师治疗。同时,请家长、老师也多鼓励关注多动症儿童,使其感受到周围人态度的变化。治疗计划可从以下几方面来确定。

1. 促进多动症儿童学习技巧的训练

用歌曲来教导多动症儿童进行结构式学习。如把要学习的专属某些内容的知识编在歌曲里,让多动症儿童来唱,或变换节奏让其来说。当记住之后,要求多动症儿童边说边做,巩固学习的内容及行为反应步骤。强调重要之处要求记忆时,可加进乐器的演奏、动作的表演等提示、帮助其记住。还可用音乐治疗技术接收式聆听法学习知识,父母与孩子面对面而坐,不说话,不东看西看,双手放在膝上,聆听专属某些内容的歌曲后,通过讨论,父母了解孩子在此过程中的学习记忆情况。如讨论歌里都唱了些什么?告诉我们该怎样做?听到什么不同音色、乐器等。这也就是我们常说的音乐欣赏,只不过是通过改变过的歌词,感悟、学习音乐以外的东西。另外,父母与多动症儿童可共同选择喜欢的音乐作品,作为上床睡觉、做家庭作业的功能性音乐来播放,指示多动症儿童的行为。此音乐的使用可"缓和"家庭常出现的情境压力及改变父母在这种情境中的教导技巧。

2. 促进多动症儿童控制情绪与空间感的训练

音乐可以将难以用言语表达的情感、情绪、心情等表达出来,还可以宣泄人们心中的愤怒、怨恨和忧伤等。多动症儿童由于行为习惯缺陷带来了心理压力,如痛苦、失落、愤怒、自卑等情绪需要通过释放宣泄出去,音乐为这一需求提供了可能与渠道。

(1) 歌曲的使用

治疗师可用现有的多动症儿童喜欢的流行歌曲、儿童歌曲、动画片中的歌曲或符合多动症儿童当时心情的歌曲,让他们用歌唱来表达自己的感受。治疗师也可以通过多动症儿童哼、唱歌曲的内容来了解他们心里的想法。

例:唱出自闭症儿童的名字(×××)

1=C 2/4 治疗师: $\underline{3\ 5}\ 5$ | $\underline{3\ 5}\ 5$ ‖

× × ×   你 好 吗

学 生: $\underline{5\ 5}\ 3$ | $\underline{3\ 5}\ 3$ ‖

我 很 好   谢 谢 你

用唱代替说与多动症儿童交流沟通,再过渡到用语言交流(用不同的节奏、速度、快慢、强弱练习儿歌)。

(2) 共同创作与交流

治疗师可以根据治疗的需要进行前期创作、即兴创作、前期改编歌曲、即兴改编歌曲、前期重新填词或即兴填词的音乐,用唱的形式交流,引导、鼓励多动症儿童唱出自己的心声。在创作或改编时,多动症儿童只需承担少部分歌词或简单的旋律创作(填空式),治疗师进行具体的整合和创作。治疗师也可以记下多动症儿童平时哼唱的旋律进行创作改编。

值得注意的是,整个过程中,尽量不用或少用语言,而用唱或演奏乐器来进行。

(3) 鼓类的即兴

治疗师可设置一个与多动症儿童情绪相仿的主题,通过引导多动症儿童在鼓上自由演奏来反映其内心的感受,同时,以这种非语言的表达方式来调整行为、控制愤怒的情绪及消除焦虑感。

在此活动中治疗师要留心观察多动症儿童的参与情况,尊重多动症儿童的意愿,给予时间即兴创作演奏,避免由于催促或勉强造成多动症儿童因无耐心而退缩,只有在他们愿意与治疗师共同分享内心世界的时候,才能作进一步的介入。

鼓的即兴过程:由于多动症儿童情绪的极不稳定性,选用鼓类乐器的演奏作为音乐治疗的导入技术,可将多动症儿童体内的某些压力,通过以力度递进转换的方法把它明显地外化。这种方法不会因多动症儿童的问题行为去影响他人或影响整体秩序,同时,避开了问题行为引起的经常性的责罚,反而是为多动症儿童创设出感到愉快、安全的情境,使其产生对治疗师的高度信任感,可维护多动症儿童的自尊心,提升自信心,为建立良好的治疗关系奠定可靠的基础。

步骤一:教授多动症儿童拿鼓槌的方法及要领,打鼓的姿势,挥动鼓槌,当他能较好地驾驭时,就可让他试敲一会儿鼓,治疗师再提出问题,如:能敲出几种不同音量的鼓声?让他表演并适时给予鼓励。

步骤二:治疗师启发多动症儿童敲出表示强弱两种对比分明的鼓声,可先用双手同步敲出两种对比分明的鼓声,训练之后再用双手先后交替敲出强弱两种对比分明的鼓声,当多动症儿童能在指令下很好地敲奏就可进入下一步骤。

步骤三:治疗师以上述两种方法用强、弱两种力度在鼓上与多动症儿童进行对话,开始治疗师跟着多动症儿童敲,之后治疗师变化节奏、变化敲在鼓上的位置,让多动症儿童与治疗师配合或"对话"时,就可进入音乐力度分级的训练。治疗师这时可选用其他乐器。

步骤四:治疗师引导多动症儿童在鼓上敲出极强(fff)、很强(ff)、强(f)、中强(mf)的鼓声,当多动症儿童能将这四种力度分别在治疗师示意或指令中演奏出来,就可练习中弱(mp)、弱(p)、很弱(pp)、极弱(ppp)。

步骤五:当第四步练熟后可采用步骤三的方法。同时,启发多动症儿童将力度变化与人的各种情绪联系起来,再用不同的力度通过鼓声表现出来。

步骤六:治疗师引导多动症儿童在鼓上敲出渐强(crescendo,<)、渐弱(diminuendo,>),同时加入速度的变化或人声(唱)。

步骤七:练习边看节奏谱边敲鼓,进行多重刺激。

值得注意的是,练习的过程中不仅可以用语言来指示,也可用不同的音乐来示意,是用双手同步还是双手交替进行,是强还是弱等。

力度训练可帮助多动症儿童认识到自己内心多种感受,并通过手将其敲出来。如:高兴、开心、生气、难过等,可以用不同的力度在鼓上敲出表示不同心情的鼓声。当能说出、唱出、叫出心中的喜悦和愤恨时,多动症儿童就会从过程中学会情绪的自我调节和控制,学会情感渐进的表达方式。例如:我生气了,在第二次念时,以轻敲两声代替"生气";我很生气,在第二次念时,以重敲两声代替"生气",即"我很(XX)";还可用力度的递进、力度的分层及交替使用等表达不同的生气状况。

3. 促进多动症儿童交往能力的训练

多动症儿童与小朋友玩时,由于忍耐性低,经常破坏活动规则,加上急于表现自己,常受到小朋友的排斥与拒绝。他们易兴奋又富于感情,心里非常想交朋友,但是,却不知道人际关系该如何相处,遇到一点小事情都能引起多动症儿童的过度反应,甚至出现攻击行为。

对于多动症儿童交往能力的训练,常采用的音乐治疗方法有:① 聆听音乐;② 集体合唱;③ 器乐合奏表演;④ 器乐集体即兴演奏。以下具体介绍器乐集体即兴演奏过程。

步骤一:音乐治疗师选一首组内成员都熟悉的乐曲,由治疗师弹钢琴,组员们随音乐哼唱,手随乐而击拍,让多动症儿童对乐曲的节拍、速度、音色等有较深的感受(两次)。有各种带音高的和不带音高的打击乐器供他们使用,多动症儿童根据自己的喜好选择乐器,或音乐治疗师依据他们各自的能力分配乐器。

步骤二:教会多动症儿童使用乐器,并让小组每位成员都用自己手中的乐器奏出两种自己觉得美妙的(好听的)声音共同分享,同时进行自我介绍。

步骤三:当自我介绍和"美妙声音"的展示完了之后,进行两人齐奏、三人或四人之间的演奏;再用手中的乐器随音乐(录音机播放)的节奏、速度演奏;而治疗师则要根据不同乐器的音色为其配伴奏。当85%的组员在交换乐器后仍能不拖拍、不抢拍、不断拍时,就可以进入下一步骤。

步骤四:让组员讨论用不同于原来乐曲的音乐因素(音量、音色、节奏、音高、速度等)创作这首曲子(治疗师要及时给予鼓励和表扬能想出音乐好点子的组员)并演奏,在此过程中治疗师要给予适当的引导及演示。

步骤五:当多动症儿童能在新创作的乐曲中演奏自如时,可将领奏、指挥、小小评论家等工作交给某个多动症儿童,或音乐治疗师带领多动症儿童一起做,然后交换乐器练习、试奏、合奏。

步骤六:可再创作以乐器演奏对话,如想象、场景等,只用乐器"说话"而不用语言。这一步骤视全体组员的情况而定,情趣高而不乱就可进行,如组员疲劳而场面混乱就可不做。

值得注意的是,在集体音乐治疗中,多动症儿童有时会表现出不合作的态度,这可能是来自治疗师和组员的压力,也可能是组员之间的竞争、摩擦而导致多动症儿童行为的改变,治疗师要仔细观察找出原因。例如:某个组员在活动中表现突出受到治疗师的表扬时,其他组员起哄或不理他,彼此不愿合作等类似的问题,治疗师要借此机会对多动症儿童的社会交往技能进行训练。

治疗师可选择全体组员曾经合作过的熟悉的乐曲,帮助多动症儿童回顾曾有过与大家在音乐声中共舞的愉快时光和协作关系,使之将不愉快的事情和担心通过音乐活动来化解;治疗师还要注意的是当多动症儿童与治疗师、组员们共同分享音乐时,多动症儿童会感觉到原先来自于他人的压力被音乐驱散或取代。因此,音乐对他来说是可依靠和利用的,这时音乐对他就具有镇静作用。例如:讨论音乐活动的设置,讨论歌曲的相关内容,包括含音乐曲式方面的、创作背景的、相类似的歌曲还有什么、演唱者的名字、经历等。经过这类互动,使多动症儿童学会合作、妥协、尊重、支持与接纳别人选择的音乐及交流方式,达到彼此的认同,形成集体的共同目标而一起努力。

4. 促进多动症儿童注意力集中的训练

注意力集中训练,即在特定时间内,听、看长时追踪目标的能力训练。训练动静的方法,可用锣、钹与鼓这些传音持续较久的乐器。多动症儿童在击钹、打锣、打鼓后会静下来听这种声音,一直到声音消失。治疗师可再敲出另一种乐器的声音,这两种声音中间短暂的静止状态对多动症儿童非常重要。当多动症儿童将听与治疗师的敲联系起来时,表示多动症儿童与乐器之间的关系已建立,他会逐渐领会含义,并增加其注意力。如果多动症儿童对这种有回音的乐器不断地敲击而不休息,那就表示这种乐器对该多动症儿童提供的是动作冲击,他对乐器本身的认识没有形成有利的暂时中间静止状态。这时治疗师就要尽快地换另一种回音短的乐器,如木质类的木鱼、响棒、响板之类的乐器,使听声音的多动症儿童与乐器间产生正向的暂时中间静止状态,这样才能达成预设的乐器敲击效果。

还可以通过音乐的连贯、断奏与抛、接球或动作相匹配的方法,乐器演奏与说唱相匹配的方法,音乐同步原则等方法进行多动症儿童的注意力测试或训练。

四、多动症儿童音乐治疗的评估

多动症儿童音乐治疗效果评估是对多动症儿童的问题行为转变的客观性及综合性的评价,不只是局限于多动症儿童在音乐的演奏、歌唱、表演、音乐知识等方面进步与否的检验,还要对多动症儿童在音乐以外行为状况的改变进行多层面、多维度、多范围地评价。如:注意力集中、易冲动、人际交往、记忆力、循规蹈矩等方面的行为。

值得注意的是,在音乐治疗的过程中,对多动症儿童要经常进行各短期目标阶段性的效果评估。这是为了了解多动症儿童在某时间段内治疗性发展的方向,有利于治疗师及时调整治疗计划,改变治疗方法。

对多动症儿童音乐治疗的评估主要从以下两方面来进行。

1. 非音乐评估项目

治疗师根据总的治疗计划和多动症儿童治疗性发展的变化,对其情绪、认知、社会交往、肢体能力、有意注意等项目进行测试,对这些项目在音乐形式下和非音乐形式下进行分别测试,以观察多动症儿童在不同环境下上述项目的改变状况。由于音乐治疗至今仍没有自己的评估体系,而多借用其他学科的测试评估工具。因此,多动症儿童的注意力是在认知活动中持续性地测验(CPT),用康纳斯儿童行为量表中的简明症状问卷(ASQ);对人际交往、自主管理能力、参与正常学习的情况,用康纳斯儿童行为量表中康纳斯父母问卷(PSQ)和教师评定表(TAS)进行测试。这些项目的测查在治疗前期、中期都可用,后期测查的项目结果可与已获得的前、中期项目测查结果进行对比,得出非音乐项目的评估结论。

2. 音乐评估项目

音乐评估项目是对多动症儿童在音乐各要素中能力的评估。如在音乐的刺激下对他们音乐的反应能力、音乐的感受力、音乐的记忆力、音乐的创造力、乐器的演奏能力等进行评估。

除上述两项测试外,还要对多动症儿童进行定性和定量的评价,并用准确的语言以描述性的方式进行记录。将测得的数据用图表的形式,直观地反映多动症儿童音乐和非音乐能力变化的趋势。再将定性和定量评价结合起来综合评价,得出相对科学、准确的多动症儿童个体音乐治疗成效的评价结果。

终止多动症儿童音乐治疗前要与被治疗的多动症儿童进行一次交流,这种交流是在对方能够接受的基础上进行,要以尊重、保护多动症儿童为原则,就算仍有明显的问题,也不可直接陈述,而要逐步提出疑问,让其自己慢慢地明白。交流时,治疗师要注意语气、语调、语速、面部表情等,以防多动症儿童受到伤害。

总之,当单纯描述音乐治疗时,必须慎重,效果评价应该选择高信度及广泛使用的评价工具,而且,治疗前(初始)使用的量表与治疗成效评估(结案)的量表要一致,使多动症儿童的各方面表现在同一个基准线上进行比较,才可获得量化与性质描述的互补和统一。

实例 5-2

多动症并伴有忧郁症的案例[①]

背景:小 K,男,他是家里唯一的孩子,11 岁,出生在外国,幼时即被诊断为多动症,持续服药。10 岁时父母离异,双方协定在孩子未成年时,两人分开的地方必须在离孩子某段距离之内,小 K 被判与母亲同住,每逢假日父亲接走孩子。

小 K 在台湾省一所教会学校就读,与同学相处不融洽,始终觉得别人在嘲笑他而经常生气,一生气就大声尖叫,与同学产生肢体上的冲突,因而被学校视为不当行为而遭到责罚(他母亲叙述该校校规比一般学校还严格)。他非常不喜欢与他人有任何肢体上的碰触。中文不是他的母语,但听、说能力不错,说话速度时快时慢。他在室内安定不下来,走来走去,四处触摸,有时像是故意表现问题行为,因此他成了问题学生。这阵子因生活种种不顺利而求诊,有忧郁倾向,有自杀的说法。

家长做音乐治疗的动机:母亲会弹琴,叙述小 K 从小就爱听音乐,母亲很主观并认定音乐治疗对小 K 会有帮助。她希望治疗师训练小 K 的节奏感,因为,她认为小 K 弹琴时,拍子不稳定。在母亲缓和有礼的清楚口吻下,有直观、刚毅、强势、支配的意志,无形中影响了母子的互动关系。治疗前相关功能如下:

身体机能——大肢体动作,如球类运动玩不来,握笔较无力,书写缓慢,穿珠子却能很快完成。

认知能力——跟得上在学校学习的进度。

---

① 张乃文.儿童音乐治疗[M].台北:心理出版社,2004:228.

口语能力——口语应对反应很快,但主题跳来跳去,声调忽高忽低,并避免与治疗师进行直接的目光接触,发音咬字清楚。

情绪能力——很有主见,情绪波动大,一会儿显得兴致勃勃,一会儿颓丧无力。

社会能力——不主动。

音乐能力——爱听音乐,学了一阵子钢琴,最近开始学电子琴。

音乐治疗评估:小K坐立不稳,坐时不停摇晃双脚,好不容易跟着治疗师做完二十分钟音乐活动。

乐器部分——主动强烈地表现会弹的数首钢琴曲,拍子不稳定,如不重视正确手形姿势,轮到治疗师主导他时,他却不耐烦地听或不听指令仿敲乐器键盘。

听辨部分——同音色不同音高测试,及不同音色乐器听辨方面表现佳。

听敲部分——单一鼓可仿敲至复杂,如:× ×× ×××× × 或 ×××× ×× × 等数种节奏。

听念/唱部分——勉强开口唱/念,听记能力与同年龄儿童相同。

听动部分——勉强做完律动指令或动作。

评估结论:小K的主要障碍是情绪问题。这可能是由于他在与别人相处时并无清楚稳定的情感模式可供他学习所致。治疗师判断他的部分情绪问题也可能与母亲有关。

治疗目标:① 抒发情绪压力。② 改善情绪表达方式。③ 训练音乐节奏。

运用技巧:行为部分——逐步塑造行为;音乐部分——训练节奏等音乐基本技巧;训练级数——级数4。

乐器使用:以钢琴为主,打击乐器为辅;并在治疗后安排母子分开进行单独谈话。

治疗策略与过程:

1至4周

小K喜欢自己在鼓上敲不同的节奏,但始终没耐性做仿敲练习,常把×××× ×× 敲成× × ×× ×,问他听得出来不一样?他答不一样,但就是不愿小心、仔细地去分辨敲出。他每次上课都紧紧握拳生气地告诉治疗师,同学每天都欺负他,并在背后说他的坏话,看不起他,爱惹他,因此常与同学起冲突。治疗师问他有多生气,让他圈选分五等级的生气量表(5是最生气),他三次均圈2;这与他口述的生气程度,有明显落差。上课时情绪转变大,有时无精打采,有时焦躁不安。

母亲不认为她与小K父亲的离异,会影响到小K;况且她说父亲也不怎么教他、陪他玩。母亲对于治疗师要小K做不同类别音乐方式的情绪表达很有兴趣,也表示赞同,但惊讶小K在治疗师面前与在母亲面前,有不一样的情绪表达。

5至10周

小K似乎慢慢能将情绪量的圈出数字,反应在大鼓上有较清楚区分的音量,乐曲速度能稍微配合治疗师的伴奏速度,但始终拒绝唱歌。治疗师与其再沟通,最后以他选歌曲、念歌词,治疗师用唱歌加伴奏的方式,进行歌唱方面的训练。他与同学的争吵、抱怨仍持续,但已愿意告诉治疗师,只不过是用他的音乐代替口述,表达生气或想法,然后治疗师再透过他的音乐,猜测他在音乐里面"说"了什么。

治疗师建议母亲调整对他说话的方式，多表达母亲自己的感受，并请母亲在家中代替治疗师的工作，与小K一起唱歌。但小K拒绝，只勉强在旁边坐着听母亲唱歌而不做声。

10至16周

小K终于愿意以弹钢琴对节拍器，来稳定他愈弹愈快的拍子，肢体律动玩"魔镜"的动作，小K最得意的是轮到他当"主人"时，创造高难度动作要治疗师模仿。情绪方面进步等级，已可在大鼓上作出七个等级与渐强、渐弱。小K终于开口，很小声地唱了一首英文歌，并主动说要送给治疗师。

母亲逐步检讨自己对孩子管教严厉的态度与情绪怒气，调整后母子关系变得较为缓和。母亲在征得小K的同意后，将他转到一般的公立小学，试图让他交更多的朋友。

第17周因故提前结束治疗

疗后结语：母亲说进行了一阵子音乐治疗，小K情绪稳定了许多，没有再出现想自杀的说法，弹琴也不再只是弹两三下就不弹了。不管小K是否因父母离异而使情感陷入低谷，他也许希望得到更多的关心，来确认父母的关爱仍旧存在。也许小K长久以来，一直没从父亲或母亲那边，学会什么才是适当表达情绪的模式，因此人际关系紧张成了挫折最大的来源，影响到日常举止、上课学习以及自我情绪的抒解。小K和治疗师的关系是一个新的情绪表达学习模式的建立，并带来各种非语言的交流。音乐力度的表达方式、旋律性歌唱、律动方式，使小K理解并学习到要表达生气大怒前，除了直接发脾气，也可以有其他间接表达的方式。例如：预告几个步骤或先练习生气时以渐强方式，慢慢将负面情绪释放。母亲原本只希望做音乐治疗来改善他的不稳定拍子，但从课后谈话中，母亲自省能力强，使她坦诚面对并调整自己对孩子的情感处理方式，这也是小K情况改善的重要因素。母亲很满意此次治疗，并感谢治疗师技巧性找出亲子问题症结，并予以协助改善。

本章小结

提到多动症儿童就让人们想到具有看似正常，却活动过度、冲动难耐、做事不长久等特征的儿童，特别是在学习成果上表现低弱，甚至难以完成学业的儿童。在个性方面，多动症儿童常用说谎、吹牛、违拗、对抗等来平衡自己的心态，因而，常受到家长等周围人的反感和歧视，造成多动症儿童退缩、回避及社会适应问题。而此类问题，原先被认为是儿童自身受到限制的问题，可后来发现，并不会因多动症儿童成年后问题自然就会消退，这不仅给多动症儿童带来了损害，更对社会造成了严重隐患。对多动症儿童的疾患，治与不治，早治与晚治，在疗效和预后上都有很大的差别。为了支持和帮助多动症儿童的成长，音乐治疗师也加入到对多动症儿童治疗的行列中，用音乐去矫正多动症儿童的问题行为。

本章介绍了音乐治疗运用于儿童多动症领域的评估、技术和方法。在第1节中介绍了多动症儿童的特点及他们与音乐的关系，以帮助读者了解多动症儿童的差别及音乐治疗的导入技术。第2节中，通过实例介绍了多动症儿童靶行为的锁定技术、音乐治疗目标的制定和音乐治疗计划的设置,使读者对音乐治疗的目标、计划、活动设置等有了较清楚的认识,最后再将多动症儿童音乐治疗终止的测查和评估作了介绍。音乐被应用于多动症儿童的注意、多动和冲动的改善,归结于音乐所表现出的积极因素和治疗的明显效果。

 思考与练习

1. 简述多动症儿童音乐治疗计划的确定原则。
2. 举例说明音乐治疗可以对多动症儿童的哪些问题进行干预。

第6章 智力障碍儿童的音乐治疗

学习目标

1. 了解智力障碍儿童音乐治疗计划的原则。
2. 掌握智力障碍儿童音乐治疗计划的确定。
3. 熟悉智力障碍儿童音乐治疗的评估程序。

随着社会的进步和残疾人事业的发展,世界各地对残疾预防与康复问题日趋关注。其中,降低智力障碍是提高人口素质的关键之一。智力障碍不仅是我国儿童最突出的残疾问题,也是世界上最严重的危害儿童身心健康的一类疾病。但是,至今仍缺乏有效的医学治疗方法。因此,降低儿童智力障碍程度,帮助智力障碍儿童进行康复与训练,提高他们的生存质量和参与社会生活的能力,成了广大教育工作者、医学工作者及致力于智力障碍工作的人员紧迫而又艰巨的任务。

本章对智力障碍儿童音乐治疗的程序与操作方法进行了叙述。主要介绍了智力障碍儿童的定义、分级和音乐治疗的导入技术及音乐治疗方案的制订和治疗成效的评估,以便了解智力障碍儿童音乐治疗的全过程,并按书中阐述的方法对智力障碍儿童实施干预,用以提高智力障碍儿童的智力水平和社会适应能力。

第1节 智力障碍儿童音乐治疗的导入

我国在 20 世纪 70 年代就开始对儿童智力障碍进行研究。单从智力障碍的定义之多,就可以看出引起儿童智力障碍的原因多而复杂,而最早、最直观的提出智力障碍定义的人是美国心理学家杜尔(Doll)。随着社会的进步和科技的发展,有关智力障碍的定义日趋完善和统一,直至被国际社会所公认。

美国智力障碍协会首次提出智力障碍的定义是在 1921 年,此定义历经十次修订最后定版。我国于 1986 年在参照了美国智力障碍协会智力残疾定义的基础上,对智力残疾作出了如下定义:"智力残疾,是指人的智力(智商)明显低于一般人的水平,并显示出适应性行为的障碍。智力残疾包括:在智力发育期间(18 岁以前),由于各种有害因素导致的精神发育不全或智力迟缓;智力发育成熟以后,由于各种有害因素导致的智力损害或老年期的智力明显衰退。"[①]

---

① 顾定倩.特殊教育导论[M].大连:辽宁师范大学出版社,2001:130.

一、智力障碍儿童简述

通常人们把儿童智力水平落后于同龄儿童的智力者,称为智力障碍儿童。从科学的角度来看,智力障碍的概念其实不那么简单,它涉及医学、社会学、教育学、心理学等诸多方面的因素,为了区别于因医学或社会文化环境原因所造成的智商低,科研人员根据智力和社会适应障碍程度将智力障碍划分为四类。下面是智力和社会适应障碍程度的分类及简要介绍。

1. 轻度智力障碍

智商在 50~70 分值或 75 分值左右者,伴有轻度社会适应障碍,约占智力障碍总数的绝大部分,而且大多数没有器质性的问题。早期教育对轻度智力障碍儿童的发展十分重要。凡经过学习和训练的轻度智力障碍儿童,都可以生活自理且承担简单的家务劳动。大部分轻度智力障碍儿童可完成小学(特殊学校或随班就读)阶段的学习,具有一般生活所需的语言交往、简单阅读、写作、计算的能力。青少年期,在接受过职业教育和训练至成年后,无须在庇护下参加简单的劳动和社区生活。但是,当生活环境发生变化时,则需要他人的帮助和支持。

2. 中度智力障碍

智商在 55~40 分值者,伴有中度社会适应障碍。当中度智力障碍儿童在 3 岁前后被发现并及早治疗者,经过特殊教育学校或其他功能性教育机构的学习和训练,可在他人的帮助和支持下自理生活并完成一些简单的家务劳动,能够识别简单的常用字和进行简单计算。但是,可能有部分中度智力障碍儿童在沟通或行为上存有问题,经过训练可得到改变。还有少数中度智力障碍儿童具有音乐能力,可以训练发展。总之,这类儿童通过训练可以提高社会适应能力。

3. 重度以上智力障碍

智商在 40~25 分值者,伴有重度社会适应障碍。重度智力障碍儿童出生后不久便可被确诊。当重度智力障碍儿童经过积极的、长期的、系统的治疗和训练,他们的身体功能、独立生活能力将有所改善和增强,再经过特定生活场景的训练,在他人帮助和使用辅具的基础上,基本可以参与社区的生活。

4. 极重度智力障碍

智商在 25 分值以下者,伴有极度严重的社会适应障碍,即言语、沟通、心理和日常生活等方面的障碍。极重度智力障碍儿童即使经过治疗与训练,也需长期在他人的帮助和支持下生活。但是,通过一些有针对性的康复训练,可改善其情绪和表达自己需求,以及感受到周围人对他的关心和尊重,并愉快地生活。

除上述分类,还有如医学、适应性行为和支持辅助需要的程度分类法,其意在提供有效的方式对智力障碍儿童进行康复和训练,达到提高不同程度智力障碍儿童的生活质量的目的。

二、智力障碍儿童与音乐

我国现阶段就读于特殊学校的智力障碍儿童大部分是中度或有多重疾患的儿童,这些儿童在文化知识的掌握上有相当大的局限性。[①] 而且,他们在音乐感受力、音乐的认知能力和理解能力方面也低于正常儿童。虽然,他们存在着上述问题,但是,他们喜欢音乐却不亚于正常儿童。而且对音乐活动的参与、表现和模仿的欲望,学习易上口、节奏感较好、简单的曲调等也不比正常儿童的兴趣低。只是他们在音乐表现力、模仿力上弱于、慢于正常儿童。对于智力障碍儿童来说,各种形式的音乐活动都有助于智力障碍儿童进行多方位的训练,特别是感知觉、语言、认知、人际交往、运动能力及社会适应能力等方面,可以使智力障碍儿童在愉悦的活动中获得直接经验。

由于智力障碍儿童各方面能力的欠缺,往往在家庭和社区同龄儿童中被歧视和排挤,这给他们的心理造成了很大的伤害,加上依赖成人照顾的时间要比正常儿童长,家人在照顾智力障碍儿童的同时又忽略了培养他们的独立性,使他们变得更加退缩和不自信。而音乐却能给人以刺激和力量,并在关键期(音乐临界期12岁以下)开发儿童的潜能,智力障碍儿童也不例外。

音乐的非语言性给智力障碍儿童的身心带来安慰,音乐的非语言交流方式给智力障碍儿童与人接触提供了方便,音乐的融合性和亲近性为智力障碍儿童创造了机会,音乐小组式的环境创设,使智力障碍儿童社会认知能力(社会认知能力包括非语言的社会认知能力和语言的社会认知能力)的提高及行为的改变成为可能。音乐以它独有的特性,展示其独有的功效,促使智力障碍儿童弥补先天不足,促成智力障碍儿童生活质量的提高。例如:多重感官的刺激能调动和发展感觉器官的功能,丰富感觉经验;音乐活动的参与又使智力障碍儿童的全身或局部的大小肌肉及肌体间的协调能力得到锻炼,反过来刺激大脑;在大脑得到发展的同时,又促进了身体机能的协调发展;音乐还使智力障碍儿童在闲暇之余有了娱乐的方式和人际交往、沟通的平台。

总之,可以用音乐对智力障碍儿童的多重障碍进行多方位的训练,因此,音乐可成为智力障碍儿童特殊教育需要的"好帮手"。

三、导入音乐治疗的技巧

进行智力残障儿童音乐治疗时,无论是起始治疗、每次治疗课的开始,还是治疗阶段的衔接都需要有"导入"这一程序的介入,以减轻智力障碍儿童学习和训练的胆怯与畏难情绪,减少因语言交流障碍造成的冷场与僵局或因当日或近期情绪不稳而懒于动弹等。导入时间的长短则因智力障碍儿童个体需求而异,一般每周至少2次的定量训练,而且要定出具体在周几,以便智力障碍儿童养成训练的习惯。每次时间为30分钟左右,后续每次时间可酌情增减。

搜集有关智力障碍儿童的资料,即向老师及家人了解智力障碍儿童的身心发展的实际状况,如兴趣、爱好、性格特点、健康状况、语言能力、运动能力、交往能力和主要行为缺陷、在家及学校的表现、是否接受过其他治疗等,以及治疗师随班观察智力障碍儿童的注意力、自控能力、接受能力等,并做记录,然后进行评估。

---

① 顾定倩.特殊教育导论[M].大连:辽宁师范大学出版社,2001:143.

（一）智力障碍儿童对导入音乐治疗的反应

虽然,智力障碍儿童存在多重障碍,但是,他们却很敏感和脆弱,他们能"听"或"读"懂治疗师此时是否喜欢他们。因此,治疗师需为智力障碍儿童营造出温暖和谐的气氛,使智力障碍儿童感受到平等、温暖和安全,从而认定自己是受欢迎的。智力障碍儿童有时表现出特别依赖、特别黏人、特别需要老师或治疗师对他的认可、爱护和接纳。如拉着老师或治疗师不停地问这问那,这时治疗师如果用耐心、尊重、诚恳的态度注意倾听与之共情,并给予反馈,智力障碍儿童就会很高兴,老师或治疗师发出的指令,他们就很愿意去完成。我们说他们的情绪是在"内稳态"上,这种情绪易于尽快地进入治疗程序,也易于建立治疗关系。

治疗师还须每次对智力障碍儿童进入治疗室前的情绪反应、精神状况、对指令的接受等情况有充分的了解,这将有助于治疗师选择导入及选择适当的治疗方式。当智力障碍儿童进入治疗室之后,治疗师要观察其兴奋度。

1. 没兴致

可采用接受式音乐同步的方法进行导入。治疗师选用录制好的(或即兴演奏)与智力障碍儿童此时情绪相吻合的音乐进行播放,当他开始注意并产生共鸣时,可选(或演奏)随其情绪变化的音乐逐步调整,即先用(或演奏)平缓、黯淡的音乐,再用(或演奏)轻松、明朗的音乐。

2. 兴致较高

可直接经过问候或巩固等活动后,开始某方面的音乐训练。以相互问候最为常见,如《你好歌》、专为某孩子创作的《名字歌》或重新填词的《名字歌》。

你好歌

1=C　　2/4　　　　　　　　　　　　　　　　　胡世红 词曲

5 — | 3̲ 4̲ 5̲ 6̲ | 5　5 | 5̲ 4̲ 3̲ 2̲ | 1　7̣ | 1 — ‖

(Hai),　你 好 你　好　呀,　你 好 你　好 你　好。

重新填词歌曲,如:可直接加上儿童的姓名×××或××重新填词成你好歌。

名字歌

1=C　　2/4

| 3̲ 4̲ 5̲ 6̲ | 5　5 | 5̲ 4̲ 3̲ 2̲ | 1　1 ‖

×× ×　　你 好,　×× ×　　你 好。

3. 兴致太高

可采用音乐《快与慢》的乐曲进行音乐"冷处理"。当智力障碍儿童进入治疗之后,仍不能控制自己的情绪,治疗师不必用严肃的语言和表情强制智力障碍儿童静下来,这反而不利于紧接下来的治疗。此时,可播放《快与慢》的音乐,治疗师也随着音乐进行快慢舞动或摇摆,智力障碍儿童会很自然地跟随音乐,被音乐指挥着进行快、慢动作,乐曲结束后,进行讨论。然后,治疗师再选一首舒缓、宁静的音乐(不宜太长),让其过渡后,就可按计划进行治疗项目了。

值得注意的是,测试智力障碍儿童的动作、认知、交流及音乐能力均以音乐的方式进行测试。

(二)音乐能力的测试

按下列音乐能力测量内容进行等级评分。不会的就记"0"分;经过提示会一点的记"1"分;不用提示会一点的记"2"分;会较多的记"3"分。将各项分数累加并记录,以便了解智力障碍儿童的音乐能力(见表6-1)。

表6-1 音乐能力测量表

姓名		性别		学校		年级	
宅电		家庭地址				日期	
内容	分值		0	1	2	3	
听辨音(单音、双音根据学生的情况进行)							
听—动,即对音的高低做出身体局部和全身的动作反应。如: 1—i八度音,特殊儿童双臂下垂、双臂上举,或单臂上举,另一臂膀平举,形成高低之势;上行音阶特殊儿童站起或原地跑动,下行音阶特殊儿童坐下或蹲下等							
模唱歌曲(简单、复杂)							
双手或单手跟拍或仿拍节奏(简单、复杂)							
脚跟拍或仿拍踩节奏(简单、复杂)							
跟敲、打节奏(在乐器上双手同时、先后交替或单手,敲简单、复杂;粗大动作和精细动作)							
听辨音乐的音色、强弱、快慢(准确与否)							
聆听音乐注意时间(有、无,长、短,频率)							
随音乐仿师身体律动(肢体协调性:上肢左、右;下肢左、右;动作快、慢及身体的平衡感等)							
随音乐活动参与的时间(长、短)							
分辨音乐声音的高、低(准确与否)							
聆听音乐后的反应(有、无,长、短,频率)							
独自会唱简单的歌曲(完整、提示,简易、复杂)							
备注			从音乐听辨、听与动及演、唱、奏能力方面测试				

注意记录导入所采取的方法及每次智力障碍儿童的精神面貌以及在治疗中行为变化的起因。治疗的其他记录与自闭症、多动症的内容差不多。资料的整理分析及智力障碍儿童治疗档案的建立等,都与自闭症儿童的相同。

(三)导入的注意事项

在导入技术实施的过程中,治疗师要得到智力障碍儿童的信任,应注意以下问题。

1. 爱心

治疗师必须以爱心去面对智力障碍儿童。虽然他们智力落后,不能像正常儿童那样遇事会分析、判断并调整自己的行为,但是,他们能直接感受到,并"读懂"治疗师的态度和心情,以此作为选择配合治疗师,还是以退缩、逃避的方式来保护自己。因此,治疗师的真诚和不急不躁的心态,是智力障碍儿童能否正常参与治疗的"指示灯"。当他们在治疗中,遇到困难不知所措时,治疗师给予真诚和友善的提醒,使智力障碍儿童感受到没有被歧视或斥责的意思,而会敞开他们的心扉。

2. 耐心

对待智力障碍儿童,治疗师必须具备忍耐的特质。根据智力障碍儿童的性格、能力,允许他按照自身的特点决定导入的时间和进程,治疗师切不可操之过急。每位智力障碍儿童音乐治疗导入的时间各不相同。因此,对重度智力障碍儿童进行音乐治疗时,治疗师可能需用较长时间才能将他们的注意力吸引过来;而轻度、中度的智力障碍儿童可能无须太多时间就能集中注意力。

3. 多鼓励

治疗师要善于发现智力障碍儿童细微的变化和进步,应给予及时的鼓励和强化。因为,他们知道自己与正常儿童不同,敏感、退缩伴随着智力障碍儿童成长,做什么都不自信,而且从众心理很强。治疗师在音乐演唱、演奏或即兴创作中,要适时培养其独立性,鼓励创造性,不加评判,细致观察,哪怕只有细微变化和进步,治疗师都要给予真情表扬和奖励,这将会成为智力障碍儿童学习的动力。

4. 趣味性

在导入时,治疗师应注意激发智力障碍儿童参与音乐活动的兴趣和动机,不仅仅只是提供音乐活动而已。智力障碍儿童由于认知等方面存在缺陷,他们的挫折和失败多于常人,从而养成了事情还未做,就习惯于放弃,给人的印象是会做也不做的"懒"。其实,他们只是没有信心,对成功缺乏自信。治疗师必须创设有趣的情境和活动,鼓励智力障碍儿童克服心理障碍,在充满情趣的音乐情境中,进行有益的积极互动,体验和感受音乐,从而顺利进入治疗。

5. 多实践

导入过程中,治疗师要提供足够的模仿和重复的机会。模仿的含义有两种:一种模仿是将发现不存在的东西再现出来;另一种模仿是先反复看或做,然后将看或做的内容付之于行动再现出来。多次的模仿和重复有益于智力障碍儿童的准确掌握,使智力障碍儿童感受到"我能行"、"我也会"的成功喜悦。模仿和重复在导入和音乐治疗中具有重要的意义,治疗师要采用有趣的方法让智力障碍儿童模仿与重复。但是,模仿与重复的内容也不可过于花哨和复杂,示范时的速度也不易过快,有的还需细化示范内容,分步骤地进行。①

实例 6-1

小 F,4 岁半,智力障碍儿童,在进行音乐治疗前,情绪起伏不定,对音乐漠不关心、不理解,自我控制、平衡及协调能力弱,使他无法参加其他的训练活动,经常是需要老师反复给予指令、多次引导教授才能参与到活动中去,而参与活动所维持的时间也不长。

---

① 林贵美.音乐治疗与教育手册[M].台北:心理出版社,1993:18.

针对小 F 的情况，应该着重实施提高协调能力、身体自我控制能力的训练，同时，注意发展小 F 的言语和语言、听力的训练，最终达到提高小 F 的社会适应能力的目的。

音乐治疗师根据情况制订了治疗计划：① 用地板操训练，跟随音乐节奏做手腕等协调、平衡训练。② 用铝板琴为互动伴奏或进行乐曲接奏、填奏等训练。③ 听辨歌词、听辨音、歌曲接唱、填词等训练。经过一学期的音乐治疗，小 F 能对音乐活动产生较浓厚的兴趣，现在听到音乐就能够积极地响应，在第一时间内就能参加到音乐活动中，并随着音乐旋律运用其声音、动作加以表现，而且还能主动地与小朋友进行配合，有始有终地完成治疗师为其设定的音乐治疗活动。小 F 在音乐活动中获得了稳定情绪的能力，快乐情感也得到了释放，使他在音乐治疗以外的活动中也表现出明显的变化。

分析：音乐治疗师很好地执行了治疗计划，能针对小 F 的实际情况，分阶段的合理实施音乐治疗内容，进行训练，取得了预期效果。在一学期训练过程中，得到小 F 家长的积极配合，坚持每天送小 F 到校训练。接下来，音乐治疗师还将根据家长的要求，配合特殊学校教育的需要继续对小 F 进行训练。

实例 6-2

小 M，唐氏综合征儿童，刚入校时语言发展迟缓，不愿意用语言进行交流，只会用单音节词来表达自己的需求，尤其在陌生的环境中，面对陌生的人就更不愿开口。

音乐治疗师根据情况制订治疗计划：① 采用听辨单音、听辨音色、听辨歌词来训练其听力。② 腹式发声练习。③ 接唱歌曲、歌曲重新填词等训练。小 M 在治疗师灵活多变的音乐训练活动中，随治疗师逐步体验听、吸、呼（喘）、唱动作，为自信说话积累经验。与此同时，治疗师建议家长在家中用游戏的方法带领孩子做听、吸、呼（喘）、唱动作。经过一学期的音乐干预，小 M 的语言能力得到较大的发展，并在音乐治疗的活动中常常喜笑颜开，积极性和主动性有了明显的提高，而且有希望与他人进行交流、沟通的意愿，也常能在其他场合的活动中逐渐有了倾听和表达的习惯，对语言的理解力也有所增强。

分析：音乐治疗师较好地贯彻执行了治疗计划的思想和内容，在训练过程中精心设计，科学地选择音乐内容，结合现代儿童康复理念，与特殊儿童的家庭共同努力，使小 M 在语言和与人交往方面有了较显著的改善，为小 M 后续的语言训练和学习阅读奠定了基础。

实例 6-3[①]

　　唐氏综合征幼儿小 A 个性沉稳、爱干净、智商高,在音乐治疗第一周时,与老师的互动性相当高,学习能力强,有点害羞,很喜欢音乐,可以很轻松地将音乐导入,并且还会指挥治疗师演奏他觉得悦耳的乐器。音乐治疗师的治疗计划是:播放音乐时绘画。

　　在轻柔的音乐曲调里,小 A 会画出点状的东西来代表轻声与小心;当演奏节奏时,小 A 会用圆圈与线条随节奏运动画出图画,在颜色使用上,大胆地用黑色与紫色表示圆圈与线条个性的稳重与流动。小 A 在音乐与动作方面的节奏感和协调性也较好,用双脚同跳与双脚先后跳入固定圆圈,来感受音乐中的节奏变化。

　　连续十周治疗课程后,小 A 与老师互动愈来愈好,活泼外向的性格以及创造性的动作皆一一呈现。小 A 会前滚翻,熟练程度很高,但前滚翻配合着音乐来做有时就跟不上。十二三周后,三首乐曲可以很轻松地完成节奏配合或乐器合奏活动。可以很清楚地分辨两个音符,轻松应付二拍的节奏,可以辨别四个音名与两个音的听音。十四五周后,听音 CG 乐器的连用无误,会随音乐合奏,并且尝试去改变音乐的运作方式。小 A 听力相当好,CGE 三个音、两个音符、一种节奏、七个音名、六种敲击乐器、一种吉他乐器都能很轻松地听辨和演奏。他演奏钢琴时,神情很专注,而且会创作很多不同的声响,就一般"唐宝宝"(唐氏综合征幼儿)而言,是表现很佳的一位。小 A 音乐的歌唱性很好,而语言的表达能力在逐步提高。

　　从训练表现与课程的成果来分析:① 在语词、句子的表达能力方面有进步。② 节奏与节拍都有很大程度的提高。③ 灵活度提高。④ 对古典音乐的接受能力增强。

　　乐器表现如下:

　　吉他:已会勾弦、拨弦,抱琴姿势很美,但仍无法与音乐旋律配合。

　　鼓:模仿得惟妙惟肖,会交叉敲棒、单手交替敲鼓、双手合奏,强弱控制得宜,可以与音乐短时间配合。

　　三角铁:拿三角铁的动作很好,但是有时会故意去握柄,使其发不出声音。也会内圈环绕敲击,强弱控制可以,但是会有发泄性的敲击。

　　手摇铃:拍打法与摇滚法皆可以表现。

　　响板:拍得很好,强弱控制可以,但是会有发泄性的敲击或是故意捣乱。

　　木鱼:高低音的敲击仍旧会忘记。

　　直笛:非常喜欢吹,强弱会控制,旋律仍无法吹出,会有发泄性的吹音。

　　碰钟:已会敲击,但仍然无法抓到强拍。

　　锣:会敲击,但是力量有时无法控制。

　　大鼓:与音乐配合得不错,但是有时会没耐性。

　　木琴与铁琴:会唱七个音,会敲击法与滑音法,但辨别音的能力还不行。

　　钢琴:很喜欢玩不同的音响效果,但是专心度不够,无法学习太久。

　　舞蹈能力:踮脚、转圈、侧弯、双脚原地跳、双脚跳进圆圈和一些简单的芭蕾动作。

---

　　① 庄婕筠.音乐治疗[M].台北:心理出版社,2000:216.

第2节 智力障碍儿童音乐治疗的方案

目前,智力障碍儿童的康复还缺乏特效的药物治疗,主要还是以特殊教育康复训练为主进行综合干预。我国智力障碍儿童虽享有接受九年义务教育的权利,但是,对经验贫乏的智力障碍儿童而言,仅靠学科课程(分科课程)和活动课程的学习是不够的。为了达到全方位的训练和最大限度地挖掘智力障碍儿童的潜能,帮助他们学习和生活,音乐治疗师将音乐治疗融入智力障碍儿童特殊教育康复训练中,增加对智力障碍儿童可行性和支持性的治疗模式的项目,使智力障碍儿童通过音乐听觉、记忆、协调、语言的训练,从而改善和弥补智力障碍儿童在心理、生理、智力功能和适应行为等方面的缺陷。

由于智力障碍儿童的情况比较复杂,因此,治疗师要在智力障碍儿童的多种问题行为中找出靶症状(问题),设置靶行为,制定出治疗的长、短期目标。长、短期目标是以智力障碍儿童发展的需求和智力障碍儿童当前特殊教育学校的教学需要为前提,在经过调查、观察和评估的基础上设定,再制订治疗方案,如内容、技术、方法、治疗类型、活动形式等。

一、音乐治疗目标的确定

制订音乐治疗计划要在全面评估智力障碍儿童的基础上,根据智力障碍儿童个体实际的发展水平和生活能力,以及未来发展特点和生活所需要的知识和技能进行分析;由治疗师结合智力障碍儿童个体的具体实际能力和在日常生活中的凸显行为,找出"靶症状",评估出"靶行为"及与之伴随的其他症状;再将上述的需要与"靶行为"转换成各个能力方面的长期治疗目标,将某个能力的长期目标分解和细化为短期目标;根据长、短期目标,制订出个别化的音乐治疗计划、原则或注意事项以及个性化的治疗或矫治方法。拟订治疗计划后再与智力障碍儿童的父母、班主任沟通和亲自观察,再对音乐治疗计划进行调整和修改,然后才能执行。

每次治疗课的日程安排,即活动的先后次序,每个音乐活动的设计都要适合智力障碍儿童的认知能力和心理接受能力,才可达成所制定的目标。举例来说,一位中度智力障碍为主的多重障碍儿童,其伴随的障碍可能是轻度的肢体障碍与重度的语言障碍,治疗师必须详细评估,了解其生理、心理状况及现有能力与对音乐的喜好,设计他可能接受的治疗训练的方式,为他量身定做合适的音乐治疗活动,来完成这位中度智力障碍为主的多重障碍儿童治疗训练目标。

例如:小A,7岁,智商45,说话不清楚,只能用简单的字或词来表达意愿。课堂上,她不肯回答老师的提问,动作不协调且慢,同学们嘲笑她,不愿跟她玩儿;课后她总坐在座位上,要么自己玩,要么看着同学玩,以至于上课时要上厕所或尿裤子(冬天更多)等。所以,经常出现老师在课堂上因处理小A的事情而影响上课。

小A的靶行为:双手灵活性与协调能力弱。

分析:由于语言表达弱,动作的不协调,导致与同学沟通、交往受阻;为避免同学的嘲笑,课后她总坐在座位上。

音乐治疗师为了帮助她克服胆怯心理,训练她动作的协调性,即手指的灵活性和穿脱衣、裤时双手的配合能力;促进自我评价的提升,增强自信心;通过语言的训练,改善与同学沟通交往的能力,达到适时排便,不影响课堂教学的目标。小A的长期目的、长期目标、短期目的、短期目标如下。

长期目的:课间离开座位与同学有积极的交往,养成课间及时如厕的习惯。

长期目标:课后主动与同学交谈、玩耍,养成在学校或特定场所按时如厕的习惯。

短期目的:减少课内扰乱行为,如上厕所或尿裤子的问题;增加与同学的交往。

短期目标:训练其双手动作的协调性,提高课间使用的配合度,增强与同学的交往。

当治疗师确定小A的靶行为和长、短期目的及长、短期目标之后,再次观察、分析目标制定的可行性,并整理记录于治疗档案中,再制订出音乐治疗的计划。

由于智力障碍儿童的病因十分复杂,涉及儿童个体的范围又广,其表现出来的症状不是单一的,而常常是有多种障碍同聚于一身的状况。除了有明显智力问题外,有的还表现在语言表达、沟通,情感、情绪的调控,运动能力等方面,以及适应行为方面伴有两种或两种以上的障碍,这些都可作为治疗目标加以训练来改善。

例如:智力障碍儿童的听觉、记忆障碍通过音乐治疗的训练,在不同程度上改善了智力障碍儿童的以下问题:① 学习上注意力不集中和不持久的问题;② 记忆力差的问题;③ 思考能力与领悟能力迟钝的问题;④ 语言能力发展迟缓的问题;⑤ 推理能力与判断能力迟钝的问题;⑥ 想象力贫乏的问题;⑦ 动作迟缓与不协调的问题;⑧ 缺乏自信心的问题;⑨ 缺乏与人沟通和社交能力差的问题。①

二、音乐治疗方案的确定原则

智力障碍儿童音乐治疗计划的确定原则是根据智力障碍儿童不同类别、个性特征、认知活动和心理发展规律,还有长、短期目的、目标而制定的。治疗师在制订治疗计划前首先要分清智力障碍儿童的神经类型,即基本型、兴奋型还是抑制型,②治疗师根据他们不同的神经类型确定不同的治疗方案。

知识链接

基本型——智力障碍儿童神经的兴奋过程和抑制过程基本保持平衡,整个神经过程总体上处于不活泼状态。其行为特征主要表现为:① 情绪较安定;② 行为较正常、比较能有始有终;③ 勤劳、驯顺;④ 能认真考虑和回答提问;⑤ 遵守学校的规则;⑥ 对外界评价很愿意有反应;⑦ 能做一定程度的自我评价;⑧ 对长辈彬彬有礼;⑨ 能按照情况变化的程度做出行动。

兴奋型——智力障碍儿童兴奋过程较抑制过程相对地占优势,其行为特征主要表现为:① 没有片刻稳定,注意力很容易分散,不易集中;② 缺乏抑制能力;③ 一般而言兴奋性高;④ 不能和同辈好好地游戏;⑤ 不遵守课堂纪律;⑥ 喜欢对同学(尤其是邻座)恶作剧;⑦ 活动时能提前完成,但多不能首尾一致;⑧ 易发生冲动性反应;⑨ 对问题尚未理解就做出反应。

---

① 何化均.弱智儿童的音乐治疗[C]//中国音乐治疗学会第六届学术年会,2002:94.
② 肖非.智力落后教育通论[M].北京:华夏出版社,2000:156.

> 抑制型——智力障碍儿童抑制过程较兴奋过程相对地占优势,其行为特征主要表现为:① 极易疲劳、不活泼;② 反应非常缓慢和迟钝;③ 动作迟缓、贫乏、单调;④ 不着急;⑤ 易听取别人意见;⑥ 好生气,自己常无理由地感到难过;⑦ 不乐意参加集体活动。

确定音乐治疗方案时需遵循下列原则。

(1) 应用性

治疗师要对智力障碍儿童身心发展状况做出全面、准确的评估,在此基础上对其当时生活和将来生活所需要的能力进行分析,并结合智力障碍儿童的接受能力拟订治疗计划。计划内的活动内容要考虑上述所需要掌握的知识、能力和所要养成的习惯等。而活动要设计得巧妙、细化动作,使智力障碍儿童有兴趣参与互动,学得快、做得好,具有高成就感和愉悦的活动体验。

(2) 实践性

治疗师要创设场景让智力障碍儿童在模拟的小环境中学习,预设有利于语言发展和社会交往能力的治疗计划和相关的音乐活动,使其在活动中学会人际交往中语言的使用、与不同人接触和互动的技能。学习语言,例如买菜、去超市买东西、去银行办事等。通过音乐表演剧来学习语言、交流、交往、沟通、听辨等,让智力障碍儿童在实践中学习,游戏中学习,习惯中学习;还可使他们学会正确的情绪表达、与人分享、以适当行为与人交往、学习和理解非语言的含义,如眼神、肢体语言来补偿交流技术缺乏等。

(3) 重复性

治疗师要针对智力障碍儿童识记慢、遗忘快的记忆特征,让智力障碍儿童反复模仿歌曲、动作、节奏、乐器演奏等,使他们在重复中充分感知音乐,提高听辨、记忆的效率。要注意的是,训练的环境要安静,将无关紧要的物品、乐器拿到智力障碍儿童看不见的地方,以免其分心。治疗师对训练要有信心,并要多次反复、重复训练,不可轻易放弃。

(4) 补偿性

对智力障碍儿童的音乐治疗不是将重点放在训练智力障碍儿童的缺陷或问题行为上,而是发展智力障碍儿童的优势能力,即可开发的能力,放在潜能的开发上。这个原则同样适用于正常人的潜能开发。因此,治疗师要充分了解智力障碍儿童对外界情景或音乐刺激的感受,根据智力障碍儿童在音乐活动中得到的个人经验,选择与其经验相匹配的音乐及活动,随时修正音乐治疗计划,使音乐治疗在挖掘并发挥智力障碍儿童个体潜能的基础上,实现补偿智力障碍儿童的功能缺陷,促成其社会生活等能力的康复。

(5) 适应性

治疗计划的制订要考虑智力障碍儿童身体协调性发展的需要和心理发展的需求关系。当音乐治疗训练要从一个项目转到另一个项目时,要站在智力障碍儿童的角度看问题,而不是从治疗师的角度去看智力障碍儿童,用什么速度进行项目转换需根据儿童的实际而定。速度太快,会造成智力障碍儿童难以适应的状况。项目的转换,可选用实物、图片等以帮助理解。

(6) 渐进性

智力障碍儿童的音乐治疗计划必须坚持系统和渐进的原则,才能达到我们所希望的补偿。因此,要根据智力障碍儿童的实际情况来制定音乐治疗训练内容、进度和要求,需要进行个性化的量力而行的设计。每次训练内容不可太多,先易后难,对较困难的内容可分为可持续化的子项目,按顺序进行,逐个完成。

(7) 起点与计量性

治疗师在确定治疗计划时,应以智力障碍儿童前期测试结果作为基准线,目的是按照智力障碍儿童自身发展的顺序科学地设置计划。另外,治疗活动量的把握亦须慎重考虑,以智力障碍儿童能够承担的量为限度,不可过大而避免造成智力障碍儿童退缩、逃避现象的出现。

总之,治疗师在制订治疗计划前,不但要了解智力障碍儿童的类型,还要设计能促使智力障碍儿童全方位发展的计划,以及切入点、训练的量等问题,只有将这些问题都考虑到,治疗计划才具有科学性和实效性。

三、音乐治疗方案的确定方法

智力障碍儿童的特点为:心理活动水平呈普遍下降的状态。实际上,智力障碍儿童大脑神经系统活动功能明显不足,造成他们在接受外部信息刺激到输出刺激反应时,速度要比同龄正常儿童来得慢,时间用得多。在感知觉上不够分化,建立较精确的条件反射也就比较困难。[①] 所以,智力障碍儿童与其他特殊儿童一样,音乐治疗首先要对其感知觉进行训练。通过有目的地选择全身或局部的音乐治疗活动,去刺激、调动智力障碍儿童各感觉器官的感觉,收获丰富的感觉经验。也可用音乐要素对智力障碍儿童的中枢神经系统进行训练,增强其感知能力,提高肌肉活动的精确性,同时,对大脑的记忆能力起到改善或增强的作用。

智力障碍儿童知觉动作的发展,即对动作的判断、分析、理解等能力,必须借助空间形象中的探索学习,使智力障碍儿童对主客体产生判断力,同时,维持并促进大小肌肉的发展与身体的平衡。由于人类生命体中的神经系统在发育过程中可塑性很大,因此,智力障碍儿童通过听、视、触、动等音乐活动的探索,矫正和修复其发育欠缺的能力,恢复心理、生理功能,提高智力,改善行为缺陷,从而推动认知的发展。

智力障碍儿童的音乐治疗常采用小组治疗的方式。小组音乐治疗的活动,可以给智力障碍儿童一个愉快、安全、满足的环境,他们在接纳与合作活动中重新认识自己,在学习和互动中体验成功的喜悦及社会适应行为递增的成就感,从而增强自信力。

值得注意的是,进行治疗活动设计时,应考虑智力障碍儿童是否伴有其他的生理健康问题,如气喘、癫痫、心脏方面的疾病等。

(一) 促进感知与运动的音乐治疗

人类高级心理的产生依赖于感觉基础。当人脑处在感觉丰富的环境中它就更加发达(已被证实)。因此,智力障碍儿童的音乐治疗活动和环境的创设,成为他们感知水平提高的重要环节。音乐治疗中的随乐而动,运用了音乐节奏的特质,为智力障碍儿童提供了运动的结构和动机,对视、听、运动、触摸觉进行了大量多重的感知和肌体刺激,使智力障碍儿童在走、跑、跳的协调能力、身体各部位概念的认知、伸展与持久性、反应与平衡性、速度与灵活

---

① 顾定倩.特殊教育导论[M].大连:辽宁师范大学出版社,2001:140.

性、力量与控制等感知局限上得到了拓展,恢复和补偿了大脑对空间、方位、大小肌肉等动作的功能定位,以及帮助智力障碍儿童的无意注意向注意的广度和深度(持续)发展。

1. 随乐模仿"秀"

在治疗师演奏(需两名治疗师)或录音机(一名治疗师也可)播放的音乐声中,治疗师随乐的先动刺激和引导着智力障碍儿童模仿治疗师做有节奏、有规律的律动。

环境创设:来自于手中的道具及治疗室的布置。手中道具可随活动做增减,道具如绸带、扇子、纱巾、球及小乐器等。

律动顺序:先从身体局部开始再扩大到全身律动,再由全身律动缩小至身体局部。

律动步骤:(如下)

起始　因人而异任选一动作,如头的上下左右的运动,手的击拍、出示等或脚的跺、踏、出示等。

过渡　动作类别、项目、数量、能量等的依次增加。

高潮　全身律动,可躺于地板上或立起做动作。

递减　坐着做动作,并依次减少动作类别、项目、数量、能量等。

回归　任选一动作,如头的上下左右的运动,手的击拍、出示等或脚的跺、踏、出示等。

静态　智力障碍儿童模仿治疗师静态动作,等待几秒钟。

再重复做此活动或转至"2. 随乐即兴律动"或"3. 乐器演奏"活动都可以。

值得注意的是,治疗开始时,治疗师的声音、动作、表情等不宜变化多、速度不宜快、难度不宜大;治疗过程中治疗师要适时等待,当智力障碍儿童进入角色后,治疗师方可继续。

2. 随乐即兴律动

随乐即兴舞动活动可与随乐模仿"秀"交替使用,也可单独使用,视具体情况灵活处置。在治疗师演奏(需两名治疗师)或录音机(一名治疗师)播放的音乐声中,治疗师与智力障碍儿童共同律动,如:① 治疗师模仿智力障碍儿童随乐即兴律动;② 智力障碍儿童与治疗师各自随乐即兴律动;③ 智力障碍儿童单独随乐即兴律动。其作用和意义各不相同。① 是通过音乐和治疗师的律动,来激发智力障碍儿童的兴趣、注意,了解和训练智力障碍儿童视、听与身体的配合,信息接受与输出的能力,跟随与遵守音乐规则的意愿,忍耐与坚持的程度,肢体的限制,能量的掌控,动作的限度、角度、方向、平衡等。② 主要是通过音乐和治疗师即兴律动的陪伴,智力障碍儿童以听、看、动的方式,将他人创作的经验,充实进自己创造肢体语言的记忆库,经整合将自己内心被音乐引发的情绪、情感用创造性的肢体语言抒发出来,以随乐即兴律动来实践智力障碍儿童非语言表达技巧的学习等。③ 智力障碍儿童单独随乐即兴律动不是随乐乱动,而是在①和②的基础上发展而来。智力障碍儿童才不至于单独随乐而不知所措,如听而不动、动而不听的"冷场"等。随乐即兴律动要求智力障碍儿童能创作与音乐节奏、节拍、速度、强弱、旋律有关的动作,从而训练其注意、记忆、协调能力和情绪等。因此,①、②、③的训练作用和意义是不相同的。

环境创设:治疗室布置由治疗师做。手中道具的使用取决于智力障碍儿童的记忆、对音乐的理解、喜好等。

律动顺序、步骤:由治疗师选择音乐、演奏方式,智力障碍儿童的情趣、现时身体状况等决定上述三种活动的先后。

值得注意的是,治疗师要预防、杜绝治疗过程中"冷场"现象的出现,给予适时调整。

3. 乐器演奏

在治疗师演奏(需两名治疗师)或录音机(一名治疗师)播放的音乐声中,智力障碍儿童手持鼓槌、响板等打击乐器为音乐伴奏共演,或治疗师跟随智力障碍儿童的节奏即兴配乐,这两种方法可单独使用,也可交替使用。后者以智力障碍儿童演奏为主导,治疗师配合的演奏使音乐结构更加丰富,让他们感受与治疗师平等的关系及高成就感。

值得注意的是,治疗活动过程中,治疗师要关注智力障碍儿童的情绪变化,适时给予音量、速度等演奏或配奏上的变化,来引领、提醒、转变智力障碍儿童的情绪。

(二)促进语言与沟通的音乐治疗

人类语言是呈现思维的手段,是内化思维的体现,外化思维的方式,人类的思维与语言有着密不可分的关系。智力障碍儿童活动范围和人员接触的窄、小,使其常伴有语言少,内容狭窄,句法简单、贫乏等障碍。音乐治疗师把歌谣、童谣、儿歌与音乐中的节奏、力度、音高、速度、音色、音调等结合,在小组或集体(大组)治疗方式中,扩大接触与交往层面,来逐步发展智力障碍儿童的语言及沟通能力,对培养智力障碍儿童有意注意的能力具有现实意义。

1. 听觉训练

治疗师在听觉训练之前要分清智力障碍儿童语言障碍的原因,再进行听辨能力的训练。

(1)模仿治疗师发声,如发 a、o、u、i 等进行单音练习,甚至可以发小狗、小猫等的叫声进行练习。

(2)用衬词跟唱来训练智力障碍儿童对声音及音的记忆,即音的高、低走向的辨别。治疗师用手示意音的高低。

(3)让智力障碍儿童听后直接说出音是高、低,再模唱,并用手示意音的高低。

还可做声音定位、跟踪、区分等音乐游戏,增强智力障碍儿童听觉系统的功能。

值得注意的是,治疗师要让智力障碍儿童看清口型,听清声音,大声模仿;治疗中的训练不可等同于视唱练耳,而应与自唱、自说、自敲,语言和非语言的音乐表演,自弹自唱等结合起来。

2. 吹奏乐器的练习

智力障碍儿童语言的问题有的是与其呼吸控制及运用有关。音乐治疗师选用吹奏乐器来训练智力障碍儿童的呼吸问题。

(1)治疗师用纸喇叭对其进行训练。治疗师在吹纸喇叭时,把智力障碍儿童的手掌放在喇叭出气口,感受气流的大小。不仅如此,治疗师还告知每种吹法是长、短、轻、重、急、缓等,并让其也学着吹。在智力障碍儿童吹奏时,治疗师也要用手去体察、感受智力障碍儿童吹气时的意愿和能力。

(2)治疗师再依实际情况为智力障碍儿童准备适合吹奏的玩具乐器,供他们自由选择或在治疗师的引导、推荐下,智力障碍儿童再选择乐器。

(3)治疗师教授智力障碍儿童在有音高的乐器上练习长、短、轻、重、急、缓等音及乐曲的演奏,来达到对呼吸的训练。[①]

[①] 胡结续.音乐保健与医疗[M].北京:中国文联出版社,2004:155.

3. 节奏与念、唱结合

根据智力障碍儿童的实际言语及语言状况,将其熟知的儿歌、童谣、歌词、Rap 等在不同的节奏(强弱、长短)中进行训练。

(1) 选用平稳、简单的节奏型(智力障碍儿童按给的节奏熟练的念诵)。

(2) 随乐吟诵(治疗师演奏或放录音)。

(3) 自由咏唱或跟着歌谱旋律咏唱。

(4) 变换节奏型、节拍和节奏,进行不同的、单一的节奏型、节拍和节奏练习或综合来练(不可太复杂,治疗师酌情掌控)。

4. 念唱与表演结合

把手势语言、面部语言、体态语言等动作加进念唱的活动中,以激发智力障碍儿童语言训练的积极性、主动性和参与性。

在歌词、旋律有一定难度的地方要多次反复练习,帮助智力障碍儿童对内容的记忆。反复的活动部分要有变化和新意。智力障碍儿童通过模仿治疗师音量的大与小、音调的高与低、语速的快与慢、语气的强与弱及面部表情、肢体的动作、身段的朝向、道具的配合等,来学习言语、语言和非语言的沟通技巧。歌词的接说、歌曲的接唱能很好地刺激智力障碍儿童语言交流的动机,帮助智力障碍儿童对语言词汇概念的学习,同时引发和促进智力障碍儿童语言的交流。

(三) 促进注意与认知的音乐治疗

智力障碍儿童通常在注意力集中、听觉捕获相关信息、听从指导及目光对视等能力方面存有缺失。音乐活动中,智力障碍儿童的视、听感觉反复受到刺激和训练,使暂时联系形成的速度加快,从而提高记忆的速度和长时间记忆的能力。当记忆能力有效提高后,再经过反复识记、回忆和巩固,智力障碍儿童的无意注意也会向有意注意有序地发展。

1. 注意训练

对智力障碍儿童来说,无论是个别治疗还是小组治疗,都可以用此方法来训练"无意注意"向"有意注意"的转变。

(1) 在音乐背景下愉悦地尝试拍、抛、持(使球停在身体的某个部位)、顶(指尖)、轻弹气球的方法,以得到这方面的经验。

(2) 将简单的打击乐器按照材质分别放置,每种打击乐器至少两件。同样,将气球按不同颜色归类分放。智力障碍儿童可选择自己喜欢的气球。接下来是分组,如所有拿红气球的儿童与所有拿木鱼的儿童为一组;所有拿白气球的儿童与所有拿碰铃的儿童为一组;以此类推进行分组。

(3) 小组依次分别体验,拿气球的儿童只要拍、抛、轻弹气球(气球离开手或身体),拿乐器的儿童就敲一声。演奏的速度是由抛球的儿童决定,音量大小由演奏者根据球抛的高低决定。也可以各小组共同体验。然后,小组内物品交换(拿球者与拿乐器者交换),再体验。

(4) 开始前,各小组随意找地方坐下来,安静后等待几秒钟。由治疗师指定(指挥)某小组先开始,然后,各小组跟进(此时,各组都在抛不同的气球,乐器也在演奏着)。由治疗师指定某小组先结束后就地坐下,然后,慢慢依次结束也就地坐下,等全部结束后略停几秒钟,再全体起立。

(5) 随一首舒缓的音乐进行抛接球练习。这时拿球者要注意聆听音乐来抛球,演奏者要注意拿球者抛球或持球(球不离手),音乐连贯时,拿球者持球并做动作,演奏者连续轻敲;音乐跳跃时,拿球者抛球,演奏者重敲(随抛球次数敲);当音乐结束时,每人持物品做一个动作,略停几秒钟,再全体起立。

值得注意的是,第(5)步视智力障碍儿童现时水平而定。第(5)步由一个治疗师带领着做,另一个治疗师指挥。如只有一个治疗师要带做的同时,嘴巴要随音乐用唱的方式来指挥。

2. 音乐指令

训练智力障碍儿童听到音乐指令后做出应有的反应。

(1) 智力障碍儿童先蹲着,用均速演奏上行音阶或下行音阶,儿童就站起或蹲下,练习两遍后坐在小椅子上;用中速演奏上行音阶或下行音阶,儿童就站起或坐下,练习两遍后仍坐在小椅子上;用快速演奏上行音阶或下行音阶,儿童随音乐跳起或快速地坐下。

(2) 听到柱式和弦上行演奏时,智力障碍儿童就向前走;当听到柱式和弦下行演奏时就转身向后走;练习两遍后,两人一组面对面,双手相拉;当听到柱式和弦上行演奏时,一人后退一人前进(治疗师指定朝向开始走,合作前行与后退),而后,再向相反方向走两次。

(3) 拿起乐器,听到上行音阶(中速)时,边敲乐器(音量以不吵为宜)边直着身体向前走;当听到下行音阶时,边轻敲乐器(每人比前面敲的音量小为宜)边弯下身体(向前弯)向前或向后走(治疗师视儿童能力而定,向后走要注意安全)。同时,可加入引导语。

(4) 治疗师演奏音乐(亦可用打鼓),当治疗师停止演奏,并用手示意指定某个儿童,那个儿童就要用手中的乐器演奏几秒钟,然后继续,直至每个儿童都表演过后,治疗师就不用手示意,而是用头来示意,过渡到治疗师眼睛(视线)的搜寻,当治疗师的眼睛停在谁脸上并与之对视,且那个儿童也意识到治疗师在看他时,治疗师就演奏出欢快的和弦音音响效果(亦可用铃鼓),儿童用乐器演奏来回应(儿童可在原地跳或走动,时间不宜长,2~3个动作即可),然后治疗师活动继续。

(5) 治疗师用柱式和弦上行后下行演奏,让智力障碍儿童向前走或向后走,练习几遍;再用中速演奏下行音阶或上行音阶,儿童坐下或站起,练习几遍,使智力障碍儿童慢慢地平静下来。

值得注意的是,每种行为练习前都应留出相应的时间来等待,以使智力障碍儿童平复情绪集中注意力,为听清后续的指令做准备;每种行为的指令采用音乐指令、口语指令或音乐与口语同时呈现的指令;治疗师要掌控住实训场面,注意安全,避免混乱。

3. 记忆的训练

节奏训练可加强智力障碍儿童中枢神经系统对动作的调控,锻炼感知觉、提高肌肉的精确活动能力,以便增强、恢复大脑的记忆。

(1) 单独拍手或跺脚或走步(跟随治疗师在场地中自由地走),每种动作节奏都分别训练后,再在每种动作节奏训练的速度上进行变化,之后再加进强弱的变化。如下例节奏中八分音符位置的改变,还可以增加八分音符或十六分音符,以及改变原来节拍的强弱。

4/4
× × × ×　× ｜ × × × ×　× × × ｜ × × ×　× × × ｜ × ×　× × × — ‖

(2) 手脚配合的节奏训练。坐着练习,先练习上面声部用手,下面声部用脚。熟练后反之,上面声部用脚,下面声部用手;边走边做,先练习上面声部用手,下面声部用脚。熟练后反之,上面声部用脚,下面声部用手。当熟练之后,可在速度上进行变化;之后,再加进强弱的变化。如下例节奏中八分音符位置的改变,还可以增加八分音符以及改变原来节拍的强弱。

4/4
手:× × ×× × | × ×× × × | ×× × × × × | ×× × × — ‖
脚:×× × × | ×× × × | × ××× × | ×× × — ‖

可用不同乐器的演奏分别代表不同声部,来训练智力障碍儿童手脚配合的节奏训练。开始练习时速度要非常慢,要走起来练习,儿童会更感到有兴趣。

4. 唱训练

以填唱(字、词、句子)互动的形式来训练智力障碍儿童的记忆。

(1) 学唱新歌曲或熟悉的歌曲重填词,治疗师可边唱边拉着儿童的手(一对一式)或两个孩子面对面拉着手,治疗师带着做(集体)。

(2) 用动作、演奏乐器或图片来加强记忆,同时,智力障碍儿童跟唱,反复多遍。

(3) 治疗师有意漏唱"字"、"词",音乐、歌声停下来等待儿童将"字"、"词"填唱进去,治疗师再接着唱下去。填唱过程以填"字"、"词"、"句子"、"段"为顺序,直至全曲基本会唱为止。

值得注意的是,治疗师对儿童歌曲重新填词时,要注意歌词主题不宜复杂要单一,要生动活泼富于童趣,有韵律朗朗上口易于记忆,句幅要短小并有规律;[①]学前期幼儿嗓音特点是单薄、稚嫩、甜润,音域为 $c^1—c^2$;儿童期嗓音特点是单薄、明亮、力度小,音域为 $c^1(b)—d^2$;特殊儿童其声音的音域有的是在 a—A 之间;有的歌曲特殊儿童原本就比较喜欢,治疗师可酌情移调或改编,再重新填词;注意训练,培养听、看、动的能力。

(四) 促进生活自理和社会适应行为的音乐治疗

智力障碍儿童在自我照顾、健康安全、社交技能、休闲娱乐等方面需要得到补偿和发展,使他们更好地适应社会,并参与正常人的社会生活,体现人生价值。

治疗师将智力障碍儿童日常生活中的进食行为、穿脱衣物行为、洗漱行为等融入音乐,创作一些歌曲或创作一些音响,如学习穿衣、穿裤、穿鞋、刷牙、洗脸、洗手、洗澡,遵守交通规则、次序、作息时间等,来学习、强化生活自理和社会适应行为的步骤和方法。

音乐治疗过程中,治疗师除了进行有组织的教唱、动作训练和表演音乐剧等活动,还要布置和创设与歌曲内容相同或相似的各种场景,为智力障碍儿童提供行为学习的自然景象,即"小环境",促使其感受能力和活动能力的提高,强化智力障碍儿童掌握做事的程序、步骤、方法及学习娱乐手段,使其身心协调发展,达到生活品质的提高。

实践证明,通过上述音乐治疗训练活动,智力障碍儿童会有很大的进步。例如:对一些进食行为,想要别人的东西,会先问一下"我想要"、"可以吗?"等,得到东西后会说"谢谢!"。又如:智力障碍儿童穿鞋,左右常穿反,治疗师把穿鞋的过程给予结构化,严格要求儿童先

[①] 龙厚仁.少儿歌曲分析及创作[M].重庆:西南师范大学出版社,2006:2.

找到两只鞋,一只鞋,两只鞋,头碰头,脚碰脚,头脚不分开,放在脚前面,看清楚,莫拿错,右手拿鞋穿右脚(左手拿鞋穿左脚),剩下一只穿左脚(剩下一只穿右脚)。智力障碍儿童在反复唱动活动中,学会并记住。家长反映:"原来孩子穿鞋时,拿着鞋子就穿或看到鞋子就把脚往里伸,不管左右,只管往脚上穿。现在,孩子在穿鞋时,嘴里小声唱着歌,而且把两只鞋抓在手上看,然后才穿。虽然有时没穿对,但是,他再看,然后再穿。"

实例 6-4

6名7岁左右的智力障碍儿童,智能较低,在特殊学校上一年级。由于刚上学不适应,他们多表现出情绪不稳、注意力不集中、时而站起或时而前后左右顾盼等,因此,给他们上读书、写字、算术等结构化课程时很困难,为了使这6名智力障碍儿童尽早适应,并能愉快学习,音乐治疗师介入对其进行音乐治疗。在治疗课上,每个儿童都学习一种简单性乐器(这类乐器简单易学)。当他们初步学会演奏技巧之后,让他们随乐演奏,如接龙演奏、交替演奏(治疗师事先编排好)、填充演奏、两两对抗演奏、节奏变化演奏等,这需要听、看同伴演奏和接受治疗师的指挥方能完成;然后过渡到看谱演奏,同时,还要听、看同伴和治疗师的指挥,培养其学习所必备的忍耐、关注、辨别、理解、认真等能力。

节奏的学习,起初让他们各自自由演奏,以后,逐渐让他们了解二拍子和三拍子。音乐治疗师弹钢琴,智力障碍儿童学习跟着节拍的重音演奏乐器。当对节奏有了了解后,则鼓励他们各自奏出即兴节奏,其他成员以即兴节奏来互相应对和提问。在经过音乐治疗后,他们创造性节奏活动的能力有所增强。经过一学期音乐的辅助治疗,他们适应了结构化课堂教学的氛围,通过歌曲的改编等来巩固和加强文化的学习,取得明显效果。

分析:音乐治疗师认真履行了治疗方案,并针对6名智力障碍儿童的实际情况,通过合理的阶段性治疗,6名智力障碍儿童在情绪、动手能力、上课听讲、协调能力、记忆等方面都有了不同程度的改善和提高。由于音乐治疗效果明显,班主任建议今后继续做音乐治疗以支持文化课的学习,促进智力障碍儿童社会行为更好地改变。

实例 6-5

小J,女,8岁,智商58,在特殊学校学习。她的运动能力明显比正常儿童发育迟缓,语言能力弱,口齿不清,能说简单句,词汇贫乏,自我控制力差。喜欢唱歌,但唱不好,不愿参加每天的音乐活动,遇事常表现为退缩,情绪不稳易激动。

音乐治疗师提出着重发展触觉,以提高运动控制力为主,加强小J语言训练为重点实施的治疗计划。触觉训练主要以随音乐旋律(音乐事先创作好播放或现场演奏,也可现场即兴演奏)起伏、强弱、快慢等做翻滚、爬跳动作。语言训练主要是发声、歌唱、按节奏朗读等。经过一段时间的音乐治疗,小J口齿清晰度有了明显提高,语言能力得到了发展,遇事经老师提醒也能控制自己的情绪。老师们知道她喜欢唱歌,请她唱,小J的退缩行为也有明显好转,并主动介绍自己喜爱的歌名,还与同学一起讨论歌词的意义,对同学态度也有所改进。

经过一学期的治疗,小J思维开始活跃,语言能力明显提高。治疗促进了小J感觉、运动觉的发展。歌曲的练唱,符合她对唱歌的愿望和需要,也使他表现自我的能力大大提高。

分析:音乐治疗师能很好地抓住小J的主要问题和爱好,实施正确合理的治疗计划,特别是注重治疗过程中将小J的语言训练作为重点,随时创造机会,提高了治疗效果。

实例 6-6

小D,女,9岁,智商64,属轻度精神发育迟滞,她个性沉稳、害羞和不自信,与老师的互动性较好,学习理解和分析能力差,语言发育迟缓,对语言的理解弱,词汇贫乏,语言的使用能力欠缺,注意力不集中。但是,她很喜欢音乐,特别是对古典音乐情有独钟,她能很轻松地将音乐带入她的生活,影响她的情绪,并且还会模仿治疗师选用适合的乐器演奏。能跟随音乐节奏在原地进行手、脚共动的跳舞。小D进行每周两次的音乐治疗。

第一次治疗,她很被动,较听从治疗师的指挥,能模仿治疗师跟随音乐演奏打击乐器,及随乐动作。由于紧张、害羞、戒备心理使她有点不知所措,治疗就此结束了。在第二、三次治疗时,治疗师选用了三首较长的器乐曲,让其用手中的乐器配合乐曲的节奏来演奏,小D看了看治疗师,停留了一分钟后慢慢地、轻松地敲起来直至乐曲结束,特别是能轻松配奏二拍子的节奏。治疗师让其听辨音及音符,她此时已能听辨两种音符,即四分音符和八分音符;能辨别并说出三个单音的唱名。到了第四、五周时,能听出C——G的音,乐器的演奏(打击乐器)基本上不会出错,并随乐合奏,而且,有时出现试图改变音乐的运作规律。

连续十周的治疗课后小D与治疗师互动越来越好,愉悦、兴奋、活泼和自信已逐步外显,创作性热情和动作皆不断呈现。六种打击乐器的音色听辨和材质基本会辨别,常常看着治疗师希望得到夸奖。能轻松拨弄古筝琴弦,不太喜欢弹奏钢琴。对舞蹈的喜欢,不亚于舞蹈演员。但是,专注力仍欠缺,且耐心的持久度也需加强训练。

从表现来分析治疗的成效:
(1) 语言能力增强,使用复杂句子表达的能力需增强。
(2) 节奏与节拍的掌握有所提高。
(3) 自信和灵活度也有许多提高。
(4) 对古典音乐的感觉和接受能力进步很大。

乐器表现如下:

三角铁:右手能拎着三角铁的绳子演奏,而非开始时,直接抓三角铁演奏;能敲奏三角铁的外三边,但不太会在三角铁内圈环绕敲击,强弱控制不是很好。

> 串铃：拍打法可以，如用串铃拍手、拍肩、拍腿、拍后背及双手搓动串铃还可以。
> 响板：手把式和指捏式响板奏得很好，强弱控制欠佳，但是能与音乐紧密配奏。
> 木鱼：单木鱼敲击得不错，强弱控制欠佳，高低音木鱼有时会忘记敲击。
> 锣：拎锣的绳子配合敲击有提高，有时敲击的力量控制欠佳。
> 鼓：会模仿，会双手交叉敲击、单手交接棒敲鼓、双手合奏，强弱控制不太好，与音乐的配合尚可，但是力量稍弱，演奏兴致很高，有时试图变换打法。
> 古筝：划弦、勾弦可以，坐姿很好，但不会与音乐旋律配合，只能弹奏一首小乐曲。
> 钢琴：喜欢听不同的音响，但专心度不够。
> 唱歌与配节奏朗读：言语和语言能力增强，复杂句子的使用能力欠缺。
> 舞蹈能力：跺脚、转圈、侧弯，双脚原地跳等一些简易的舞蹈动作都会做。
> 分析：音乐治疗师能根据小 D 的情况制订治疗计划，合理的分阶段、分内容实施干预，使小 D 自信度和自我评价大幅提高，上课的注意力增强，积极参与活动性得到较大提高。

四、智力障碍儿童音乐治疗的评估

智力障碍儿童音乐治疗效果评估，是对音乐治疗目标达成与否的检验，是对整个治疗过程的监督，是治疗顺利、有效进行的保证。效果的检测同时不可忽视测量、方法、时间、环境等问题对效果评估的影响。

1. 音乐治疗效果的评估原则

音乐治疗进行一个疗程之后，要对智力障碍儿童进行评估，评估是依赖于相应的测量和评定的参数，结合智力障碍儿童音乐治疗前后表现进行综合评价。智力障碍儿童治疗效果的评估倾向于采用开放式结尾、粗略式测量的方法。[①]从各领域着手，如智力、行为、心理、语言、音乐、社会适应能力的评定，进行定性与价值判断标准相结合来陈述治疗成效。治疗师或评价者在实施测量与评估时应当遵行相应的基本要求或基本原则，以确保治疗成效评估的真实性、客观性和科学性。治疗效果的评估原则简述如下。

（1）可信度与连续性

从技术方面来看应选择国内、外常用的、可信度高的量表，而且要与前期测量评估的量表相一致，这样才能使治疗前期、治疗过程与后期测量在同一个平台上，在同一个尺度下进行才具有连续性和实效性，测量的参数才具有可比性，才能使治疗效果的可信度得到保证。

（2）客观性

除对上述量表、评估标准的要求，在具体测量时治疗师应亲力亲为从实际出发，真实地、准确地反映智力障碍儿童经过一段时间的音乐治疗后所呈现出来的表现，给予客观的评价和记录，不可马虎或带有偏差，从而影响测量和评价的效果。在前期目标制定时就应注意测量、评价的基本标准不可过高或过低。

---

① ［美］苏赞·B.汉斯尔.音乐治疗师手册［C］//第五届学术年会论文集.苏琳,译.北京：中国音乐治疗学会,1999：50.

(3) 整体性

整体性评估是指对测查对象进行全面的(不同环境下)行为变化测量,来反映治疗后智力障碍儿童的实际全貌。如测量的内容、评价的内容、方法及过程是否恰当,评价量的选定,选用一定的时间量等,来评价音乐行为之外的行为。除了观察、量表还可用仪器测量。

总之,治疗效果的评估不只是想得到一个简单的数据就表示治疗的成功与否,而是通过测量、评价对人的认识、感觉、运动能力、语言、音乐行为及社会行为发展进行深入的评价。

2. 音乐治疗效果的评估方法

智力障碍儿童音乐治疗效果的评估方法与治疗前期的测评在本质上没有太大差别。治疗效果评估的目的在于为治疗效果的评价提供资料和数据。通过系统治疗效果的评估对智力障碍儿童情况进行全面的总结。

治疗效果的评估不仅仅是在整个疗程的末期进行,实际上,在治疗的前期、中期或某个阶段都会进行测量,来评价疗效,以调整后续治疗的方向。通常将评估分为阶段评估和总结评估。阶段评估是在治疗的过程中,对每一个阶段的治疗效果进行总结,治疗师依据此阶段性治疗的总结去指导下一阶段的治疗活动。每个阶段的具体时间是不等的,可以是一个月也可以是两个月或一个疗程的中期为一个阶段,根据每周治疗的次数来具体制定。在此主要介绍疗程结束时的总结性评估。

总结性评估是在完成若干个阶段性治疗后进行的评估活动,即心理问卷测量、身体机能和素质的测量、音乐行为及适应行为的测量,对测得的数据与观察到的行为反应进行对比与分析。

评估标准是任何评估都必须具备的,因此,在音乐治疗前就应制定出评估标准,以此来判断整个疗程的价值所在。由于智力障碍儿童的特殊性,在此进行分析、对比时采用的是相对评估的方法,即智力障碍儿童自己与自己治疗前后相对比,或训练组与对照组相比较。以智力障碍儿童自身的进步来判断疗效,可以对智力障碍儿童的问题进一步提出治疗建议。

例如:考察、评价小Z节奏模仿的正确率。治疗前小Z的节奏模仿只能对55%,经过一段时间的治疗(训练),小Z在相同的时间内节奏模仿的正确率达到了75%。这个进步的20%的量,就是非常重要的相对评估量。

当然,也可以使用绝对评价方法,即在一定时间内必须敲对多少个节奏。有了评估标准后得到的评估量,还要对最后的评估结论进行等级界定。如明显进步、有进步、没有进步或会做、有点会、不会等。然后,再把评估资料与评估标准进行对比,由此得出评估的结论。

实例 6-7

小E,女,中度智力障碍,7岁,个性害羞、文静,由于说话不清楚(别人不易理解),以至于早上到校和同学或老师打招呼总是藏在家长身后。上课时坐在那儿眼睛看着老师,但不说话,下课也不说话,但能按要求跟随老师。她不会请求帮助,放学或外出时会拉着家长就走,没有任何表情。治疗师经观察发现,她平时看上去动作的协调能力尚可,但是,当她参加活动时运动的协调能力、控制能力、耐受力就明显低于正常儿童,平衡觉和触觉欠佳。

针对小 E 的情况，治疗师认为着重提高她的平衡和协调能力，同时，发展小 E 的言语和语言能力，达到社会适应能力的最终提高。音乐治疗师根据小 E 喜欢音乐的天性，制订了为期一学期的治疗计划。采用随乐地板韵律操、双脚随乐原地跳、半圆或环行音乐壁演奏、发声和歌唱、节奏童谣诵、古筝弹奏、电子琴弹奏、听乐填色或画画、随乐舞动等。这些内容会分期和穿插进行。经过为期一学期的治疗，小 E 与老师互动越来越好，也变得活泼起来，创作性的动作皆有呈现，发音的清晰度大大改善。早上和放学时，见到老师能较主动地打招呼，如"好"摇摇手或鞠躬，"老师再见"摇摇手。上课专注力明显提高，能积极举手，并嘴里说："我，我。"课间开始有少量的语言交流。当需要别人帮助时，能用简单手势示意。音乐模仿能力强，能很轻松地将音乐带入，并且有时会要求治疗师教她喜欢乐器的演奏。能够很好地区分两种音符，轻松应付二拍的节奏，可以辨别四个音名与二个音的听音，会随音乐合奏，并且会尝试改变音乐的运作方式。古筝能很轻松划弦、拨弦，喜欢听与节奏同时弹奏的电子琴。治疗中情绪、情感专注时间提高显著，而且会创作很多不同的声响。随乐填色使用大胆，绿色、红色、粉红色，边涂边哼，头还在微微点动，表现出似多彩梦幻般的个性。

分析：治疗师能够较好地执行治疗计划，针对小 E 的实际和需要，抓住触觉、运动觉、平衡觉等感觉刺激以及发展语言的多方干预活动，合理安排治疗内容，选择合适的治疗方式等。同时，治疗师还指导家长配合治疗，使音乐治疗与家庭康复融为一体，这样才取得小 E 可喜的治疗成效。

 本章小结

本章力求从智力障碍儿童的发展特点和现实出发，对音乐治疗运用于智力障碍儿童心理、智力、体能诸方面，并最大限度地补偿其缺陷，掌握生活实用知识，形成基本的生活实用技能和良好习惯等实际操作过程，做了较详细的叙述。

因智力障碍儿童在认知、语言、社会适应能力方面的特殊性，本章在第 1 节介绍了智力障碍儿童的特点、分类以及导入音乐治疗的技巧，旨在通过此部分的学习，帮助我们较全面地了解智力障碍儿童，为选择适合于智力障碍儿童音乐治疗的导入技术奠定基础。并在其中介绍了治疗关系的建立和治疗前切入点选择是进入真正治疗的关键。智力障碍儿童基本状况的搜集、导入的注意事项、进行非音乐行为和音乐能力的测评内容和方法是导入的组成部分。学前的智力障碍儿童在智力发育上，存在较大的代偿性和可塑性，音乐治疗成为寻求解决智力障碍儿童康复、教育的有效途径和方法，能全面提高智力障碍儿童的生存质量。

本章第 2 节通过探索个别化音乐治疗模式，以实例来介绍智力障碍儿童靶行为的锁定，个别化治疗目标的制定和确定音乐治疗方案的原则，将音乐治疗原理贯穿于治疗中。为了提供持续稳定、实用有效的个别化音乐治疗，在智力障碍儿童认知能力和社会适应能力方面重点介绍了治疗方案的设计、治疗活动的设计与步骤等。最后，对智力障碍儿童音乐治疗终止的测查和评估作了说明。

思考与练习

1. 对智力障碍儿童实施音乐治疗的技巧有哪些?
2. 如何确定智力障碍儿童音乐治疗的目标?
3. 简述如何制订智力障碍儿童音乐治疗方案。

第 7 章 脑瘫儿童的音乐治疗

 学习目标

1. 了解脑瘫儿童音乐治疗的导入技术。
2. 掌握脑瘫儿童音乐治疗计划的确定。
3. 熟悉脑瘫儿童制订音乐治疗计划的原则。

脑瘫是一种严重影响儿童正常生长发育的疾病。病因源自于围产期、出生后养育过程中的失误或疾患遗症使大脑受损,引起不同程度的运动功能障碍和姿势异常。这种病症是不会随着儿童年龄的增长而继续发展,但是,会有不同程度的运动功能障碍将永久存在。除此之外,多数脑瘫儿童还并存有身体运动、感觉、智能、语言、情绪、行为等单项或多项缺陷,致使脑瘫儿童在学习、社交等方面有不同程度的困难。

音乐治疗虽无法根治脑瘫病症,但是,音乐治疗对其有多方面的作用。实践证明,音乐治疗也是儿童脑瘫行之有效的辅助治疗方法之一,这一点已被医务工作者和治疗师广泛应用于脑瘫儿童的康复和训练中所证明。早年,人们认为脑细胞受损是不可逆的,而现今,随着人体奥秘的不断解码和医学研究的飞跃发展,人们对人脑有了许多新的认识。人的脑细胞有许多是处于休眠状态,如果给予各种有效的刺激,这部分脑细胞功能可被激活,而且可以代偿受损的脑细胞,达到康复的目的。

本章对脑瘫儿童音乐治疗的程序与操作方法进行了叙述。主要介绍脑瘫儿童的临床表现、脑瘫儿童与音乐的关系、音乐治疗方案的制订和治疗成效的评估,以便了解脑瘫儿童音乐治疗的全过程。

第 1 节 脑瘫儿童音乐治疗的导入

脑瘫是指大脑动作控制区的神经系统在未成年之前就受到了非继发性的损坏而引起的行动障碍。脑瘫儿童的肌肉,接受着病变脑组织指挥下的错误指令,使肌肉始终处于一种繁忙或停滞闲静的状态,即肌肉变得僵硬或松软。因此,这类儿童无法与正常儿童那样随意、自由地生活和运动。由于生病年龄小,造成病变的根源在于脑,而不是在肌肉本身,故称此病为儿童脑瘫,又称脑性麻痹、小儿脑性瘫痪、大脑瘫痪、大脑性麻痹、脑瘫儿童等。

脑内受损的部位、范围及深度决定脑瘫儿童是否还伴有其他障碍,如癫痫、视觉障碍、听觉障碍、弱智等。不过,儿童早期的(婴幼儿时期)脑组织可塑性和代偿能力很强,若早发现并在脑瘫儿童异常姿势和运动模式还未固定下来之前,进行被动式或主动式运动,对肌肉、关节、肌张力的改善及肢体保持功能位置有最佳的效果。

一、脑瘫儿童的分类与特点

目前,我国较为通用的脑瘫儿童诊断分类法有痉挛型、手足徐动型、不协调型三种,其日常表现出来的特点也不相同。

1. 痉挛型

主要表现为肌肉张力过强,而引起姿态变形及行动不便。这是由于大脑对肌肉发出错误指令所造成。常影响到半边(左边手、脚或右边手、脚)身体、三肢(双脚和一只手)、四肢(一般双脚较严重)和某一个肢体。智力水平一般均低于正常或接近正常。有的脑瘫儿童因年龄大,长期处在肌痉挛,肌力不平衡,肌肉、肌腱或其他软组织挛缩,使骨组织生长缓慢,逐渐产生畸形,常见的症状有下肢的马蹄足、膝关节屈曲挛缩,髋关节内收等。

2. 手足徐动型

主要表现为肌肉受到连续不自主的收缩力,而使身体、四肢或脸部有不自主的抽动或缓慢扭曲,造成稳定性和平衡性差。手足徐动在肢体远端比近端幅度大而明显。主动运动或当精神受到刺激时,不随意的动作反而更明显,这些动作只有在熟睡时才会消失。此型肌肉挛缩比较少见。

3. 不协调型

该型主要表现为肢体活动的不协调造成姿势、动作不稳,特别是走路时像喝醉酒一样,眼球震颤等,这样的动作还表现在单脚失衡以及手部精细动作的协调性上,而畸形发生率低。常见有痉挛和运动障碍并存的混合型。[①]

虽多数脑瘫儿童还存有其他障碍,如视觉障碍的斜视,听觉障碍及听力和肌张力的降低造成小儿语言发育迟缓导致构音障碍的语言问题,对外界刺激反应异常,智力均有不同程度的障碍,也有正常或接近正常者,还有癫痫等。但随着脑瘫儿童年龄的增长,训练和教育的跟上,使脑瘫儿童在肢体功能有所改善的同时,智力水平也有所进步。

二、脑瘫儿童与音乐

脑瘫儿童在运动和社会交往等方面存有困难或障碍,因此,他们就更容易遭遇打击和挫败。在日常生活中,常表现为个性强、固执任性,而又胆小怕事和害羞。他们情绪脆弱、多愁善感、易怒、乱发脾气和嫉妒别人,同时,又希望别人关心和关注自己。有的还表现为注意力不能集中,兴奋好动,有的还不停地说等。而强迫、自我孤立、抓、打、咬自己或打他人的行为也会在某些脑瘫儿童的身上出现,持续一个动作不变,独处时不停地哭闹等也是脑瘫儿童常会有的行为。这是他们幼小年纪长期受到病痛折磨才会有的表现,因此,理解这类儿童是非常重要的。

音乐能使脑瘫儿童松弛身心,愉悦接受指令,提高耐受和坚持度。音乐结构和音乐活动的体验不仅可以长时间地吸引和保持脑瘫儿童的注意力,还可以使脑瘫儿童的紧张、胆小、过于敏感及不良心境得到改善,引导出使他们安定平和的脑波,增加与他人之间积极、友好的交往,发展人际交流、沟通的能力,使他们在语言学习方面的愿望得到音乐的激励,并参与到言语和语言的训练中。在音乐背景下脑瘫儿童的运动,可增强肌肉动觉刺激的体验和身体运动的功能。音乐的节奏,对脑瘫儿童本体运动控制感觉,神经系统对运动步骤、内容等

---

① 左尚宝.小儿脑瘫的自然疗法[M].北京:中国医药科技出版社,2007:11.

记忆和认识有很大帮助,从而改善大脑、神经系统、肌肉和身体各部位的协调和功能。如在音乐韵律感的暗示下,帮助听觉损伤的脑瘫儿童提高说话的能力。

也就是说,当脑瘫儿童右脑被特定的音乐节奏和旋律激活工作的同时,他的左脑就被抑制进入放松休息的状态,这有利于脑瘫儿童对学习、接受信息、挖掘潜在能力等有很好的效用。因此,音乐成为治疗师刺激、训练脑瘫儿童运动理想的工具。

现在,世界许多国家已经发现音乐对大脑损伤所引起的生理疾病的治疗作用。里斯本就有一所名为"Cslouste Gulbenkian"的专门为儿童大脑瘫痪而开设的学校。在那里,将生理疗法与音乐治疗结合在一起,为恢复、发展身体的机能控制、运动协调能力以及呼吸时肌肉的紧张、收缩、弯曲、旋转等做出了卓有成效的工作。[①] 研究证明,妇女在围产期间如多听一些有益于生长发育的音乐来刺激胎儿,可降低胎儿患脑瘫的概率。同时,音乐对出生后孩子的成长、性格、行为等也有一定的促进作用。

三、导入音乐治疗的技巧

长期以来,脑瘫疾病除用药物治疗外,还可以用手术、物理、作业等治疗。音乐治疗已加入到解决脑瘫儿童生理、心理问题的训练、教育的研究中,成为脑瘫儿童教育和康复的重要手段之一,同时,音乐治疗在脑瘫儿童临床中的应用已取得了良好的效果。当一个人无法很好地融入和亲近自然环境时,就会给心灵带来许多负面的影响,即造成心理上的问题。因此,对脑瘫儿童进行身体治疗的同时,还要兼顾其心理方面的干预,使脑瘫儿童的心、身同时得到改善和发展。

(一)脑瘫儿童的导入音乐治疗

脑瘫儿童即使已接受过权威医院的检查和鉴定,在进行音乐治疗前仍然需要经过音乐治疗师的了解(问诊)、观察和评估,以论证其是否适合做音乐治疗,在此前提下,才能进行相关的测试。在第一次与家长会晤时,治疗师应注意倾听家长的反映,如脑瘫儿童吃饭、穿衣、说话、动作、运动能力、身体机能、沟通、情绪等在家和公共场合的情况。并注意脑瘫儿童在不同情景之下的情绪反映、听力状况、领会程度、会做什么,以及对家长所介绍的一些情况进行观察。从中找出脑瘫儿童在感知觉方面的潜能、爱好、强项等,并做好相关的记录,建立治疗档案。

针对脑瘫儿童的治疗是一个长期的过程,音乐治疗也不例外。一般脑瘫儿童的音乐治疗会采用一对一或二对一的个别治疗形式,每周三次左右,每次约两小时,还可以配合脑瘫儿童的其他治疗。治疗师应为脑瘫儿童营造温暖和谐的氛围,使脑瘫儿童感受到治疗师的理解、爱护和关注,从而认可自己是受欢迎者,提高治疗师在脑瘫儿童心目中的信任度。治疗师对脑瘫儿童除运动功能障碍和姿势异常以外的问题行为也要有所了解,治疗师要以耐心、尊重、诚恳的态度来对待脑瘫儿童,以正确的态度安抚脑瘫儿童因心理问题引起的情绪问题,或解决外化的问题行为,促使治疗关系的尽快建立。

治疗师通过《粗动作功能量表》(GMFM)、《大肢体功能量表》(GFMA)、《音乐治疗行为量表》(MUBS),对脑瘫儿童个体的语言能力、认知能力和心理年龄,以及忍耐度、持续力、自我控制力、肢体伸展度及反应程度等进行测试。

例如:进行脑瘫儿童精细动作与协调功能的测试,选用歌曲《我会做》。

---

① [英]朱丽叶特·阿尔文.音乐治疗[M].高天,黄欣,编译.上海:上海音乐出版社,1989:70.

(1) 测试不同体位的伸臂食指(左、右)触及鼻尖。
(2) 测试不同体位的拇指与其余指依次对指。
(3) 测试手臂轮转动作,快速(个体尽量快)、反复做前臂的旋前、旋后动作。

我 会 做

1=C 2/4　　　　　　　　　　　　　　　　　　　　　　　胡世红 词曲

1 1	2 3	5 5 5	5 6 5 3	2 3 2	3 1 1 1
让我	们来	拍拍手,	食指 摸摸	小鼻子,	一二 三 四
拇指	竖起	食指碰,	中指 弯腰	摸一摸,	名指 过来
两手	伸出	握紧拳,	胸前 转转	后转转,	风火 轮呀

5 3 2	2 5 3 2	1 1 1 ‖
五六 七,	我的 手儿	指得 准;
靠一 靠,	小指 不忘	亲一 亲;
快快 转,	胸前 转转	后转 转。

要求:第一段歌词唱两遍要分左右手;唱第二段歌词时,单手拇指与其余手指相碰分左右手单独做或双手同时做;第三段唱两遍先慢后快。

(二)音乐能力的测试

按下列音乐能力测量内容进行等级评分。不会的就记"0"分;需提示会一点记"1"分;只会一点的记"2"分;会较多的记"3"分。将各项分数累加并记录,以便了解各位脑瘫儿童的音乐能力(见表 7-1)。

表 7-1 音乐能力测量表

姓名		性别		学校		年级	
宅电			家庭地址			日期	
内容			分值	0	1	2	3
听辨音(单音、双音根据学生的情况进行)							
听辨音乐的音色、强弱、快慢,分辨音乐声音的高、低							
抓握乐器及演奏的能力,上肢随乐运动的能力							
模仿发音的能力							
下肢运动的能力,脚跟拍或仿拍踩节奏(简单、复杂)							
视觉能力,敲打乐器的准确性;注意力,聆听音乐注意的时间(有、无,长、短,频率)							
聆听音乐后的反应(有、无,长、短,频率)							
备注				记录时,以记分和文字说明并举			

音乐测试不能仅限于上述的内容,音乐测试内容根据每位脑瘫儿童的具体情况在原表内容上加以增减,制定出能够切实反映脑瘫儿童个体实际情况的音乐能力评估项目。

经过音乐测试加以评估,将资料进行整理分析并记录在档案中,其中包括:病程或生长状况、生活状况、交往状况、性格、行为等,现有哪些凸显问题行为是经过训练可以改善的,分辨是心理、生理还是环境的问题。同时,针对不同脑瘫儿童的需要,制订适合于脑瘫儿童个体的音乐治疗计划和活动。

(三) 导入的注意事项

为了降低脑瘫儿童肌肉张力过强和改善其运动功能的问题,对脑瘫儿童的治疗方法仅靠单一的治疗技术难以有好的成效。临床上除了采用物理治疗、手术治疗等,还会采用对症治疗,即针对不同临床表现的治疗及不同并发症的治疗。音乐治疗师在进行脑瘫儿童导入治疗时,应注意的事项与前几章的特殊儿童音乐治疗导入的注意事项差不多,故在此仅将特别需要注意的问题叙述如下。

1. 治疗师应有的正确态度

音乐治疗师要以正确的态度对待脑瘫儿童的低能动作和表现。脑瘫儿童的肢体障碍造成他们事事依赖的习惯,很多时候他们不想、更不愿意亲力亲为,稍有不如意就有抵触情绪,甚至发脾气不予配合。治疗师要有耐心、爱心、恒心去包容和理解他们,才不至于影响音乐治疗关系的建立和治疗的开展。

2. 重视家长对训练的配合

音乐治疗师要使训练具有可操作性,确保家长对孩子也能进行训练。音乐治疗的活动不仅适用于训练课内,还要适合于家长对孩子的训练。音乐治疗训练课的进行要留有家人对孩子进行训练的空间,让孩子知道音乐治疗师与家长的训练同样重要。

3. 重视脑瘫儿童的个体差异

脑瘫儿童的音乐治疗活动通常是以集体活动的形式进行,但是,每一个脑瘫儿童的特点各不相同,治疗目标的制定与治疗手段也需要因人而异。在设计音乐活动时,更要重视脑瘫儿童的个体差异,根据他们的需求来安排活动。

4. 激发脑瘫儿童的主动性

在组织脑瘫儿童音乐活动时,要促进脑瘫儿童的主动参与。在音乐活动的过程中,活动的组织形式、音乐的风格、治疗师的态度和风格、活动的趣味性等都是影响脑瘫儿童主动性的关键因素。因此,设计音乐活动不可忽略脑瘫儿童的认知特点,将促进他们的主动性放在重要位置。

5. 治疗师的职责

音乐治疗师有责任承担起指导脑瘫儿童家庭成员的训练工作。因为每天的音乐治疗课程的时间是有限的,为了巩固和加强脑瘫儿童的训练成果,家庭成员共同参与训练脑瘫儿童,有可能获得事半功倍的效果。

总之,音乐治疗师无论是在治疗初期的导入,还是每次治疗的开始阶段,都要十分关注脑瘫儿童的情绪状态、兴奋点和兴趣点、注意力等情况,结合训练的内容,运用音乐对其的吸引力进行适时调整,将他们的最佳状态带入治疗中并使之坚持,这就要求音乐治疗师充分发挥自己的聪明才智,激发脑瘫儿童积极主动寻求发展的欲望,使其身心得到健康发展。

 **实例 7-1**

　　小 C,8 岁,先天性脑瘫,他的下肢经过矫治已能正常行走,虽与众不同,但是基本上不太影响学习和生活。但双手的情况不太好,右手患有麻痹症比左手严重,生活仍需要家人的照顾,脾气大、任性、不听话,说话也不清楚。

　　针对小 C 的状况,音乐治疗师前期采用节奏感强易于让他兴奋的爵士或 Rap 音乐让小 C 在地垫上做或躺着进行侧身膀臂运动及徒手拍鼓的训练,来刺激小 C 的外周神经系统;再逐步过渡到手握鼓槌演奏鼓和学吹竖笛,以及电子琴和唱、读的训练。每次音乐治疗进行 50 分钟左右。

　　经过一年的音乐治疗,小 C 的双手都有了明显的好转,他自己说:"我的手比以前有劲了,也比以前准确多了。"治疗期间,家长坚持给孩子按摩,训练其抓握动作,纠正小 C 说话不清楚的问题,使其进步明显。

　　分析:音乐治疗师从小 C 的触觉入手,刺激脑干和触觉神经、动觉神经等的发展,增强肌肉的张力;用吹奏和唱、读的训练来发展小 C 的语言,同时,小 C 学会了正确的情感释放与抒发,使小 C 的情绪得以稳定。家长希望继续做音乐治疗加以巩固。音乐治疗对脑瘫儿童的康复的确有了积极的意义。

 **实例 7-2**

　　小 Z,8 岁半,被诊断为脑瘫,主要表现在下肢,智商正常。说话、唱歌清楚而准确,但他不愿在别人面前或集体环境中演唱,由于活动不便使其疏于与他人接触交流,造成他常困于家中,生活比较懒散,对许多事情缺乏热情。

　　音乐治疗师针对他的具体情况,采用一对一习唱的方法对其实施干预。最初音乐治疗师要小 Z 唱给家人听,逐步过渡至唱给小朋友听,这样使他有机会得到亲人、朋友的掌声和赞许,收获了许多成功的经验。为了小 Z 能有更大的进步和收获,音乐治疗师建议班主任安排小 Z 在小范围内演唱,小组治疗时音乐治疗师让其独唱或领唱,最后,鼓励他在联欢会上演唱。同时,希望他将心中的我与现实的我结合起来,改变个性,主动与他人接触。由于多方配合创造机会,使他演出、排练的次数多起来。起初,他还达不到表演角色的要求,后来,他在正式演出的前几天,在音乐治疗师的帮助下,找到了自己歌唱时的神态和方式。在演唱时,他的演唱和沉着让人感到信服。从这以后,他的整个精神面貌和着装都有了很大改善。而且在日后的各项活动中,他都能以较积极主动的态度参加。

　　分析:音乐治疗师能根据孩子的具体情况,善选其优势,即歌唱、说话清楚的能力实施干预性治疗,并创造机会使小 Z 与他人交流,锻炼其能力,激发其热情,使小 Z 找回了生活的希望。治疗期间家人、班主任也给予积极的配合,使得治疗效果显著。

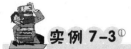

实例 7-3[①]

某女,14岁,在12岁时因车祸致慢性脑综合征。发音略困难,步行缓慢,手部活动时会颤抖,记忆力和注意力都差。她被安排在专门学校与12名残疾但智力正常的学生一起学习音乐,意在利用她喜欢音乐的特点使她成为集体中的一个成员。希望通过这一途径,使她改善对待自己和对待别人的态度。

开始,她不愿意加入这个音乐集体,拒绝演奏乐器和看乐谱。在这个集体中她几乎拒绝所有的要求。但是,她也表示她会吹笛子,现在想吹,只是手颤抖得厉害无法拿住笛子。

治疗师决定对她的治疗通过乐器演奏开始。治疗的最初几天,让她能短时间拿住任何一件乐器,并且是随便拿起任意演奏。一周以后,她不再拒绝乐器,并开始一些演奏活动。她逐渐学会读谱,并且爱上敲鼓,把鼓敲得很响。虽然她的记忆有些问题,但是音乐活动是成功的。当其他儿童要求她一起排练时,她也逐步能与他们较好相处,并与他们一起登台表演。这时她似乎被集体同化了。她能够帮助别人,开始用"我们"来代替"我"这个词,并且希望她母亲也来看"我们"表演。

分析:音乐治疗师和她的家长都认为乐器演奏和参与集体表演,可促使她有正确认识当下自身残疾及需要他人帮助的意识。

实例 7-4

小 L,6 岁,男,脑瘫儿童。他智力低下,不会说话,不能独坐及站立,无抽搐,面无表情,双手无力下垂,肌肉松软,不会抓物,连吃饭、喝水、排便等都不能自理。对他说话多次才有反应,吃东西少。

针对小 L 的具体情况,治疗师希望通过音乐治疗来改善小 L 言语、语言及非语言表达,双手无力不能抓握问题,以及学会自娱自乐,提高生活质量。治疗师采用随乐地板操、随乐行进及随乐抓举乐器,手拍鼓或握槌敲鼓,随音乐节奏用乐器配奏等活动,来增加小 L 周围神经的刺激度,着重对小 L 的感觉进行干预。伴以孩子喜欢的快节奏音乐加以按摩,穿插培养发声,如张嘴、让其笑、哈气、发"啊"等练习。每周两次。两周后,小 L 来治疗时神情自然,活动开始后脸上就会露出随乐的惬意和微笑,能够与治疗师很好地配合。在抓举、演奏音乐过程中,兴奋时会发出"啊,啊"的声音(在治疗师帮助之下完成动作),肌张力正发生着变化,治疗中,愉快、活泼的情绪溢满面庞。平时在家愉悦心情开始外显,家长说:"小孩知道今天要做音乐治疗,他就开心,急着要来。"经过一年的坚持治疗,小 L 已能扶物站立,治疗师或家长扶走已有明显的主动迈步意识,会有简单字的表述。别人对其说话,他的反应能力也有所改善,排便会主动表示等。家长在此期间,也给予配合,同时,鼓励孩子努力完成治疗内容,才呈现出如此成效。

[①] 普凯元.音乐治疗[M].北京:人民音乐出版社,1994:200.

从治疗活动中的表现来分析成效：

(1) 在音乐治疗活动中，当小L兴奋、开心时，治疗师有意教授其张嘴发出高兴及不同情绪的声音，并进行强弱、快慢、音色变化互动。在生活中，小L能用简单的字词、句子表达，但仍有欠缺。

(2) 节奏与拍子的感觉都有所长进。能耐心等待与治疗师配合。随乐演奏能有控制意识。

(3) 灵活性也有所加强。

乐器演奏表现如下：

鼓：能模仿，单手拍鼓（左手或右手）、双手同拍鼓（交替拍，不太协调）、单手臂抡鼓（左手或右手）、双手臂同抡鼓（交替抡，不太协调），强弱控制有提高，随乐配奏还可以。

三角铁：拿三角铁的手要拎绳子，不太容易，双手配合演奏三角铁尚可，三角铁内圈环绕碰击，有时只能碰两边，控制有提高，会有发泄性敲击。

手摇铃：拍打法演奏可以表现。

单柄响板：拍得很好，强弱控制有提高，但是有时会翻开来看一会。

双筒木鱼：高低音的敲击仍旧会忘记。

小喇叭：能吹长音、短音、跳音、强弱音，能为乐曲配奏。

碰铃：已会敲击，但仍然无法十分准确。

分析：音乐治疗师能根据小L的具体情况，采用多项音乐治疗活动进行运动认知的干预，以及听、视、触觉等功能的训练，增加神经系统的刺激，以促进身体肌张力及智力的改善和提高。用有意发声练习进行语言的学习，来促进语言及心理的发展，对小L的康复有着积极的意义。

第2节 脑瘫儿童音乐治疗的方案

音乐治疗就其功能而言有预防、教育、矫正、康复等。它不仅是精神上的治疗方法，也是生理机能上的一种治疗方法。音乐治疗可强化脑瘫儿童的肌肉机能，增加肢体活动的范围，帮助提高肢体动作能力和协调能力以及增加肌肉或关节的柔软度；同时，可促进脑瘫儿童知觉、情绪、言语、语言、神经等的发展。

脑瘫儿童在优美的音乐声中，恐惧感和疑惑心理会降低，紧绷的心得到放松，暂时忘却因疾病带来的痛苦和不良情绪，容易怀着欢欣愉悦的心情跟随治疗师进行康复训练，并做出积极的反应。不少脑瘫儿童经过治疗师们有计划的治疗，在身体功能方面和生活质量上都呈现出很大的改善。但是，若耽误最佳治疗期，脑瘫儿童的病况、生活质量、体重等或因痉挛、挛缩而随年龄的增长反而变得更加糟糕。

一、音乐治疗目标的确定

现今医疗技术还无法将脑瘫顽症完全根治，但是，音乐治疗在改善脑瘫儿童的情绪、行为和机体的健康状态,吸引脑瘫儿童的注意力,促进精神进一步的放松,增强其自信心等方面的作用却十分显著,而且,音乐治疗也是其他治疗方法无可替代的。

脑瘫儿童的疾患程度是不同的,在制定音乐治疗目标和音乐治疗训练计划时也应有所不同。除对脑瘫儿童的肢体功能或障碍进行康复训练外,还要针对不同程度的脑瘫儿童进行工作与生活训练,特别是要根据其不足进行有计划的感知训练,即视、听、触、味、嗅觉等。如轻度脑瘫儿童还要加强社会适应、语言、知觉、动作和自理等训练,以应付生活所需。中度脑瘫儿童的目标以生活自理和动作训练为主,以及社会适应、沟通等,培养独立生活和适应环境的能力,尽量减少被照顾程度。而重度脑瘫儿童的目标则是尽量减少别人的监护和照顾程度。

治疗师要在脑瘫儿童评估的基础上,归纳出影响脑瘫儿童的主要问题,分清脑瘫儿童需要解决的问题来自于哪个层面:是影响活动基本条件的障碍、应付活动能力的障碍还是社会适应能力的障碍。另外,脑瘫儿童由于受身体外形的直接影响,使他们的心灵受到很大刺激。孩子的个性易急躁、任性、情绪波动大,对他们进行单调、枯燥甚至是大运动量的物理训练会造成更多的情绪和行为问题。这时,音乐治疗目标要以解决情绪为首位,如当情绪表达不畅遇到障碍时,治疗师就将这种情绪转移至一些音量特别的打击乐器上,让脑瘫儿童学会通过打击乐器将自己的急躁、退缩、胆怯、焦虑及快乐、愉悦的情绪表达出来,将乐器作为自己的述说对象和自己的发泄"渠道"。

值得注意的是,选择的乐器对脑瘫儿童必须是安全的,操作时不会影响到其他的治疗,如肢体矫正等。

例如:小L,女,5岁,语言简单,走路不稳,左手掌曲,不能背伸,手指屈曲,不能持物。经常想要东西后,转而又不要,接着闹人等。实际上,小L很想与小朋友一起玩过家家或自己拿东西,但是,她左手不好使,总要靠别人帮助,使她很心烦,于是就出现上述的情绪问题。因此,治疗目标可为训练手握物,练习手指的屈动,练习语言,学习借助乐器进行宣泄。再设置提高肢体粗、细动作,及感官、语言、自理等方面的目标,且通过每一个短期的、小的治疗目标,达到脑瘫儿童的自理、沟通、体能、智力的提高,为脑瘫儿童独立生活、融入社会的最终目标做铺垫。

二、治疗方案的确定原则

由于脑瘫儿童的运动功能和智力会随着年龄的增长而有一定程度的提高,治疗师在对他们进行音乐治疗干预时,本着"用进废退"的原则,设置有针对性的治疗活动,以调动脑瘫儿童的能动性,使他们从机体上感觉与外界取得联系,并以愉悦的心情与疾病抗争。治疗师进行有组织的、系统的音乐治疗训练,达到补偿和矫治作用。因此,音乐治疗方案的制订应注意以下原则。

1. 适度原则

即使对身体健康的人来说,做任何事情都要讲究个"适度、适量",对脑瘫儿童来说就更应该如此。在音乐治疗活动的时间和活动强度上要掌控得当,循序渐进。时间安排虽有确定,但也要视脑瘫儿童身体现时状况及脑瘫儿童正常发育的规律,而灵活增减训练量和难度,循序渐进的训练,方能达到训练的标准。

2. 时间原则

脑瘫儿童易于疲劳,因此,最好根据人体每日最佳状态时间段来安排脑瘫儿童的治疗。即每日上午 8～12 点,下午 2～5 点。这两个时间段是人最敏感,协调、体力和适应能力最强的时候,也是肌肉速度、力量和耐力等功能相对最好的时段,更利于人体健康发展。

3. 差异原则

治疗前,治疗师要十分清楚脑瘫儿童个体当下的学习能力与需要,即个体差异,挖掘其潜能,启迪其心智,给他们合理的智力刺激和运动量,培养其自信心。因此,音乐治疗训练的计划必须因人而异,特别是组织集体治疗时更应注意。

4. 范围原则

脑瘫儿童关节的活动范围有限。肢体长期病困导致软组织粘连、肌腱紧缩直至失去原有的弹性,使关节的活动范围不断缩小。治疗方案要考虑将脑瘫儿童的被动音乐活动过渡到主动音乐活动的韧带牵引上,达到保持良好体位和关节的正常活动范围。

5. 部位原则

治疗方案要根据脑瘫儿童障碍的部位来具体制订。如肌张力低下型:当身体处于直立位时,脑瘫儿童由于颈软不能竖起,无法将头部保持在身体中线位置。此时的治疗活动可选蹲—仰首—起—立—抓—摇"天桥挂铃",让脑瘫儿童在兴趣引导下完成身体蹲、起、抓、摇的动作,以锻炼上肢、下肢、颈部、背部肌肉的张力。

6. 音乐选择原则

治疗师要在充分了解脑瘫儿童认知水平的基础上,选择适合他们的音乐。如果选择过于抽象或消沉的音乐,很可能会使脑瘫儿童产生厌倦、抵触的情绪。因此,在组织音乐活动时,尽量选择作品风格轻快、行进、旋律优美、舞动性强或内容接近生活的音乐。

7. 使用辅具原则

在治疗过程中,当脑瘫儿童需要辅具的帮助和支持时应给予,但是,当他自己能做时,就要及时、逐步递减辅具的支持。注意仅在需要时方使用辅助器,用的时间不宜过长。

总之,在制订脑瘫儿童音乐治疗方案时除上述原则要注意之外,还要根据脑瘫儿童的病情看是否有并发症,将问题症状排序以确定进行干预的先后。当脑瘫儿童的功能有所进步时要认真记录、调整治疗方案,并随时与家长沟通、解释为何如此做。另外,要避免负面的精神刺激,降低脑瘫儿童的情绪波动,这些都对脑瘫儿童的治疗是非常有利的。

三、治疗方案的确定方法

人的大脑和神经系统在发育过程中可塑性很高,特别是发展中的儿童期,一些身体功能发育不良的状况,可通过音乐治疗得以矫正和弥补。对脑瘫儿童来说,帮助他们恢复肢体的动作能力、运动能力和运动知觉是非常重要的。发展脑瘫儿童的运动知觉也是非常必要的,如果运动知觉不正确,就不可能准确地反映出外界运动的客体、控制自身行动,并保持身体与周围环境的平衡。

音乐治疗师可以通过对脑瘫儿童的听觉、视觉、记忆进行训练来促进心理、生理功能的健康发展,提高智力,改善他们的生活现状。因此,脑瘫儿童可以尽早接受音乐治疗,使其在肌腱能力及保持、加强自我照顾、学习和其他方面的能力,这对减轻障碍对生活、学习的影响有着实际的意义。下面是针对脑瘫儿童某些部位以及需要进行康复训练的音乐治疗方法。

1. 对脑瘫儿童不同部位的音乐治疗训练

脑瘫儿童各部位的音乐治疗训练可以从非常简单的活动开始,如跟随音乐节奏做简单的摇摆、点头、拍手、拍腿、拍身体的各部位或踏脚,逐步至进行较复杂的活动。这是让脑瘫儿童的肌肉、神经、关节从滞闲状态过渡至活动的治疗过程。如左右手拍不同的节奏、脚踩不同的节奏,或按照音乐节奏进行全场行进式的运动等。

(1) 头部、颈肌的训练方法

由于脑瘫儿童颈软而无法竖起头部,可采用鲁道夫-罗宾逊创意性即兴音乐治疗中的方法(治疗师也要视脑瘫儿童类型而具体来定),选用蹲—仰首—起—立—抓—摇或举摇"小天桥挂铃"动作训练,脑瘫儿童做此项动作训练时应在治疗师的帮助下完成。如:扶脑瘫儿童蹲下,治疗师摇动"小天桥挂铃"引发脑瘫儿童仰首观看(治疗师帮助),再鼓励其站起自己摇晃"小天桥挂铃"。在脑瘫儿童做起身动作时,治疗师要扶其上臂外侧部或腋下,助其向上站起。当脑瘫儿童站起后,治疗师又双手举起"小天桥挂铃"在空中晃动,激发脑瘫儿童做相同的动作。在脑瘫儿童意欲抓握"小天桥挂铃"时,治疗师帮其共同举起摇晃。此时的脑瘫儿童会乐此不疲地想要做这组动作,而且,这组动作完成是在即兴音乐的刺激下进行的。还可由另一个治疗师来弹奏乐曲(可以是钢琴或者打击乐器)支持和配合脑瘫儿童身体动作的起伏、快慢、停顿及情绪的变化,也可以让脑瘫儿童的训练动作跟上音乐的节奏、速度、强度等练习。治疗师还要用口头或音乐声来表扬、夸赞脑瘫儿童的认真和坚持的精神。

(2) 身及四肢的训练方法

让脑瘫儿童躺在明亮、宽敞的治疗室地毯上(也可在宽大的治疗床上)进行训练。地毯上的训练有利于脑瘫儿童看清室内的人与物,除了给他训练的治疗师,还有为他们演奏、演唱的治疗师以及其他接受治疗的小伙伴等。这样可以分散脑瘫儿童由于矫正肢体痉挛所带来疼痛的注意力,而将注意力集中到治疗师的演奏和演唱上。

在温馨的环境中感受音乐的同时,治疗师随着音乐的速度、节奏帮助脑瘫儿童进行侧卧体位翻转身的训练,这有助于痉挛性肌张力的缓解和肢体的对称。帮助脑瘫儿童进行下肢控制膝关节,双腿外转,分开两腿,弯起髋关节,旋转活动髋关节等训练。将双手放在胸前,再打开分至身体两侧或上举,有助于手掌的张开与拳头的握紧。在做上述手脚训练时,可在手、脚能触及的位置放上可奏响的乐器,如鼓、碰钟、小钢琴等用来激发兴趣。

做爬行或行走的训练,可配合着音乐中的节奏、快慢、强弱、旋律等来进行,使脑瘫儿童一边接受治疗,一边参与音乐的"律动",体验音乐要素,进行非言语沟通等。治疗师在此过程中要适当地给予帮助,并鼓励脑瘫儿童做向前爬行等动作。这样可以使脑瘫儿童在治疗过程中非常愿意配合做身体机能的康复训练。需要注意的是,此方式要特别注意室内地毯的卫生、温度和湿度。

2. 对脑瘫儿童身体力量的音乐治疗训练

此训练可选用有音响效果和重量不同的各种乐器,训练脑瘫儿童手部抓、握、拿、承重能力和操作能力,以及在音乐治疗师的引导下,分步骤完成上肢重心的移动,肢体的律动和移动范围等。例如:做一只手将乐器送到身体左边的手上或身体右边的手上演奏,操作过程要求平稳、准确地进行。还可用慢板歌曲的演唱来训练肺活量,用节奏去训练肢体运动动作以获得经验,逐步达到肢体力量的增加。如下肢力量的训练就可用此法,帮助脑瘫儿童在节奏、强弱引导下做腿部、步态训练。当然,这样的训练仅一位治疗师是不够的,至少需要两位治疗师,一位直接扶佐脑瘫儿童训练,另一位治疗师则要演奏或即兴演奏音乐,鼓励、支持脑瘫儿童的行走。假如脑瘫儿童能够站立,还可采用肢体律动的方法训练下肢力量。脑瘫儿童在进行肢体康复训练的同时,得到声音环境的支持,听觉潜能得到开发。另外,肢体力量的增强效果还可用演奏乐器的活动来达到,同时训练肢体的精细动作,改善关节的活动能力和范围。这需要根据某关节具体的问题和运动康复的要求,考虑脑瘫儿童的接受能力来选择适合的乐器进行训练。

随乐演奏:可让脑瘫儿童随着治疗师演奏的钢琴音乐旋律,随节奏击鼓或使用其他乐器,甚至伴乐歌唱。如果脑瘫儿童站着有困难可坐着奏,逐步过渡到站立演奏;当站着问题不大时,可选各种乐器分开放置,锻炼脑瘫儿童的腿力等肢体的活动机能及其他能力。另外,通过演奏固定音高的乐器,如键盘乐器、民族弹拨乐器、变形乐器等可以使肩、臂、手部的功能得到改善。

知识链接[①]

乐器演奏等音乐活动对残疾的治疗作用和常用技术归纳如下:

① 钢琴、电子琴、手风琴等键盘乐器:可以锻炼手臂运动的准确性,手指弯曲和伸张活动的灵活性。钢琴和电子风琴还有益于足部活动,手风琴有益于左臂的活动。

② 扬琴及木琴、鼓等节奏性乐器:为脑性瘫痪患者提供肢体运动机会,并适合肢体残疾者有限的活动。

③ 口琴及笛子等吹奏乐器:有利于口部和手的动作以及呼吸和吞咽动作。

④ 吉他、琵琶等弹拨乐器:有助于腕部和手指的伸、屈运动的协调和灵活。

⑤ 二胡、小提琴等弦乐器:有利于手指、臂部活动及左、右手臂的动作协调。

⑥ 独唱或齐唱等唱歌活动:可以满足审美需要,锻炼呼吸活动,以及顺从和接受音乐治疗。

⑦ 节奏活动或律动:有利于四肢运动灵活、协调。

⑧ 手部舞蹈:可以满足卧床患者上肢节奏性表现。

⑨ 步行:可以借助拐杖,在音乐伴奏下,锻炼肢体步行节奏活动。

音乐治疗师在掌握一定的残疾康复知识基础上,选择适当的音乐治疗活动,将音乐治疗作为基本手段,或作为配合其他治疗的辅助手段,就会在残疾康复方面收到较好效果。

3. 对脑瘫儿童语言障碍的音乐治疗训练

大部分脑瘫儿童在语言上有不同程度的障碍,造成"交流"困难。首先,要训练脑瘫儿童学会用正确的方法呼吸。让脑瘫儿童模仿治疗师发声练习,如大声或小声地唱长音或短音

---

① 普凯元.音乐治疗[M].北京:人民音乐出版社,1994:144.

进行呼吸训练。其次,音乐治疗师用不同的节奏、旋律、速度、音高、力度、歌词等训练脑瘫儿童发音、发声,发展脑瘫儿童的表达性语言、接受语言和接受指导的能力。不过,治疗师在上述训练中,要加上自己丰富的面部表情和动作,引发脑瘫儿童发声的积极性,来扩展他们的语音范围、音高辨别、语音质量等。最后,音乐治疗师让脑瘫儿童随着音乐的旋律唱歌或进行交互式的对唱活动,促进脑瘫儿童与他人之间的交流,从而达到提高脑瘫儿童沟通交往的能力。

值得注意的是,治疗师要理解脑瘫儿童的交流方式和特点,不可因发声或说的不清晰,而表露出不耐烦等负面情绪,使脑瘫儿童因受挫而停止说话。

音乐治疗学家威尔(Wall)就音乐治疗各种语言障碍的技术也提出了一些原则,下面是威尔针对脑性瘫痪者有关语言功能障碍及其治疗方法的要点。

(1) 唇

治疗方法包括:① 吹口琴。奏单音和音阶,只需控制口唇肌肉轻微动作。② 吹笛子。需要一定的肌肉控制。③ 吹口哨。需要很好的控制肌肉运动。④ 唱歌。唱歌词带"b、p、m"音的歌曲。

(2) 舌

治疗方法包括:① 唱歌。唱歌词带有"g、k、d、t、n、l、s、r"音的歌曲。② 吹口琴。要求舌的位置准确。

(3) 腭

治疗着重于上腭的闭合,方法包括:① 吹口琴。通过吹奏,使上腭关闭。② 吹笛子。要求同口琴。③ 唱歌。唱歌词带"p、ch、sh"音的歌曲。④ 哼唱。发展上腭闭合。

(4) 音高

治疗方法是听唱。治疗师用钢琴弹奏一至三个音,然后让患者唱出相应的音高,以发展辨别音高的能力。

(5) 响度

治疗方法包括:① 唱歌。要求控制呼吸和力度。② 节奏性乐器。伴以唱歌,模仿乐器的声音,以增加自然的气氛。

(6) 呼吸控制

治疗方法包括:吸气、唱延长音及多音演唱(包含许多歌词)。[①]

4. 对脑瘫儿童适应行为的音乐治疗训练

音乐治疗师运用歌曲的重新填词,使脑瘫儿童学习音乐以外的知识,如颜色、形状、空间、时间关系等,帮助他们提高认知能力。在小组式音乐治疗过程中,音乐治疗师选用演奏乐器、唱歌以及在音乐伴奏下的运动等,给脑瘫儿童带来参与、配合、分享、守秩序行为等的经验积累,以一种强化刺激的方式来吸引他们的注意力,增强脑瘫儿童的适应行为。

5. 对脑瘫儿童心理素质的音乐治疗训练

通过音乐治疗过程中的各种表演,如即兴演奏乐器、即兴随乐而动、即兴演唱小故事或演奏以及表演等,体验轻松愉快的情绪,来激发脑瘫儿童的创造能力。而各种表演和互动又

---

① 普凯元.音乐治疗[M].北京:人民音乐出版社,1994:142.

为脑瘫儿童带来强烈的成就感与满足感,从而增强脑瘫儿童的自信心,舒缓他们紧张的情绪,提高心理承受力。

四、脑瘫儿童音乐治疗的实例

实例 7-5

布莱尔,男,脑瘫,有时心脏会停止跳动,不能走路,喜欢与别人在一起,喜欢音乐。治疗师为他即兴创作一首歌曲,歌名叫《布莱尔的歌》。当布莱尔第一次来治疗时,治疗师演唱了这首歌,这是一首非常有力量的歌曲,而且旋律中有转调,治疗师演唱这首歌时,布莱尔能很明显地感受到转调的存在,因此,他表现得非常兴奋和愉快。当他的母亲通过闭路监控器看到布莱尔在治疗过程中如此兴奋,脸色经常会变得很难看(由于兴奋会造成憋气)。布莱尔的妈妈对治疗师说:"担心孩子由于兴奋而死去。"但她又接着说:"不过看到孩子如此快乐和兴奋,就算死去也是值得的!"她转而又问治疗师:"这首歌是为所有脑瘫儿童创作的,还是专给我儿子创作的?"治疗师说:"是为你儿子创作的。"他的母亲很感动!

当脑瘫儿童在治疗中能有反应或快乐,就是值得庆贺的。因为,音乐治疗能使脑瘫儿童活得快乐,使他们能得到更多的关怀。当父母看到孩子如此快乐,父母会被这情景所感动,同时分享爱的存在。治疗师此时听到最多的一句话是:"你把孩子还给了我!"①

脑瘫儿童的音乐治疗往往是与肌体疗法集合起来使用,将音乐融入治疗中。如因脑瘫不能走的孩子,将其仰躺在地板上,治疗师抓住孩子的小腿部,随着音乐慢慢翻动孩子,活动孩子的腿、髋关节等,孩子在治疗师现场演奏(钢琴)和人声的伴奏下随节奏、速度、强弱、旋律等引导下进行治疗,孩子会表现出平静、配合、忍耐和坚持。

实例 7-6

小 F,男,5 岁,7 个月早产、窒息、脑瘫。小 F 发育不良致使发育迟缓,不会走路,能坐,扶着走时双腿明显交叉呈剪刀步态,双足下垂。手术矫正后,音乐治疗配合术后康复。小 F 个性沉闷,胆怯、怕生,智商 68,颈、脊柱无畸形,上肢无畸形,功能尚可。说话时面无表情,能自己吃饭,排便不能自理,时有烦躁情绪出现。

针对小 F 的具体情况,治疗师希望通过音乐治疗使小 F 学会抒发和宣泄情绪的方法,在康复训练中使肌张力达到平衡,恢复正常行走能力,提高生活质量。治疗师采用随乐活动操(躺于地板上)、随乐行进、学习演奏架子鼓等,来增加对小 F 周围神经的刺激,着重对小 F 腿部感觉实施干预。同时,伴以孩子喜欢的快节奏音乐对其实施按摩。穿插人际交

---

① 庄婕筠.音乐治疗[M].台北:心理出版社,2000:223.

流活动,提高人际沟通能力。还对小F加强本体感觉认知的刺激,改善其神经系统对下肢运动觉和运动步骤或运动途径的记忆和认识。感知觉干预的加强,有利于小F智力和语言能力的提高以及肢体的康复。每周两次治疗。两周治疗后,小F来治疗室时神情自然,活动开始后脸上就会露出惬意的微笑。治疗中,能够与治疗师很好地配合,虽满头大汗,但仍能忍耐和坚持,情绪稳定,下肢肌张力正向平衡转变。平时在家愉悦心情开始外显,家长说:"后来孩子知道要做音乐治疗,他喜欢来。"出院时,小F大腿外展到功能位,足下垂矫正到功能位,肢体均能达到功能位。家长在此期间,也给予配合,才呈现出如此成效。

从治疗活动中的表现来分析成效:

(1) 在音乐治疗活动中,当小F处于兴奋状态时,治疗师就会与其变换位置来进行演奏,使其跟随音乐的速度、强弱变化步伐、扭动身体、变化方位来训练下肢肌张力平衡。

(2) 节奏与拍子的感觉都有所长进。能坚持、耐心地与治疗师配合完成活动内容。随乐演奏控制意识增强。

(3) 演奏灵活度自如,下肢灵活度也大大提高。

乐器演奏表现如下:

群鼓:能模仿,单手拍鼓(左手或右手)、双手同拍鼓协调、单手臂抡鼓(左手或右手)、双手臂同抡鼓(交替抡很协调),强弱控制得很好,能随乐配奏。进行触觉刺激,尽最大限度激活脑神经组织,促进脑神经信息的传递,提高智力。

架子鼓:将架子鼓的各组成部分,不按乐器摆放位子放置,而相对的将乐器间摆放的距离拉开,使他在其中演奏和学习,这样他也能找到协调、平衡点来完成乐曲的演奏和配奏。

分析:音乐治疗师能根据小F的具体情况,采用多项音乐活动进行运动认知的干预,以及听、视、触觉等功能的训练,增加神经系统的刺激,以促进肢体(肌张力)功能和智力的提高及心理耐受性的发展,对小F的康复有着积极的意义。

 本章小结

提及脑瘫儿童就会让人想起头颈无力、肢体瘫痪、手足不能自主运动、智力差、语言不清等多项障碍的儿童。由于这类儿童在出生前大脑发育存有缺陷以及出生后大脑损伤或疾病引起的神经细胞受损,致使儿童出现上述症状,因而,被称为儿童脑瘫或小儿脑瘫。由于脑瘫是非继发性疾病,又在儿童的婴幼儿时期发病,因此,医生、治疗师们在脑瘫儿童的早期,采用多种方法对此类病症进行治疗,音乐治疗就是其中的一种。音乐治疗师采用多重感官的音乐刺激,来激活脑瘫儿童的脑细胞,并以代偿性矫正其问题行为。

实践证明,音乐治疗具有舒缓人的神经,激发人脑细胞的特性。在对脑瘫儿童实施干预的过程中,可通过音乐和音乐治疗活动,对脑瘫儿童的紧张、分心、感觉过敏和不良心境产生有益的影响,使脑瘫儿童在音乐的作用下,增强从属感、听指令和与人积极的关系感,以及产生学习语言和沟通的愿望,并在治疗的过程中可及时获得治疗师和其他人的激励。而且,问题言语也可在音乐的控制下得以改善。音乐治疗活动还可促使脑瘫儿童在自我意识、自我表达及自我评价方面得以提升。当脑瘫儿童在创造性的演奏演唱活动中,可获得自我控制下的情感释放,并体验用音乐来表达难以言传的情感和情绪,同时,也可使治疗师直接观察到,脑瘫儿童个体在音乐治疗活动中表达特殊情感的过程及其情感特征。

本章对脑瘫儿童的音乐治疗实际操作进行了具体的介绍。通过对脑瘫儿童的特点及分类的介绍,了解他们的特性和日常表现,以及脑瘫儿童与音乐的关系,以此帮助我们认识音乐治疗对脑瘫儿童的作用。由于脑瘫儿童的个体差异性,因此,在本章中叙述了音乐治疗师在获得脑瘫儿童信息之后,开展音乐治疗的原则,以此来帮助治疗师建立治疗关系,进入真正的治疗阶段。之后,本章还对脑瘫儿童音乐治疗方案的制订及原则作了介绍,以便对脑瘫儿童的治疗内容和治疗组织形式有所了解。

 思考与练习

1. 简述脑瘫儿童的分类与特点。
2. 简述脑瘫儿童导入音乐治疗的技巧。
3. 简述脑瘫儿童音乐治疗方案的确定原则与方法。
4. 音乐治疗学家威尔就音乐治疗各种语言障碍的技术有哪些?

第8章　特殊儿童的音乐心理剧治疗

 学习目标

1. 了解音乐心理剧的理论及应用领域。
2. 掌握音乐心理剧的程序和技术。
3. 熟悉音乐心理剧的基本要素。

音乐心理剧（musical psychodrama）与音乐治疗一样是世界上正在研究的探索性课题之一。音乐与心理剧的结合，是两种形态不可分割的、有别于原心理剧的综合体。特别是音乐即兴创作技术的加盟，使心理剧的戏剧性得到加强，而参与者的自发性和创造力得以空前的激发，从而进一步提高心理剧的治疗作用。

本章在第1节介绍了音乐心理剧的缘起、理论及临床运用，使读者了解心理剧和音乐的关系。根据临床应用的范围，来看音乐心理剧的适用人群、适应问题或障碍。第2节介绍了音乐心理剧的基本要素、程序及技术，使读者从这三方面对音乐心理剧有个直观的、理性的、全面的认识。

第1节　音乐心理剧简介

音乐心理剧的创始人约瑟夫·莫雷诺（Joseph Moreno）博士是雅可布·李维·莫雷诺（J. L. Moreno）的侄子，曾是美国马里维尔大学音乐治疗教授，还担任过美国密苏里州圣路易斯市创造性艺术疗法学院的院长。音乐心理剧是约瑟夫·莫雷诺在雅可布·李维·莫雷诺心理剧的基础上发展而来的。

约瑟夫·莫雷诺认为，心理剧的演出是将内心的想法直接外化于表演的行动上，要比人们常常将内心的设想藏于心底所得到的感悟要深得多。即付之于行动的内心感触要比只坐在那里想而不去做所得到的震撼要强烈得多，是行动的方法。同样，音乐治疗是人在音乐的刺激下低生理水平被唤醒并外化于动作的反应，也是行动的方法。两者都能促使患者以积极的态度直接融入治疗中。这些发现敦促了约瑟夫·莫雷诺去不断努力和探究，终于找到了音乐治疗与其他学科存有的内在联系，并付之于实际行动，将音乐的创造性融入团体式的心理剧中，这才诞生了以音乐即兴创作、音乐想象及其他音乐治疗方法、技术与传统的情节心理剧相结合的一种新的综合性的治疗技术——音乐心理剧。这使音乐心理剧的治疗效果已优于先前单纯使用其中的任何一种治疗技术。

约瑟夫·莫雷诺的创意行动其实并不是偶然出现的。早在20世纪70年代,他就常常积极地参加过曼哈顿莫雷诺学院举办的公开心理剧活动。在那里,约瑟夫·莫雷诺受到各位心理剧治疗师不同创编风格、特点的熏陶,以及每次演出可能出现的意想不到情景的影响。当时,约瑟夫·莫雷诺极敏感和富于想象力,他可以从语言交流与"患者"表演无意间表露出的节奏中捕获两者的关系,如舞台上"患者"充满活力和创造性的表演,用脚自发地踩、用手挥舞物品发出刺耳的噪音等。约瑟夫·莫雷诺敏锐地感受到舞台上的"患者们"想通过这些动作创造出具有加强和支持性的音响效果,他把这种音响效果想象成一种象征性的特殊音乐,而正是这超凡脱俗的想象力为他将音乐治疗与心理剧的融合提供了可能。

经过长期不断的探索和实践后,具有不同凡响想象力和创造力的音乐治疗师约瑟夫·莫雷诺发现音乐不仅可用于心理剧的暖身阶段,还可在心理剧"展演"过程中对主角情感表达的支持、对患者的道白实施强化等方面发挥作用。

一、心理剧的缘起

心理剧就是患者以心理剧导演和参演者共同特别创设的情境为内心虚拟与现实沟通的桥梁,从中体会人生、找回因各种原因被埋没的自我,释放真我,以达到自我自然治愈的效果。心理剧是由奥地利维也纳精神科医师、教育家、团体心理学家J.L.莫雷诺在1921年创立于纽约。

心理剧可以将患者深层次的、潜意识中的症结挖掘出来。根据患者当时的性格特征,在心理剧导演的帮助下,通过患者演绎的方式揭示症结产生负面性格的根源,提高现实生活中患者自我解决问题和修护心理创伤的能力,建立更加和谐的人际关系;帮助患者通过热身体验或重新体验自己的价值观、情感和人际关系等,在具有安全感的情境中探究、释放、分享深层的自我。布兰特纳(Brandtner,1988)把它定义为:"通过演出而非谈论心理冲突的情景,来帮助个体探索他们心理问题的各个方面的方法。"①通俗地说,心理剧是创设一个与患者内心冲突相似的环境,让患者在其中重新体验、处理人生中所遇到的问题,如果做得不好而不会受到批评和责罚。

 知识链接

J.L.莫雷诺不仅是奥地利维也纳精神科医师、教育家、团体心理学家的身份,他还是戏剧家、神学家、诗人、哲学家、心理剧作家、社会剧作家、社会计量学家等。对社会剧、社会计量学领域造成了具有原创性的巨大影响。当莫雷诺还是一名医科学生时(早在1911年),他就以戏剧化的方式讲故事给孩子们听,鼓励孩子们自己创编故事并将故事表演出来。这种方式使不少孩子向往莫雷诺带给他们以行动、经验和创造取向的学习方式,因此,对当时局限于教室内枯燥、呆板的教学方式形成了一定的冲击。②

---

① [美]约瑟夫·莫雷诺.音乐治疗和心理剧[M].张鸿懿,译.上海:上海音乐出版社,2008:2.
② 石红.心理剧与心理情景剧实务手册[M].北京:北京师范大学出版社,2006:2.

J.L.莫雷诺在《心理剧》一书中(1964)曾经介绍他早年将音乐运用于心理剧的实验。虽然,J.L.莫雷诺没有接受过正规的音乐教育,但是,他想到过音乐,想到过将音乐运用于心理剧之后所得到的能量和潜力。同时,他还认为音乐不应该只是受过音乐教育的人或演奏精英们所独有的表达方式,也应该为大多数没有受过正规音乐教育的人共同享有,成为他们的表达方式。他凭借自身独特的远见和创造性的思维将音乐试用在心理剧之中,并称其为"心理音乐"。[①] 主要原因来自于,其一,当时在西方人的生活中,主动参与音乐活动的人不是很多;其二,J.L.莫雷诺希望将音乐的创造性还给没有受过正规音乐教育的人,使他们生活在丰富、愉悦的音乐中,促成他们的某种回归,回归到孩提时代,甚至是婴儿时期,重新体验那曾经拥有过的音乐表达方式。

"心理音乐"可分为两种形式:一种是以身体来表达,即不用任何乐器,而是用人的声音或身体有节奏的律动来表达;另一种是以乐器来表达,即把乐器作为个体进行自我及自由表达的手段,而不是强调个体要服从乐器所必须有的规范的演奏方法和作用。在他看来大部分乐器的演奏是要掌握一定演奏技术,才能进行自我表达,对于那些不会乐器的人来说,演奏技术会阻碍他们音乐的自发性表达。

J.L.莫雷诺认为人类不断进步的原动力来自于人类本身自发性的创造力,他把这种自发性看作是,当一个人面对崭新情境时,被激起的那种自然反应;或者当一个人曾经历过的情境时,会抛开曾有的经验,创造出一种新的方式和面对旧有情境的力量。他珍视孩子的自发天性,也希望成人仍然保持这一特质。但是,要知道自发不是冲动和鲁莽行为,更不是下意识的情绪变化过程和失控现象,而是自发与健康心理的正向关系。在心理剧中,把患者称作主角,鼓励他们敞开心扉演绎于舞台之上与组员分享。这不是逃避现实,而是让障碍者借舞台去甄别现实与幻想,唤醒压抑已久的情绪,使心灵深处被压抑的东西在"束缚"中得以释放和飞扬。

暖身,是心理剧中的第一阶段,为了帮助患者尽快地投入到演出中进入角色而采用的手段。相当于我们做某事前的"热身",它是患者表现出来的一种心理现象。实际上,暖身在我们日常生活中,做事之前都会碰到,即一个短暂调试心理的准备阶段。如:要上街之前,精心打扮一下自己;当考前挑灯夜战复习之时,为自己泡上一杯茶或浓香的咖啡,准备一些水、食物或嚼一块口香糖等;当运动员上场前的那一刻,用尽全身的力量大吼一声或做蹲起动作、原地跳起等都是一种缓解压力、放松心情为迎接后续任务的热身动作。

J.L.莫雷诺将音乐用于心理剧的第一阶段——暖身,即由治疗师专门为参演小组创作并演唱,而参演的小组成员以身体律动或唱的形式来反应;或参与者用简单打击乐器当场演奏音乐,来表达自我。这种方法特别适用于内向、胆怯、害羞等患者,有催生参与自由表达自我心情的作用。J.L.莫雷诺以短暂大声演唱的方式鼓励患者对所唱的每个句子作出反应,并使他们在情绪上得以放松和释怀。他短暂大声演唱的方式代替了原先导演四处走动并用对话鼓励患者的方式。此时是治疗师在观察、考虑请谁来做主角或治疗师正在选取某患者来做主角参与表演那真实的场景,也就是治疗师似导演一样在挑选角色的场景,这就是典型的心理剧风格。此时音乐的注入,仍然没能将音乐暖身的潜力挖掘出来。

[①] [美]约瑟夫·莫雷诺.音乐治疗和心理剧[M].张鸿懿,译.上海:上海音乐出版社,2008:6.

当时美国的音乐治疗还处于一个刚刚开始的阶段,还没有可以让J.L.莫雷诺实验可借鉴的音乐治疗模式。之后,J.L.莫雷诺又尝试将六位纽约交响乐团的演员组成即兴管弦乐队,来实现他想用乐器进行心理音乐治疗的想法。可是,这个尝试又没能如愿。原因在于,没有办法使这些不会乐器的人进行自发性的音乐表达。至此,J.L.莫雷诺认为"只有掌握了乐器演奏技巧的人才能演奏出自发性的音乐",并成为他的观点。不过,这一观点在今天看来是错误的。但是,在那个年代,J.L.莫雷诺的音乐观是具有前瞻性的。

由音乐治疗师、音乐与患者建立、发展起来的良好医患关系,是治疗中必不可少的积极因素。因此,在许多音乐治疗中,不难看到治疗师们选用一些简单的打击乐器,如:鼓类、铃类、响板、双响桶、木琴、镲、锣等给没有受过音乐专门训练的患者使用,同时,积极鼓励患者(没有接受过音乐训练的人,各种身心障碍不同程度的成人和儿童)进行原发性的音乐即兴演奏。因此,乐器和声音的使用是在暖身和表演过程中对情绪、环境、争执等场景时的衬托,强调以自发性和创造性方式来表演。

但是,在即兴音乐治疗中,以没受过音乐训练的患者与受过音乐训练的患者来看,他们所表现出来的状态是有区别的。后者由于接受过长期的音乐训练,在音乐表达上是较少地自发演奏,而更多的是表达作者的音乐构思或作品的内涵,充其量属于音乐再创造,而不会完全地、自由地表达自我。让他们在没有现成作品、音调、旋律、技法等严格框架下自由即兴,反而会使他们顾虑重重出现障碍。而没有受过音乐专门训练的患者反而不会受上述问题的困扰,他们会选择自己喜欢的乐器随着自己的心情或性子演奏,是一种"无所顾忌"地用乐器自然地、自由地演奏来表达自我。鉴于后者演奏的状况,J.L.莫雷诺尝试过许多办法,希望能让受过音乐训练的患者充分地、自发地即兴演奏音乐,但是,仍然没能使象征性剧情与真正的心理剧之间建立起真正的关系。但是,这并不阻碍J.L.莫雷诺去帮助那些严重受到演出焦虑困扰的演奏家。治疗中,由于采用的是"演奏"想象的方法,收到了良好效果。正是这"演奏"想象创造性的治疗方法,成为心理剧的发展及后来人探索的基石。

二、心理剧的理论源流

心理剧是通过集体治疗达到全体内部互动的历程,使每个参与患者在这种环境下相互感染、相互促动、相互作用,而且台下的观众也能转变成剧中的"主角",达到人人参与、人人受教育的目的。心理剧治疗的目标是:使角色带着自发性和创造性的力量并能胜任和有弹性地扮演,且有新的看法和行动可能性的出现。[1]

J.L.莫雷诺最早将音乐试用于心理剧"暖身"——心理剧的第一阶段,是为了给患者创设出更加舒适、安全、帮助内省的环境及支持患者保持意想,即初始愿望。尔后,J.L.莫雷诺在长期的探索实践中,发现音乐即兴创作可在心理剧的过程中使用,而且,在任何特定时间内以即兴创作音乐的形式去支持患者的各种情绪,创造了意想不到的效果。现实生活中,我们知道不同的音乐可以应对不同的情绪。虽然这种应对不如语言那么直指要点,但是,音乐用自己的语言规律和呈现方式供人们选择和表达。因此,我们不难把速度缓慢、

---

[1] 石红.心理剧与心理情景剧实务手册[M].北京:北京师范大学出版社,2006:18.

轻柔悠长并趋于小调的音乐与忧伤或沉闷的情绪相联系；不难把轻松明快、跳跃的短句、上扬的旋律、较大音量的大调音乐与积极奋进、朝气向上的情绪相联系。在多数情况下，心理剧过程中支持性音乐是不带调式和调性的，也不受正规音乐的限制，完全是用声音进行自由陈述的方式。

心理剧中音乐的注入使心理剧在保持心理剧人本主义心理学和会心交流哲学（其中一部分）理论的基础上得到了充分的发展。J.L.莫雷诺不但论述了心理剧的理论体系而且还发展了心理剧的理论体系，包括角色、文化原子、人际关系网、社会原子等概念。

1. 角色、文化原子

角色在心理剧中与音乐在音乐治疗中的"地位"一样，都是不可缺少的重要因素。J.L.莫雷诺认为每个人的"自我"是来自于角色，人人都具有扮演角色的天分。生活中角色的扮演与其生活、工作的环境分不开，同时，角色的扮演又能反映出每个人的行为和特征。当通过角色把"自我"的行为和特征演绎，将会引发"自我"觉醒度的提高。每个人是依赖于个体不同的角色与他人相联。而"文化原子"则是个体在特定环境中的角色关系，"文化原子"存于个体内部。音乐心理剧为参演者内心能应对外部的变化，提供了尝试改变文化原子的模拟场景和机会。

2. 人际关系网、社会原子

这是J.L.莫雷诺提出的又一概念。他认为每个人都生活在人与人"交织"的关系网中，而且存在着人员之间的相互选择与排斥的关系。无论是单位、机构或团体的工作需要正常运行时，都离不开人际关系量的稳定，即人际关系网络的优势。人际关系网或称之为"社会原子"，是个人与他人相连接的核心，也是个体选择或排斥后的人际网。

3. 集体动力

音乐心理剧集体互动中产生的经验将成为个体经验的来源，这种经验将带给参与患者在思想上的冲击、启示或顿悟，从而达到巩固人际网和增强人际的"引力"。集体创设的环境是为个体创造力的呈现提供支持和引导，否则个体的创造力会被集体中的排斥、冲突所淹没和"漏掉"，即创造力被集体阻碍而无法发挥。所以说，个体需要在一个和谐的、被接纳的、能提供机会的、可施展才能的集体中发挥创造力。音乐在心理剧中就是承担了清除阻碍患者创造力呈现的角色，使个体在人际关系网及社会原子的支持中保持创造力。音乐心理剧的集体治疗方式，正是为个体开创了一个无任何阻碍，给予无条件接纳的力量和热情。

在音乐心理剧中，音乐不仅对主角实施支持，而且，还用音乐来反映角色言语间的互动，使参与患者在音乐与心理剧相融的场景中，进行音乐与语言交互、并列的使用和表达，最大限度地增进参与患者与节奏的联系，促成患者积极参与、交流的效果。例如，演说者的言语节奏、速度、肢体动作等都会使听者随演说者而产生内动，演说者说话的节奏给听者一种交流的可能性，从而使说者与听者间同拍共情的场面得以出现。

4. 自发与创造

在J.L.莫雷诺的理论中自发性与创造性是核心概念。他认为人类智慧的原动力来于自发，自发催化着创造，而情绪却可左右自发。因此，宽容的环境、充分的信任、正确的引导，是自由表达自我，"催化"智慧，产生创造行为的"土壤"，而创造能带来财富和解决问题的方法。

5. 感应、会心与意识

当人们相遇时各自会给对方造成一种印象或一种感觉,即感应。J.L.莫雷诺把它定义为:一种对他人的洞察、激赏的感觉。这种感应或感觉对建立人际关系网起着不可忽视的作用。会心是指个体与他人在主观世界相遇相知的过程。而会心是心理治疗的基础。他认为,潜意识是一种现象,是与"交互精神"现象相关。因此,莫雷诺把"交互精神"定义为:一种双向的过程,在这个过程中,两个或者两个以上的人被锁在同一个系统中的共同潜意识状态。参演患者通过心理剧演绎的过程把交互精神展示出来,这就是共同意识与共同潜意识,而身处心理剧演绎中的每个人都能感受到它。"集体意识或集体潜意识状态并不是某个人的资产,它是一种共同资产。"[①]

6. 社会计量测试

J.L.莫雷诺在1914年至1918年期间的研究,为行为研究法开辟了新的道路。他把社会计量学发展成社会学调查的一个重要工具,并将社会计量测试分成三个段落,即自发选择、选择背后的动机、选择之间的因果。它表述了参与患者将会以怎样的模式进行建构,及怎样得到参与患者选择中内在的因果关系。在心理剧中,整个团体在生动有趣的强大动能推动下,以自发性和创造性的方式直接演出来并互相影响着,即呈现的是社会计量。

总之,心理剧是依据角色、文化原子、人际关系网、社会原子、集体动力、自发性、创造性、感应、会心、意识、社会计量测试理论自然地再现特定场景,帮助参与患者从中获益。

三、心理剧的应用

心理剧通过有调打击乐器和无调打击乐器的使用,使参演患者接触、体验角色来找到平衡点,加快自我了解、情感问题解决的进程。心理剧在个性化角色的扮演下,将不同层面的、实质性的一些问题以具体的行为来呈现,通过替身这一支持性技术,经过互动过程中的身体接触,来探讨排除成长过程中的障碍,促成主角、参演者及参与者等的成长,达到治疗的最好效果。所以,心理剧中的体验性和参与性不失为角色扮演及参与患者获得治疗和教育的主要形式。心理剧是以集体的形式展开,与集体治疗形式相同。参与患者在这种人际环境中相互协调、相互促进,共同探索自我成长的途径。

因此,心理剧除了用于成人、大学生、普通儿童、青少年的心理治疗、指导和教育,也可运用于特殊儿童社会适应行为等治疗。

1. 心理剧在儿童与青少年教育中的运用

儿童和青少年有强烈的表演和创造欲望,心理剧正好为其提供了场所和机会。心理剧的主题选自于他们的实际生活,可以帮助他们正确面对各种情境中的自我。他们在团体互动中学会调试、处理生活中本体、本体与他体的情绪变化和冲突。对于儿童或青少年阶段有着行为倾向的孩子来说,角色的扮演技巧对他们建立正确的言语技巧是很有用的技术手段。在心理剧中,除了即兴音乐、话剧或戏剧似的活动,还可配置与儿童和青少年心理特征、兴趣爱好、年龄特点相适应的音乐活动、游戏、配乐朗诵及配乐故事等,在家庭、学校、幼儿园、社

[①] 石红.心理剧与心理情景剧实务手册[M].北京:北京师范大学出版社,2006:21-22.

区、"小饭桌"中应用,或者是在问题的发生地,如操场、走廊、教室、食堂、洗手间等,让他们再现场景、表露各自的想法,帮助他们认识彼此的需求和感受。心理剧还可对智力障碍儿童或认知有缺陷、说话技巧较弱的儿童进行指导、教育及治疗,不过要对心理剧做一些修改,将其向音乐剧形式改编,也可取得良好的效果。

2. 心理剧在学校教育中的运用

小学和中学教育是以教师教育学生为主,即成人对孩子的教育。久而久之,学生在一定程度上会刻意隐藏真实的自我,特别是中学生,正处于人身阶段的"危险期"、"反叛期",更容易出现问题。而学生在心理剧中,不但可以对自己的问题进行深入的探究,还能在剧中担任主角的扮演者,在没有压力的同龄者中充分表现自我,以达到自我教育的目的。治疗师、教师、辅导员和家长可在多种情境下运用心理剧技术对孩子进行"特殊教育"。对特殊学校部分高年级学生也可用心理剧技术纠错,其效果已被国外特殊学校所证实。

(1) 心理剧对特殊孩子的教育

对于某些行为举止"异样",所关注的是自己与众不同的表现的学生,可通过心理剧中角色的扮演,组员的演绎为每个参与者提供互动与交流的机会,同时,也为个体问题的呈现及问题的处理方法提供条件。

(2) 心理剧对情感障碍孩子的教育

情感障碍孩子的人际关系适应技巧弱,对自身的感觉能力了解偏低,因此,情感教育成了特殊教育中需要十分重视的教育内容之一,更是成为促进个体成长的核心问题。因此,在特殊教育工作中对某些情感障碍的孩子,心理剧可以成为促进个体自觉性发展的有效方法。

(3) 心理剧在特殊问题上的应用

当遇到亲子关系发生冲突、当留守儿童出现问题、当外来务工人员子女入托入学遇到问题等,均可用这些内容作为主题在幼儿园、学校、街道和社区等以心理剧的形式进行问题再现的表演,使其在心理剧中讨论、分析、总结,修正处理现实问题的观点,用以指导行动。

例如,有一位大学生,男性,平时他不愿与同学接触或走得太近,更不喜欢与他人共同完成学校或老师布置的工作或任务,他认为与他人合作很烦,也很难,"求人不如求己"是他做人、做事的格言。其主要原因是担心找同学帮忙会遭遇拒绝或者合作不愉快、闹矛盾等问题的发生,如果有类似问题的发生会让他难以接受,并视为是对自己的伤害。为了免受伤害,他很少与同学接触,甚至躲避。同时,他还看不惯同学之间彼此合作的做事态度和风格。因此,他的人际关系圈非常窄,性格有点怪,不善于言谈,易与他人争执,思维方式偏激等。在一次心理剧体验中,该生被选为当时那出戏的主角。治疗师鼓励他在叙述后,把它演出来……并让他找了一个辅角,担当与他发生矛盾的那个同学。通过再现两人说话的内容、姿态、表情、态度等,治疗师适时了解到该男生在生活中还与哪些人有过沟通。治疗师又分别找人扮演与该男生有沟通的人,经过"此时此地"主角(该男生)的演出,了解自己与他人沟通中的情形,感受到问题的所在……

3. 心理剧在其他方面的运用

心理剧技术还可在人类潜能的开发、管理人员的领导"艺术"的培养、心理卫生等领域运用。心理剧技术的使用可以避免在治疗中组员们"话题阻塞,冷场现象"的出现。例如,参演患者将某话题扯远或引入到一个抽象化的主题上,而不是在探究其自身的需求和关心的问题,更无法回归演出此剧的"主题"上时,这就是演出中"话题阻塞现象"。这时,治疗师会给参演患者一个具体的东西,并告诉他们说:"当你们不明白我给的东西代表什么意思,你们就把这东西看作是'有用'的,是你们各位都需要的东西(物品),我(治疗师)要求你们(参演患者)都要用自己的身体去处置这个东西(治疗师刚才给的东西)。"——随着每位参演患者对物品处置方式的不同,可反映出参演患者之间有不同的互动方式、与物品之间的关系及在这些行为中得到的感受都不相同。之后,进行讨论。当有的参与患者对演出不满、想离开时,导演可通过使用"光谱图"、"背后技术"等去提醒、解释一些问题。

 知识链接

"光谱图"具体操作是:把有某种感觉的成员安置在一边,形成一个次团体,有其他不同感觉的人置于另一边,成为另一个次团体,对表示漠不关心的成员安置在中间。随后以这些次团体作为讨论对象,这样可以把那些以为只有他才有这种感觉的成员的焦虑感降到最低点。

"背后技术"操作要点是:让想离开的成员象征性地把背转过去,团体的其他成员就当作这些人已不在场而讨论他们的离去。当这些"已经离去者"听到团体的讨论,可能想再回到团体中,阐述自己的观点以及修正一些误会。即便他们已做好离去的心理准备,团体中的每一位成员可以简单地对即将离开的人道别,并分享在一起的感受。或许由于听到团体中有人对他们的离开表示同情或留恋时,也会使他们再回到团体中来。不管是哪种情况,这些技巧都能使团体分享彼此经验,增进团体凝聚力,有利于团体讨论的进行。[①]

当然,心理剧的治疗也不是万能的,不可遇到什么问题都用心理剧的方法来干预。虽然心理剧是一种解决问题的好方法,但是,如果一个没有受过心理剧训练的人用这一方法,很可能会对参与患者产生巨大的潜在伤害。

第2节 音乐心理剧的构架

音乐心理剧与心理剧都是采用现场即兴"演出"的方式,故事情节不是事先撰写好的,而是通过"暖身"(或热身)活动找出主题现场构架。所不同的是,在音乐心理剧中,音乐即兴演奏被大量地运用于心理剧中,形成了音乐与语言并重运用的格局,扩大了心理剧原有的潜能和治疗效果。音乐心理剧是通过集体音乐心理互动,为参演患者提供释放不满和被压抑情绪的机会,帮助参演患者在一个安全方式的情境下"演出"内心不同层面的心理冲突,使他们在活动中探究问题所在,感悟内心深处的需要和渴望,在改变认知的基础上,学会换位思考,学会使用合理、有效的行为方式。

---

① 石红.心理剧与心理情景剧实务手册[M].北京:北京师范大学出版社,2006:25.

一、音乐心理剧的基本要素

音乐心理剧之所以被称为"剧",除了有常见于舞台上的戏剧风格,还有它自己独特的演绎要素,这样才能将内心的感受和意识展现出来。音乐心理剧的基本要素有以下几种。

1. 乐器

音乐心理剧的演出离不开乐器的选用,乐器的种类繁多,但常用的是一些有调的和无调的打击乐器。这些打击乐器在操作方面,适合没有接受过音乐教育的人使用,易于进行自发性和参与性的创造演出。有调乐器是大、小调或是五声调式的木质或金属质等乐器,如:木琴、钢片琴、音砖等音条琴;无调打击乐器就太多了,如鼓类、锣类、铃类、沙球、梆子、响板等及其他能发出不同音响的各种乐器。乐器的使用不仅可以支持、刺激主角的情绪和心声,还可成为沟通参与患者之间感受交流的桥梁,更可作为主角的"音乐替身"。

2. 主角

主角(患者)是指在音乐暖身过程中诞生出来的音乐心理剧演绎故事的主要人物。关键是担任主角的人是在演自己的事情,而不是在演别人的事情。其他参与患者可以透过这个角色的表演来看待和处理与主角相同的自己的那部分问题或类似的问题,并将自己融入主角的经验中,用主角的眼光去看待外部世界,用心去体会此时、此景、此事下主角心中的感受。

而现实生活中,戏剧、话剧中的主角(演员)则与之相反,他们通常是被要求根据剧本中创作好的主人公或主人公的事去塑造主角,即"丢弃"自我而扮演他人。因此,音乐心理剧中的主角是没有谁比他自己更了解自己、更有自主权的了。当我们从治疗的角度来看主角时,他是一个需要帮助的人;而当我们从心理剧剧情来看主角时,他就是剧情的"核心"。主角在音乐心理剧演出的过程中,不存在演绎失败的"理论",只有治疗师和参演患者的音乐暖身还不够充分,导致主角不能完全展露自我的问题。

3. 辅角

音乐心理剧中的辅角实际上又被称作"音乐辅角",他是治疗师的协助者,剧情的参与者。他们手握打击乐器用夸张的音响效果对主角进行刺激,使主角勇敢地去面对真实的自我或想象中自我的角色。辅角在音乐心理剧中所表现出来的功能有三个:① 用音乐演绎主角想象中所需要的角色或心理冲突。② 跟随治疗师的意图用音乐或言语协助治疗师引领主角。③ 以特殊的身份对主角的问题进行探究。剧中的辅角有时还会成为替角,去演绎主角内心真实的故事,而让主角以局外者身份来看自己的问题,帮助主角提高解决问题的能力。此外,参与患者在音乐心理剧表演现场也有可能成为辅角,治疗师有时也会安排心理剧经验丰富的人或其他治疗师来担任辅角的工作,这样治疗师就可将自己的思想、态度通过音乐或语言转达给主角,达到治疗的目的。

4. 治疗师

音乐心理剧中的治疗师是身兼数职的人,如导演、领导者、协助者、参与者、制作者、观察者、评价者、保护者等,治疗师的主要任务是依据主角的音乐表现,了解主角的问题进行构架心理剧,并控制整个剧情的发展方向,将未知剧情发展成真实的情节。音乐心理剧的治疗师有别于电影、戏剧、大型晚会等的导演,他们不仅要有即兴构架音乐心理剧的能力,还要有接受过音乐治疗和心理剧方面专门训练的经历。必须运用他们的技术引导主角走出原有的感知觉;同时,激发主角进行自发性的探究。J. L. 莫雷诺(1953)把治疗师定义为:制作人、分析师、咨询师。[①] 因此,治疗师必须十分敏锐地依据主角表现出来的哪怕是一丝想法,去创编表演的形态和动作,让故事的脉络与主角生活的脉络相一致,并自始至终得到观众的拥护和支持。当治疗师身为分析师时,在音乐心理剧中演绎的过程中,治疗师必须随时观察、分析剧情的发展,抓住机会将自己的思想、态度等反馈出去。

5. 舞台

音乐心理剧的舞台不同于一般概念的舞台,它是指进行音乐心理剧治疗时所用的一个空间或区域。可能是在治疗室、教室,或是人们在空旷地方围成的圈内空间都可被称作音乐心理剧的舞台。这个舞台的概念是为了让参演患者真正从心理上界定"剧场"与实际生活的区别,分清虚拟(想象)与现实的差距。当然,要想使教室、治疗室或用人围成的圈内空间成为音乐心理剧的舞台,它就必须足够大,大到在其间开展活动时,"剧"中人能自由地伸展身体。更主要的是"舞台"上要有摆放乐器的空间,且不能影响"演出",如各种打击乐器、音条琴等。"舞台"的音响效果要达到使所有在场的成员都能听见主角、辅角和治疗师说话的声音,还要有一些简单的道具、桌椅、板凳等。

6. 参演者

参演者是指除主角、辅角、治疗师之外,直接参与音乐心理剧演出的患者或其他人员,是音乐心理剧演出中不可缺少的成员组合。参演者经常用贴切的音乐去帮助主角很好地释放,用支持性的音乐去协助辅角对主角的影响。他们可以是同学、朋友、主角的家庭成员、同事、其他治疗师等。参演者在音乐心理剧中代表着用客观的眼光去看问题,当主角的思想和观点能够被参演者们接受时,这表明主角的行为是能够被外界所接纳。所以,无论参演者是用音乐,还是用言语来回应或支持主角,对主角来说都是非常重要的。反过来主角的演绎同样会给参演者不小的震撼和感悟,达到治疗的目的。

当乐器、主角、辅角、治疗师、舞台和参演者这些基本要素都具备时,音乐心理剧也就可以开始了。

二、音乐心理剧的基本程序

音乐心理剧与心理剧的流程可以说是相同的,只不过在各阶段的操作上注入了音乐元素的使用。音乐是情感的艺术,它可以直接成为人的情感载体。因此,音乐心理剧除暖身阶段之外的其他阶段也有音乐的使用。音乐心理剧整个演绎过程需要经过:暖身、寻找主角、演出、讨论和分享这几个阶段。所有参与者在治疗师的策划和引导下完成剧情的全过程,并进行着心理的释放和疏导,即心理治疗。

1. 暖身

暖身是促使参演患者心思出现的一种方法。首先,通过暖身可以使参演患者放松身心,降低焦虑,建立起信任和安全的氛围,打开参演患者被深藏或禁锢的思绪,使他们自由地想象和联想,从而迸发出创造的火花,促成智慧的产生以提高应对环境和解决问题的能力。其

[①] 石红. 心理剧与心理情景剧实务手册[M]. 北京:北京师范大学出版社,2006:32.

次,暖身是进行音乐心理剧遴选主角及探寻演出主题的方法,是帮助主角充分投入音乐心理剧演出的手段。最后,治疗师本身也需要有暖身的过程,以便更好地开展工作。如:当参与音乐心理剧的人员到来时,治疗师会与他们沟通,即用谈话式、唱歌式、聆听式等,了解参与人员的情况并介绍自己即将要做的事,这有助于治疗师调整心态放飞自发性。而治疗师的这些行动,使参演患者感到治疗师的真诚与关爱,对参演患者的想象力起着唤醒的作用。

暖身开始前,每位参演患者都要自行选择一件乐器,这些乐器为参演患者提供了无须有演奏经验就能演奏的条件。参演患者在使用乐器进行即兴创作时,不会受到乐器自身和声音效果的局限而使参演患者感到焦虑和困难。他们反而会很乐意,选择自己喜欢的或某乐器的音响效果能投射出他想象中的角色,作为暖身过程中自由演奏的乐器。使用简单乐器的最大好处是:使用者(特别是成人)能在最放松的状态下,像孩子一样自由、即兴、真实地探索,来表达真实的情感和自我。

音乐心理剧中暖身技巧为:音乐聆听法、个人即兴演奏和集体即兴演奏。

(1) 音乐聆听法

治疗师请全体参演患者把四肢调整到一种舒服的状态,把身体靠在椅背上或躺在地板上,闭上眼睛、深呼吸,逐步将注意力转到全身的放松上,这其间治疗师播放背景音乐结合引导语进行放松,时间约为10分钟。当放松之后紧接着进行暖身音乐的聆听过程,引导语可使参演患者的意想得到呈现,并使他们自然沉浸在意想的体验中。治疗师的语音、语调、语速、语气等都要与音乐同步,以免影响整个暖身的效果。音乐聆听法大多选用器乐曲等纯音乐,时间一般在20分钟左右。

(2) 个人即兴演奏

活动开始前"舞台"上摆放一些简单打击乐器。活动开始时,治疗师规定好人数,请参演患者们主动上台参加音乐心理剧暖身活动,若无自愿者也可由治疗师指定。座位一字排开略带点弧度。暖身参演患者确定之后,鼓励他们选择一件自己喜欢的乐器坐到座位上,每人先后用手中的乐器独奏自己此时此刻的心情或记忆最深刻的情感、情绪和体验。治疗师将每人演奏的音乐录制下来以供全体成员讨论、分析时用。每位参演患者的音乐即兴演奏都可看作是一种心理投射现象,参演患者可以通过聆听去感受他人演奏的音乐中所表述的内涵。

聆听音乐的过程中,首先应注意感受音的属性,如音的强弱、高低、长短和音色变化,以及节奏型、速度、连贯性等是否有变化,甚至参演患者在选取乐器时的动作、表情及为何选择手中的乐器都是值得考虑和分析的内容。但是,治疗师不要刻意追求参演患者隐藏起来的情感,弄不好会适得其反造成对主角的伤害。但是,集体讨论却能更好地促使全体成员融入其中,可使参演患者在音乐声中、讨论沟通中、人与人之间的关系中产生不可估量的吸引力,它比单纯用语言所具有的能量要大得多。

(3) 集体即兴演奏

集体即兴演奏指集体成员(全体参与者)一起演奏各自想要表述的内心感受,不是成员齐奏事先创作好的乐曲,而是每个人以当时的心境、情绪、感觉或记忆中的往事或体验,去临时发挥演奏自己手中的乐器。因此,相同的人在不同的时间段或相同的乐器不同的人,演奏出来的音乐都不相同。

值得注意的是,乐器的音色、音质差别要大,每种乐器只能有一个。这样才能在录音回放时听清实际音响效果,使聆听者能将演奏者与声音联系起来。治疗师等与大家坐定后告诉他们:"演奏时间的长短由小组成员自行决定;开始和结束、速度的快慢、音的强弱、音型的使用、演奏的手法都由每个人自己决定。演奏开始后,我(治疗师)同其他人员一样保持安静,认真聆听。"为了督促大家认真聆听和观察,治疗师会预先提出几个问题,如:演奏开始整齐吗?不齐,是谁先开始的?他的表情、动作自信度等怎样?演奏中谁带领着整个集体?集体成员有何反应?……当小组成员中再没有任何人想继续演奏时,治疗师才能断定演奏结束了。接着就可以讨论,确定主角,找出问题。

2. 寻找主角

主角可能是在尊重个人意愿的前提下产生的。虽然每位参演患者都带有不同心绪来到音乐心理剧现场,如何能在音乐心理剧中得到帮助参演患者心里也没底,这就需要通过暖身活动来"调试"他们的心情,同时需要治疗师的引导,才能激发出个人勇于担当主角的意愿及找出主题。也有的是治疗师钦点而产生主角。根据某个主题,治疗师在有意愿的参演患者中指派一位做主角。或为了更好地"梳理"前次主角的问题,有可能成为治疗师再次推选其担任主角,还可能是在集体活动中产生主角。所有参演患者演奏乐器并谈论一些特别音响与心结之间的内在联系,每个人谈论的看法和想法,有哪个问题是能够引起共同感受和关注的,谁担当主角最适合……经过大家共同推选再征得个人同意,主角就"浮出水面"了。

3. 演出

当确定了主角后音乐心理剧就可以开始了。治疗师仍需与主角继续交流,具体了解事情的时间、地点、人物、原因等,引导主角走向设置好的位子,辅角和支持辅角的助手们围坐或站在主角的周围,当主角描述内心的"症结"时,辅角们可以试着用手中的乐器演奏出音乐来配合主角各种不稳定的情绪,然后,辅角们再慢慢地使音乐趋于平缓,治疗师让主角随着音乐逐渐放松心情,并想象不愉快的事情都慢慢地过去了。这时,治疗师引导主角说出告别这些"症结"的话。演出结束并不意味着治疗就此结束,反而可看作是治疗的开始。

有的主角不愿在演出过程中用语言表述内心的矛盾,反而更喜欢用音乐来述说。对听者来说音乐更具有吸引力,当听者认真倾听主角的音乐时,他们就能够细细地体会、逐步加深对主角的理解,这一过程本身就具有治疗的意义。参演患者可将这个舞台作为心理成长的平台和阶梯,达到实质性的身心改变。

4. 讨论和分享

分享是音乐心理剧的重要组成部分。当演出结束后全体参演患者聚在一起时,主角在演出中的表现和自发性会受到来自参演患者的提问、质疑、批评和肯定。这也是主角在演出结束之后需要了解参演患者对自己接纳的程度和自己心路调整的历程。因此,在分享之前治疗师会提出注意事项:"不分析,不建议,不进一步提出问题。"以免对主角造成伤害。如果主角能得到来自参演患者的支持,主角就会产生愉快感,主动审视自己,从而达到自觉与大家同感、共识,起到治疗的作用。

三、音乐心理剧的技术应用

首先,音乐心理剧是综合了人的实践、经验、认知、分析等发展起来,帮助参演患者"演绎"自身问题的一种方法。它具有调整不良情绪和不良行为的作用,促进人格完满发展的功能。帮助参演患者将内心深处的东西转化成行为展现出来,经过参演患者之间外化行为的"碰撞",使主角逐步领悟,并成为有益的经验转至内部被吸收,从而指导日常生活中的行为。

其次,音乐心理剧的演出可将参演患者的潜能挖掘出来。在整个表演的过程中,参演患者可将内心经验归属历程进行再现,来提高应对各种问题的能力。由于现代社会劳动和娱乐方式的改变,人们忽略了多种角色的扮演,如非语言的沟通、幽默、音乐、身体接触、创造性、自发性等,而音乐心理剧集体互动式的表演则可弥补这一缺失。这也是教育和心理治疗为之奋斗的目标。

音乐心理剧的演出形式不变,但治疗技术却有许多。如角色转换、音乐对话、音乐镜像、音乐示范、音乐替身、音乐空椅、音乐独角戏、音乐分享、音乐终止、音乐冲入和冲出技术等。下面介绍几种常用的音乐心理剧技术。[①]

1. 角色转换

角色转换是音乐心理剧中常被使用的主角与辅角进行角色对换的一种技术。此法可使参演患者们学习多种人际交往的手段及沟通的方法。如对待事物的态度、处理事物的方法及与人交往的宽容、理解、忍让等。演绎过程中,由于主、辅角色对剧情理解的差异性,会使剧情发展困难,主、辅角色的转换可为理解打开方便之门,使主角对原先角色具有拓展性的认识,也能对别人的处境和需求有更深的了解。对辅角来说,此法可以找到帮助主角的"线索"。

音乐角色的转换较之语言表达更清楚、更简洁。约瑟夫·莫雷若认为:"通过音乐的作用,可以产生具有更多关注、更少推理性的音乐角色转换,为主角在随后的言语角色转换中能够直接表达做准备。"当主、辅角之间的影响力变得拖沓且偏移主题时,运用音乐角色的转换是比较适合的。

例如:让参演患者用乐器演奏(音乐)代替语言进行对话,表达各自的感受。音乐语汇具有象征性意义不同于语言表达的明白和准确,因此,音乐语汇的运用能使主角在没有压力的状态下自然流露心结。音乐角色转换的同时音乐语汇的使用可投射出他人的行为。音乐的运用也可能使主角获得一种自信,或找到建立人际关系的新方法。又如,同用一个鼓的角色转换,鼓置于主、辅角的中间面对面坐,进行演奏可直接产生对抗。当治疗师授意主、辅角转换角色时,主、辅角的座位也要进行交换,此时出现的是共用一鼓的亲密的场面。

2. 音乐对话

音乐对话就是在心理剧中用音乐进行单向或双向的交流,即主角用音乐来表达,而辅角则用语言来回应,或两者都用音乐来交流,之后再用语言来表述前面音乐对话的内容。音乐

---

① [美]约瑟夫·莫雷诺. 音乐治疗和心理剧[M]. 张鸿懿,译. 上海:上海音乐出版社,2008:66.

对话可用于情感有创伤或不便用言语陈述或语言表述有困难的主角。在演绎过程中,当主、辅角的对白出现拖沓、乏味、偏离主线且任何动机都无法调整时,就可采用音乐对话的方法。主、辅角的音乐对话形式对随后对话的质量、交流水平有着积极的意义。

3. 音乐镜像

镜像在心理剧中是主角通过辅角"反串"自己,去了解自己在特定情景下的行为和互动方式。通过镜像原理了解自己的行为,有助于主角以新的方法应对实际生活。音乐镜像则是让辅角用音乐来表现主角的行为和互动的方式。音乐镜像技术的优点在于,无须用言语对主角行为进行描述,特别是那些痛苦、悲伤的事。

4. 音乐示范

音乐示范是音乐镜像自然扩展的心理剧技术。音乐示范能表达出行为的本质,同时,避开辅角可能出现对主角产生模棱和压力的言语问题。辅角积极的即兴演奏示范可以为主角提供行为和互动的另一种方式,去激发主角产生改变行为的自发性。一般在"演出"过程中,即兴演奏出来的音乐可使主角做好准备,去面对配角当下创作的即兴音乐表达的探索。因此,当新的行为在音乐层面上建立之后,治疗师便会极力引导主角回到言语的互动上。

5. 音乐替身

心理剧中参演患者在导演的提示下集体创作即兴音乐的演奏成了支持性言语的替身,他为主角提供了轻松、自由表达自我的方式。即兴音乐的演奏,还可以成为集体的音乐替身而起作用,也可以成为替代言语推动剧情进一步戏剧化发展的手段而起作用。个人的音乐替身,可以把音乐和言语作为相互结合的促进因素,并用夸张的感情音乐帮助主角以更自由的言语和更开放的态度进行表述。

6. 音乐空椅和独角戏

空椅技术是当心理剧中除主角之外没有任何人在任何情况下出演帮助主角扮演角色的时候,就得用上空椅技术。主角把空椅想象成辅角进行交流,而且,还可以与空椅上想象的辅角进行角色转换,这就像我们平时看到的独角戏。独角戏在心理剧中的运用,主要是在主角不能接受任何辅角来扮演他已故的亲人及敏感话题和进行互动时,独角戏就特别有用。

音乐空椅技术是主角以演奏音乐的方法代替空椅子上辅角的表达。音乐独角戏是通过主角和辅角频繁的音乐角色的互换,使主角投入到当前正在进行的独角戏音乐对话中。无论是音乐空椅还是音乐独角戏,都不会揭示隐私或秘密中特殊的内容,反而可以为主角迎接后续的言语表述做充分的准备。

7. 音乐分享和终止

音乐分享是心理剧中一个非常重要的环节,在演出结束之前进行,它包括参演患者和到场的成员。音乐分享为在场的全体成员提供了共同体验、共同分享主角经验的机会。当任何组员感觉言语表达不方便时,都可以用超个性化的即兴演奏的音乐来代替他们的言语陈述,并表示对主角的支持与同感。通过分享使在场的人员学会对待和处理与主角相似的自己的问题,并应用于现实生活。主角通过分享可认识到并非只有自己会遇到这些问题,而且其他人也会碰到,且有的已经解决了问题。

音乐终止技术是主角需要将表演中涉及的各种关系结束而设的一种方法。以声音代替言语表达告别,例如:强烈、震撼音的消散效果,如同音乐作品最后的一组和弦音那样,来象征性地宣告某种关系的结束,以区别于平日中使用的挥手、拥抱等手法结束关系。这种方法为主角真正的释放自我提供了可能性,而乐器的使用则提供了必要条件。

8. 音乐冲入和冲出技术

在主角无法迈出第一步及需要聚积勇气克服心理障碍时,富有活力和强烈震撼力的音乐冲入和冲出技术就能适时的发挥特效。在音乐冲入和冲出中,治疗师通常会让参演患者运用音乐力度的强弱变化产生推动力,激发主角主动探寻冲破内心障碍的能量,找出融入集体的路径或摆脱麻木、退缩的出路。

治疗师通常采用强烈的音乐性和戏剧性促进主角的冲入和冲出意识的产生。在剧中,辅角会把主角围在一个紧密的圆圈内,且每位辅角手持乐器并演奏。其中可以用鼓、镲等大音量的乐器,可有不断的叫喊声和劝告的言语声将主角包围。这些超级音乐和夸张的表演会创造出紧张的环境气氛,从而增加主角战胜心魔,立即付诸行动的力量。

以上是音乐心理剧的部分技术。其实,音乐心理剧在保留了戏剧化技术形式的前提下,结合音乐运用的技术应该可以产生更多的技术。

 本章小结

本章介绍了音乐治疗与心理剧相融合的治疗方法——音乐心理剧,它是由约瑟夫·莫雷诺在心理剧的基础上发展而来的。音乐心理剧不仅适合正常儿童、成人,也适合特殊儿童的治疗与康复。一直以来,他不断探寻音乐治疗与其他学科存有的内在联系,使他看到了音乐治疗与心理剧都是行动的方法,且约瑟夫·莫雷诺得出总想而不做要比行动起来获得的感悟要少得多。音乐治疗和心理剧都能够直接将参演患者融于治疗中,使参演患者在上述两种干预活动中呈现出积极的态度。

音乐的注入使心理剧得到了充分的发展。音乐心理剧通过集体治疗达到全体内部互动的历程,使每个参演患者在此环境中相互感染、相互促动、相互作用,且台下的观众也能转变剧中"主角"的认知,达到人人参与、人人受教育的目的。

心理剧中音乐的融入加深了参演患者在剧中的体验、促进了表达、丰富了希望得到的经验。有调打击乐器和无调打击乐器的使用能更好地将参演患者的问题挖掘出来,通过表演把问题行为显现出来,使参演患者接触、体验角色,并感受和了解自身的价值,使参演患者在不同角色中找到平衡点和完善自己的适应能力。音乐心理剧既可用于特殊儿童的音乐治疗和康复,也可运用于儿童与青少年的教育及学校教育中。

此外,本章通过音乐心理剧构架的介绍,使我们了解到音乐心理剧的基本要素,如乐器、主角、辅角、治疗师、舞台、参演者,音乐心理剧的基本程序,如暖身、寻找主角、演出、讨论和分享,音乐心理剧的扮演技术,如角色转换、音乐对话、音乐镜像、音乐示范、音乐替身、音乐空椅和独角戏、音乐分享和终止、音乐冲入和冲出技术,以期对有需要的人给予帮助。

思考与练习

1. 什么是音乐心理剧?
2. 简述音乐心理剧的理论与基本要素。
3. 简述音乐心理剧的基本程序和技术应用。

第9章 特殊儿童的舞动治疗

1. 掌握舞动治疗的基本概念、理论、方法和原则。
2. 掌握舞动治疗方案的设计和程序。
3. 熟悉自闭症儿童舞动治疗的导入方法。

舞蹈自诞生那天起,便与音乐天然合一、密不可分。音乐与舞蹈是一对天生的"孪生姐妹",二者相辅相依,紧密配合,共同编织着美妙的艺术之花。音乐与舞蹈的亲和力与缘分,也许是任何艺术门类之间的关系都无法比拟的,乃至在中国古老的传统文化理念中,数千年以来一直以"乐舞"、"歌舞"并举。

本章将对舞动治疗的概念、起源、发展、主要流派、效用、原则、方法、程序进行介绍,理论与实践并举,使学习者全面了解舞动治疗的全貌,解决舞动治疗中的实际问题。

第1节 舞动治疗发展简述

舞蹈是人类最古老、最直接的身体语言,身体语言是一种非口语、身体意象的直接表达,而舞动治疗正是将身体运动与治疗强有力的结合,在肢体律动和心理情感无尽的循环中,呈现并扩展具有象征性意义的信息,使人们重新去诠释、反省与认识个体的价值。舞动治疗作为医学、心理学、艺术学等学科相交叉的产物,是众多心理治疗手段中富有创造性的一种。

一、舞动治疗的概念

在美国,舞动治疗、舞蹈/运动疗法、舞蹈治疗、运动疗法是交替使用的。1966年,"美国舞蹈治疗协会"(American Dance Therapy Association,简称ADTA)正式成立,将舞蹈治疗定义为:舞蹈治疗是利用"身体动作"为媒介,整合一个人的情绪、生理和心理。[①] 1995年,美国舞蹈治疗协会重新将舞蹈治疗定义为:舞蹈治疗是心理治疗的一种,使用动作进行情绪、认知和生理的个人整合过程。1977年,舞动治疗协会(英国)[The Association for Dance Movement Therapy (UK),简称ADMT(UK)]将舞动治疗定义为:"通过治疗性地运用动作和舞蹈,使人们创造性地参与治疗过程,以促进他们情绪、认知、身体和社会性的整合。"[②] 1995年,美国舞蹈治疗协会重新将舞蹈治疗定义为:是心理治疗的一种,使用动作进行情绪、认知和生理的个人整合过程。[③]

---

① 李宗芹.倾听身体之歌:舞蹈治疗的发展与内涵[M].台北:心灵工坊文化事业股份有限公司,2001:61.
② 李宗芹.倾听身体之歌:舞蹈治疗的发展与内涵[M].台北:心灵工坊文化事业股份有限公司,2001:59.
③ Bonnie Meekums.舞动治疗[M].肖颖,柳岚心,译.北京:中国轻工业出版社,2009:4.

李宗芹教授认为舞动治疗的内涵包括以下几个方面。

1. 身体—心理的交互影响

人的生活动作之中,"律动"为健,"乱动"为病,也就是说,人的身心健康其实是生命能量流动的潜形规律和显形规律的总体协调现象。当人的身体进行活动时,动作本身的质量和形式,会引起内在的情绪和意识的能量反应;个人的情绪及行为对外界环境作用,引起外界人、事、物环境的能量反应,因此,反应又引发内外两方面的反复互相作用,互成因果,循环不断。舞动治疗强调身心能够协调统整,成为一体的健康。健康就是没有"疾病",这一观点只是把人看成单纯生物性的人,过分强调客观证据,忽视了人的主观感受对疾病的提示作用,忽视了心理社会因素对健康的影响,局限了人们对疾病的理解,难以反映健康的全部内涵。因此,世界卫生组织(World Health Organization,简称WHO)把健康定义为:健康不仅是身体没有疾病和异常,而且要生理、心理、社会功能和道德方面都保持完好或最佳状态。每一个人的心理与身体是互相反应、互相影响的,因此舞动治疗中所谓的"健康"指的就是身体、心理能够协调统整成为一体的健康。如果身心分开就会产生不和谐、不统一,所谓的适应不良、功能失调等就是身心分裂和心理问题呈现的身体反映,因此在动作过程中所发生的身体改变也会直接影响整个人的心理状态。

2. 身体—动作反应人格

李宗芹教授认为身体会记忆、累积个体自身的生命经验与转变,身体的动作方式就是这些记忆的展现,因此人们的身体动作不仅是发自内在的人格的展现,严格来说,应该算是直接属于人格的一部分。对舞动治疗而言,身体记录了个体生命、经验和转变的轨迹。在人体活动时,肌体张力显示了此时此刻人的心态和情绪,身体姿势和姿态揭露了个人对自己的评价和对别人的态度,动作的形式又表现了个人的物我关系、综合应事能力和沟通风格。个体即使在静态中,也展示了许多自我状态。表9-1为简单的人体身心功能对照表。

表9-1 人体身心功能对照表[①]

身体部分	自我功能
头	思考、思想、自尊、理性中心
脖子	身心联系和通道
肩	责任的承担
颚、颌、颚骨、面颊	自尊心、面子
胸腔	勇气、自我表现
手	处理能力和交际风格
躯干	存在本质、轴心
上腹	自我、性格
腹	自爱和容纳能力
身前	显意识
身后	潜意识

---

① [加]伏裔玉兰.舞蹈动作心理治疗的新进展[J].北京:北京舞蹈学院学报,2002(3):43.

续表

身体部分	自我功能
上背	对外界压力的反应
下背	对自我的信心和支持
髋、臀	生命力、性活力
腿	自立能力、移动力
膝盖	顺从的意愿
脚	基础、稳定性、踏实能力

许多有关个体与他人关系的研究认为，一个人的身体经验可以看出其心理的发展；一个人的身体表现可以揭发其潜意识。因此舞动治疗师认为身体是表达自我信息的重要媒介，通过观察身体动作可以了解个体，同时也可以通过动作发展来成就个体心灵的成长。当身体发生改变时，内在心灵与外在身体必是同时交织在一起的。

3. 创造性艺术的治疗性

创造性的治疗价值在心理学上已经建立，那便是艺术治疗的基础。艺术是一种心灵的活动，通过即兴创作而完成的表达艺术是一种自然的治疗，其中"动作"是艺术活动的基础。舞蹈创作也是一种表达情绪、想法的方式，是一种创造性艺术。而舞动治疗也借助这样的特质作为基础，将个体心中的隐性内容转化为表面的内容。动作是艺术活动的根基，身体动作直接反映个体内心的状态，并常以象征的方式显现出来，且个体因有不同的生活经验，会选择以不同的方式表现相同的主题或情绪，但无论如何，都是个体对真相认知的一种感觉表现。人类的情感多样而复杂，无法用单一心理分析就能涵盖，而艺术可以让复杂、矛盾的情绪同时存在，使之成为一体。肢体的形式运用也帮助个体突破与超越情感的限制点，使多样的情感同时并存于动作中而不互相冲突，它让每个人都能经验到独特的身体运动，并从中感受生命的激情。因此，创造性的艺术活动注重创造过程，使得人们的感情更能得以完整的表露。

4. 动作关系的建立

李宗芹教授认为运用身体建立彼此的人际关系是舞动治疗过程中相当特殊的部分，也是最为吸引人的部分。治疗师以开放接纳的身体态度去与患者互动，无形中患者的身体也受到影响。在治疗过程中要注意动作反应和响应患者的动作，并通过同理心、动作支持和表现所观察到的感觉与患者互动，并逐渐从互动的过程中达到改变患者的目的。通过身体感受和动作，帮助患者建立人际关系中的自信、自主能力和人际行为能力，引导个人建立动作行为上的自发能力、自控能力、完成能力与承担能力等等。这样的方式对某些难以用语言治疗介入或难以接近的患者常能达到很好的沟通效果，肢体动作能打破患者对治疗师的防御心、孤立的行为习惯及与他人接触沟通的界线或困难，进而增进彼此之间的关系与互动。

二、舞动治疗的起源及发展

舞动治疗在欧洲和北美是通过弗洛伊德（Freud）的精神分析心理学、朱迪·格斯顿柏（Judith Kestenberg）的表情动作分析体系和舞蹈艺术中的现代舞思潮三方面的力量发展起来的。从此,人类又重新认识动作和舞蹈在成长和医疗上的作用。

舞动治疗开始于20世纪40年代,最早发源于现代舞。现代舞蹈动作注重自我表达和寻求动作的创意,使得早期舞动治疗的基础建立在情绪的抒解与表达上。现代舞蹈动作重视"动作真相",将个体那些由内心深处某种冲动驱使并宣泄着的动作,作为舞动治疗媒介探索的起点。第二次世界大战后,美国一位现代舞教师玛丽安·雀丝(Marian Chace)被邀请在华盛顿的一家圣伊莉萨白医院开始带领精神分裂病患跳舞。这些病患多为战后的退伍军人,由于长期在医院中,形成了社交上的隔离与机械化,雀丝采用熟悉的身体舞蹈方式和一些精神、情绪不稳定的病患进行接触,她一直相信舞蹈是一种沟通方式,而沟通是人类相处最基本的需要,这也成为她日后从事舞动治疗最主要的原则和依据。她认为舞蹈动作中的元素具有治疗的功能,并能帮助治疗师掌握身体语言所表达的信息。任何人的动作都包含动作元素,所以当我们通过身体动作表达感情时,这些动作元素提供了一种组织与结构,可以帮助治疗师与患者之间,在动作层次上做进一步的探索与发展,使治疗有其动态的轨迹可循。

同一时间,美国加州的翠笛·苏(Trudi Schoop)也开始使用"身体"作为治疗媒介,通过身体动作和心灵互动,帮助人们了解自我。苏认为每个人在生活中会感受到两种层面的存在经验,一种是UR的经验,另一种是生存在这个地球上的经验。UR是德文,意思为宇宙、普遍的、超然的,是指宇宙中绵延不绝的秩序与和谐,它包含"能"、"时间"和"空间"。"能"是使空间运转不息,"时间"是没有起点也没有终点的流动,"空间"是无止境、无限度的区域。人和UR中的能、时间、空间有着密不可分的关系,每一个人都以自己独特的方式和UR联系在一起。舞动治疗受到精神分析学派和拉邦动作分析理论的影响极大,于是现代舞、精神分析心理治疗和拉邦动作分析成为舞动治疗最初的运作基础。现代舞者们以舞者敏锐的直觉探究舞蹈动作对身心健康的作用,创作发展了舞动临床治疗和创造性调理方法,并采纳各种心理学说和身心学说的理论和治疗技巧,来验证和支持舞动心理治疗的理论和实践。

1966年,美国舞蹈治疗协会成立,制定了舞动治疗专业的道德规范与舞动治疗师的级别资格、学历和实习要求,出版专业会刊,组织舞动治疗国际会议,促进国际专业会员间的交流,支持舞动治疗方法的研究和发展。

20世纪70至80年代,身体被普遍定义为,不仅是行为的表达,更是内在心灵的具体呈现、自我发展和认同的必要条件。身体在时空中表现律动规则,肢体向内心探索,个体随性的动作成为身体与心灵呼吸的空间,此时的舞动治疗重在解决人体动作与人的精神间的关系等问题。

20世纪90年代,全球开始重视文化的整合,不同国家、不同文化的存在与价值纷纷受到重视,也影响到舞动治疗的发展方向。除了运用"身体动作"之外,还加入其他的艺术治疗媒介,如声音、诗歌和绘画等,目的是让患者们有更大的表达空间。至此,舞动治疗不再局限应用于心理治疗范围,进而更广泛地应用在各种身心潜能开发的活动当中,而活动的对象也从成年人扩展到老年人、青少年、儿童、肢障、听障、智障等其他特定的群体,使舞动治疗再度回归到原本为开发个体动作能力与心理层面的整合、情绪的抒发等最初的目的。由此发展出来的理论与运作方式因此而多样化,更具弹性与适应性,加上现代人对身心开发的认知更加普遍,接受度更高,舞动治疗的发展与推广将有更大的发挥空间。

在这个阶段,舞动治疗方法也呈现多元化。一直以来,舞动治疗师们以积极的态度,大量吸收了多种学科的知识,他们重视心理学中个人和团体治疗的理论与方法、非语言的沟通研究,并使用语言和非口语的互动模式,帮助患者,也丰富着自身。舞动治疗从起源、发展至今已六十多年,在前人经验的延续和传播的基础上,后续者的努力与心理工作者的加入,将身体动作经验转化为知识,使舞动治疗的理论建构更趋于完整。

舞动治疗在中国大陆还鲜为人知,而在中国台湾,舞动治疗发展相对走在前列。2003年台湾爆发了严重的萨斯瘟疫(SARS),许多医护人员遭受了严重的精神和身体打击,台湾舞动治疗协会在帮助这些医护人员恢复身心健康的过程中,发挥了巨大的作用。在中国大陆,由于社会对舞动治疗这一新型的心理治疗方式还缺乏正确的认识和理解,再加上受过专业培训的舞动治疗师更是寥寥无几,所以舞动治疗几乎处于非常初级的阶段,特殊儿童的舞动治疗研究更属空白。所以,应用传统的心理疗法和舞动治疗来改善特殊儿童的身心健康的研究是一项非常迫切的任务。

当代舞动治疗师可以工作的机构包括:精神病医院、医疗和康复机构、咨询服务中心、教育院校、教管所、健康促进中心、社区教育中心、家庭健康中心、儿童培育机构、老人院、私人诊所、预防教育机构及企业效率训练项目等。

三、舞动治疗的主要流派

舞动治疗有三大流派[1],即玛丽·怀特豪斯(Mary Whitehouse)的深层动作舞动治疗、凌洁·爱斯本(Liljan Espenak)的心理能动舞动治疗和潘妮·路易斯(Penny Lewis)的完形动作舞动治疗。

(一)深层动作舞动治疗

玛丽·怀特豪斯将舞蹈与荣格的部分理论结合,以潜意识为主,发展出"深层动作舞动治疗",其特点是注重个人内心的探索和表达。

1. 基本理念

玛丽·怀特豪斯把舞动治疗称为"律动",从行动经验中学习,以达到治疗目的。玛丽·怀特豪斯舞动治疗的基本理念:① "对立性"动作的内涵。"对立性"存在于每个人的身体和性格中,其中包括意识和潜意识。在人的生命过程中,通常会同时出现对立的矛盾状况。人们往往以为事件只存于某一种状态,其实是人们选择了其中一种,而忽略了另外一种。在律动中,身体的放松和紧张,上下、开合、快慢的练习,对立的力应维持在平衡状态,觉察对立性动作的存在,类似这样的练习,不但可以提高患者知觉的能力,还可以帮助患者了解身体对立力量所蕴涵的意义。② 探索真实性的动作。这是指一种源于人体的真实性动作,属于个人不经过学习而表现的动作,如在即兴和玩耍时最容易出现的。③ 积极的想象力。这是指运用"意识"参与,而并非用指导的方式,合作而非选择的态度,来关注潜在的世界。想象力和潜意识之间有密切的关系,积极的想象力可以增加个人生命力量,支持自己达到目标。

2. 治疗过程

怀特豪斯认为在舞动治疗的过程中,让患者独立用身体动作去表达自己,按照自己的想

---

[1] 李宗芹.倾听身体之歌:舞动治疗的发展与内涵[M].台湾:心灵工坊文化事业股份有限公司,2001:117-165.

法去舞动,治疗师在一旁观察,不去指导和干预,以引发患者的深度潜意识并进一步寻求治疗的可能性。深层动作舞动治疗包括两个阶段:第一阶段,深层动作的发展,从玩游戏或即兴动作到身体和心理整合;第二阶段,依据动作经验中的内在经历,治疗师利用非常简单的身体活动,如想象、即兴创造,来看待个人的经历变化,在治疗过程中,尽可能要求患者以语言方式来描述内心的反应。

(二) 心理能动舞动治疗

凌洁·爱斯本的心理能动舞动治疗整理出一些心得和理念,发现其中某部分和阿德勒(Alfred Adler)的理念相呼应,这些理念与舞动治疗中情绪引发身体动作的想法有着密切的联系。

1. 基本理念

凌洁·爱斯本认为即兴式的创造代表情绪本身。① 充沛的生命是一种攻击性驱力。如果我们不刻意压抑攻击性驱力这种原始的力量,就能从存在的驱力中,感受到激情与快乐,并通过身体的力量处理把被压抑的攻击性驱力与情绪释放。也就是说,如果我们压抑愤怒、负面情绪时,心理动力的来源也会被禁锢,只有通过身体自由地表现内心的情绪,并真正地了解、认识它,才能带领它往健康的方向发展。② 在团体舞蹈中建立社会情感。团体提供安全感、接纳和支持,并有各种的互动机会,从中可以发现参与者彼此间的社会情感。③ 克服自卑情绪。心理能动舞动治疗运用"身体舞动"来让患者感觉自己的成长,例如,压抑情绪者会发现累积已久的感情可以抒发;对自尊薄弱者,在舞蹈中逐渐接受自己的身体,并发现自我表达的特质。即使是简单的身体练习,如走、跑、跳、躺等,所发挥的肌肉力量,也能让患者感受到一种肌肉知觉的满足。如果舞动得非常投入,随着身体动力的自然流露,便会发觉心中"我"的感觉强烈浮现,进而迈向内省的阶段。④ 从身体中寻找个体的生活形态。生活形态是个体在潜意识中,以自己的目标而定的形式,它可能是实实在在的,也可能是虚幻不定的。

2. 治疗过程

第一阶段,进行动作诊断测验,了解患者的情绪状态;第二阶段,建构身体状态与动作能力,增进身体的协调性,鼓励身体的自由度,让身体从紧张、焦虑、害怕中释放;第三阶段,通过即兴舞蹈把受限动作通过情绪而释放。重视因为音乐的刺激而产生放松的感觉,再由动作中进入心灵的深层改变,进一步达到治疗的效果。

(三) 完形动作舞动治疗

完形治疗理论注重"当下"的觉察,身体内外的组织以一种不可思议的方式转换及互动,基本目标是唤醒觉察能力和停留在当下。

1. 基本理念

路易斯透过完形心理学和其他许多不同的治疗理论,建构属于自己的舞动治疗理论。① 完形。通过身体或角色的扮演,保留此时此刻的觉察,通过对过去经验与此时此刻行为的各种感觉,了解自己所持的态度。② 图形与背景的关系。通过经验整体,将自己潜意识的部分,利用象征性的身体符号来呈现,从"图形—背景"的框架中,分化出主题和背景。当图形和背景的关系呈现清晰时,就会把未解决的问题从心灵深处引导出来,进而留意并体验这些问题,并能够得到解决问题的相关途径与方法。③ 整体论。身体和心理是不能被分成两部分的,如果我们所体验到的自己是部分或片断的,就无法体验到完整的个体。而自由舞动的重要性在于它流露出内在未统合的部分,自发、即兴的动作,能让我们重整内在真实的反应。当我们用自由舞动的方式把自身隐藏的一面呈现出来时,也就是为自己创造一个有包容性的空间,容许自己毫无顾忌地展现完整的内在世界。④ 身体与心理碰触。碰触是体验瞬间事物的一种能力,是一种动力关系,也是在两个分开部分中对峙的能力。碰触可以存在于自我之中,也可以存在于身体的任何部位。⑤ 稳定性。稳定表示具有适应现实社会的能力,一个平衡、稳定、有重心的身体,意味着一个平衡发展的心理。

2. 治疗过程

治疗师提供一个支持的环境,不对患者的身体表达做评价,使患者不压抑自己的思想,体验到自己现在的感觉,充分呈现个人化的冲突,进而促成统整。第一阶段,找出特殊的身体感觉,觉察和界定自己不被接纳的行为模式,并找出其影射的意义,如习惯性的身体紧张疼痛、不自然的呼吸、强迫性的特殊动作形态或能力等;第二阶段,将很突出的部分具体化,可以通过语言或扮演角色的方式,让自己更清楚地看到内在很突出的部分,如"我的后背很紧张"、"我的身体很僵硬"、"我喜欢摇摆身体"等;第三阶段,体验与体会自己选择,可以体验与体会成长中的某一个片断,不管是开心或悲伤,都可以再一次选择它;第四阶段,动作图形出现,使完形能清楚地呈现并在体验之后,治疗师与患者一起观看治疗录影带,一起讨论;第五阶段,图形结构与重组,当个体处于开放的、觉察的状态之中,便可以准备下一个新的完形图案。

四、舞动治疗的效用及原则

舞蹈之所以能够进行治疗,是因为所有的生命功能都有动作和思想,心理内容也必然要以动作为载体而形之于外,也就是说,一切心理活动都可以通过动作和表情传达出来。舞动治疗通过治疗性地应用舞蹈动作来改善患者情绪、认知、身体和社交,其理论基础为身体运动反映出一个人的思想和情感。如今,众多的受益者都认为舞蹈会帮助他们对自己的行为有进一步的了解,帮助提高他们的自尊心和解决某些生理心理问题。

(一)舞动治疗的基本效用

舞动治疗的基本效用是帮助患者疏导情绪和调理情感;增强自我意识、自尊心和自制力,感受思想、感情和行为健康之间的联系;学习适应性应对技巧,增进人际交往和建立互惠的物我关系;满足成长过程的心理需要和提高心智精神等。①

1. 情感调理

情感是人类精神生活的重要组成部分,它渗透到人们生活的各个方面,并对人们的实践活动产生影响。积极的情感可以提高人们的活动能力,激发创造性;消极的情感不仅会降低人们的活动能力,而且会降低生活质量。舞动治疗帮助患者调试情感,进而建立自觉、自信和自主能力,通过轻松自由的舞动释放累积在体内的负向情绪,并学习表达正向情绪。

2. 行为健康

通过行为干预,引导患者建立行为上的自发性与自控能力,提高生活质量和文明素质,

---

① [加]伏裔玉兰.舞蹈动作心理治疗的新进展[J].北京:北京舞蹈学院学报,2002(3):46.

并引导患者建立有益于健康生活的行为选择与方法。舞动治疗师融放松训练的技巧于治疗过程中,帮助患者达到身心一体的放松。舞动治疗能够活化心灵与塑造身体样貌,通过团体的彼此接纳与互动,提升患者正向的身体意象及自信心。

3. 物我关系

舞动治疗通过交流动作的体验和灵活的训练,帮助患者改善行为能力,增强自我容忍力和主动社交的能力。舞动治疗有别于其他治疗方法的特色之一就是以身体动作和他人建立关系。通过治疗师的引导,患者能够体验有别以往的人际沟通方式,通过最直接的身体和他人互动、共同创造经验与感受,解决人际问题上的困扰和挫折,从而豁达心胸、保持积极健康的心态,并能与外界客观的人与事建立起积极有效的互惠关系。

4. 成长过程的心理需要

帮助修补患者成长时期所缺失的心智发育需要,觉察自身的压力来源和身体的回馈反应,进而寻找到最适合自己的解压方式;治疗成长过程中的创伤或克服障碍;帮助个人建立与年龄相应的自我形象、行为类型和性别身份感等。

5. 心智精神的提高

辅助患者心智精神潜力的发展和应用,提供一种无条件的接纳和艺术创造性的互动模式,转变患者的心情、增强活力和提高智力。

(二) 舞动治疗的特点[①]

舞动治疗所应用的"舞蹈动作",除了狭义的表演舞蹈动作外,更多是指广义的随情绪韵律而成的表达情绪、认知和生理的个人整合。人体动作不是随意运动,生命有着自身的目的性。动作属于人类真正的智慧、情绪和精神状态的可视性启示,是努力追求被认为有价值的目的或一种内心状态的结果。舞动治疗使个人的意识得以清晰的梳理,然后通过有针对性的交流和动作体验,舞动人性里的健康本能,以治疗心理障碍、平复情绪创伤、建立自我调节能力、帮助身心智正常化、提高人际交流能力和应机理事能力。

1. 以身体为主要的治疗载体,动作体验为主要过程,配合思想和行为能力的调理

动作体验治疗是各种治疗方法中最快速和最直接的。动作治疗是身体、思想和心灵的对话过程,由身体动作的扩展带来的体会,对自我有更深的了解。从动作经验中所产生的影响和改变,并不是改变身体的外形(如变瘦、脊椎变直等)或改变个人的身体状况(如变健康、不失眠等),而是由身体行动的变化性与发展性所带来的新经验与非限制性观念,由身体动作的实践去感受各种可能性。

2. 科学地应用非语言和动作技巧,直接地激发生命力和适应能力

应用非语言和动作技巧,通过身体的状态、人体的姿势、身体的表情(包括面部的表情)和身体的运动中呈现的对于空间、时间、重力的态度,以及由这种态度构成的结构与非结构的、语言学与非语言学的、连续与非连续的表现与交流,呈现出生命千差万别的情调与色彩,传达出生命内在的冲动和种种倾向性。这可以应用于塑造身体、心理和行为素质,直接地激发身心调控能力、生活适应能力和事业运作能力。

---

① [加]伏裔玉兰. 舞蹈动作心理治疗的新进展[J]. 北京:北京舞蹈学院学报,2002(3):49.

3. 建立人体动作和谐，治疗生长经历中的创伤或克服障碍，重新建立健康行为的能力

人的身体进行活动时，动作本身的质量和形式，会引起内在的情绪和意识的能量反应；个人的情绪及行为对外界环境作用，引起外界人、事、物环境的能量反应，此反应又引发内外两方面的反复相互作用，互成因果，循环不断。人体动作产生于人的内在冲动，它是人的内在生命和心理活动的外在显现，往往不以人的意志为转移，不受理性控制地泄露出人的内在真实和内心隐秘。为了达到身体动作的协调状态，治疗生长经历中的创伤或克服障碍，重新建立健康行为的能力，减少人类身体能量的损耗，将"力效"动作构成不同因素间的组合与变化，调和动作中质与量的变化，增强人类动作操作的功效。

（三）舞动治疗的基本原则

舞动治疗的基本原则包括诊断原则、按需治疗原则、循序渐进原则、主动参与原则、全面训练原则和科学性原则。

1. 诊断原则

舞动治疗诊断应具备以下条件：治疗前明确患者的心理社会刺激因素，这些刺激因素的出现和症状的发生在时间上联系紧密；症状上应以情绪障碍为中心的临床表现为主；常有一定的个性特征或不同程度的心理障碍等。

2. 按需治疗原则

按需治疗的原则就是根据患者的不同障碍的特点、疾病情况、个体的特异性、治疗需求等选择制定不同的治疗目标和方案，突出训练内容，并根据治疗效果及时调整方案。如果操之过急，欲速则不达，还会使患者产生畏难情绪，失去自信心。

3. 循序渐进原则

舞动治疗的动作难易程度和心理调适度全都应该逐步增加，以保证患者身心对训练负荷的逐步适应。能让患者在处理比较简单的问题中获得信心，便于以后有能力处理较严重的问题。

4. 主动参与原则

首先要帮助患者提高对舞动治疗的认识，使其了解舞动治疗给他们带来的益处和重要性；其次要帮助患者掌握一定的舞蹈动作和技能，培养和形成对舞动治疗的兴趣，让患者认识到治疗的艰巨性，又能体验到成功的喜悦；最后要促使患者主动参与，主动参与本身就是心理状态的反映，也是改善心理功能的主要措施。

5. 全面训练原则

治疗应该全面审视，全面锻炼，具有治疗性、代偿性和健身性的作用。治疗的目标应包括心理、职业、教育、娱乐等多方面，最终目标是使患者的情绪、认知和生理整合。丰富训练手段，训练手段多样性，有利于提高训练效果，也有利于提高训练兴趣。[①]

6. 科学性原则

科学选择适合于患者的训练节奏、训练强度和基本程序，使其身心逐步适应。训练节奏是指舞动训练过程的节律，容易使患者计划和操作，并使患者比较容易适应。训练强度是指训练过程中单位时间的动作负荷和心理现象，按照患者的活动能力、系统功能和心理现象，

---

① 金宁.文体疗法学[M].北京：华夏出版社，2005：14-15.

确定特定的训练目标。强度一般为中等强度,以保证训练效果和安全性。基本程序首先是身体和心理的热身活动,一般采用小强度活动,以使身心充分预热;接着训练活动,达到预定的目标强度,是保证训练效应最重要的部分;最后是身心整理的放松活动。

(四)舞动治疗师的素质[①]

舞动治疗师需要具备哪些素质？美国舞蹈治疗学会对舞动治疗师提出了以下素质要求,以供参考。

(1) 必须整合舞动治疗师的技术和知识,以"动作"为介入的媒介。
(2) 要有心理学的知识和助人技巧,并建立多元的价值观。
(3) 要有系统整理出动作的能力,即对动作的观察、分析、判断和评估的能力。
(4) 了解个人和团体的心理动力过程。
(5) 针对不同病患、病症,需要能制定及掌握治疗的目标。
(6) 了解个人的专业角色和责任。

第一个条件是综合心理与动作而成的舞动治疗的内容、策略知识;第二、三个条件是有关舞蹈动作的内容与策略知识;第四、五个条件是有关心理治疗的内容和策略知识;第六个条件则是有关舞动治疗的专业伦理。

第2节 舞动治疗的方法及程序

舞动治疗的方法特殊,在于其身体与心智并重、语言与非语言兼用,而且以启动人性的健康潜能为主。尽管舞蹈这一形式在今天更多地用于娱乐和业余消遣,但作为治疗训练方法,舞动治疗用舞蹈动作作为交流手段,在帮助特殊儿童克服身心障碍方面提供了一个良好的途径。

一、舞动治疗的方法

舞动治疗的方法主要有六类：调合动作治疗法、反映对照动作法、交流动作法、动作质量训练法、团体动力应用法和创造性动作疗法。[②]

1. 调合动作治疗法

调合动作治疗法是指治疗师以身体动作和相应方法与患者建立相互信任的治疗关系。治疗关系从患者寻求治疗师帮助时,就开始建立,并且随着治疗的进行而不断发展变化。治疗师与患者之间的互相信任、尊敬和接受不是一开始就存在的,而是在交往中逐渐建立和发展起来的。身体动作常是促进个体与他人建立关系和互动的开始,治疗师通过身体动作和相应方法引导治疗关系向着能产生治疗效应的方向发展,治疗中会伴随着牵手、眼神交流等身体动作接触,这样的接触使治疗师与患者之间能建立信任的关系,使患者感受到被关怀与接纳,进而带动治疗的活动流程,相互信任是产生治疗效应的治疗关系的核心。调合动作治疗法适用于情绪与行为障碍儿童、自闭症儿童、智力落后儿童、学习障碍儿童和病弱儿童等。

---

① 李宗芹.倾听身体之歌：舞动治疗的发展与内涵[M].台北：心灵工坊文化事业股份有限公司,2001：68-69.
② [加]伏裔玉兰.舞蹈动作心理治疗的新进展[J].北京：北京舞蹈学院学报,2002(3)：51.

2. 反映对照动作法

反映对照动作法是以语言及非语言的模仿性反映及对照技巧,帮助患者建立自我感觉意识。潘妮·路易斯认为在治疗时,治疗师应引导患者做相反的对比性动作,如果某方面象征性的特质很明显,则表明另一方面也会同时存在某些重要的信息特征。鲁道夫·冯·拉班(Rodulf Von Laban)在治疗中的动作训练,为患者提供了实现运动定位的方法,使患者不仅能在实际的空间中运动,也可在想象的空间中运动。反映对照动作法揭示了人体动作的局限,也揭示了人体动作在可能范围内的丰富变化,为舞蹈的创造提供了有效的方法。具体表现为:运动与静止、快与慢、强与弱、轻与重、对称与不对称、失衡与平衡、紧张与放松、收缩与伸展、上升与下降等。反映对照动作法适用于聋和听力损失儿童、智力落后儿童、学习障碍儿童、情绪与行为障碍儿童和自闭症儿童等。

3. 交流动作法

交流动作法以"动质动形"的动态过程体验,帮助患者建立表达、对应意识及物我交流概念。鲁道夫·冯·拉班的"动质"指的是身体的质感,所描绘的不只是身体做了什么,还包括了身体与空间、力量、时间、流动等互动的关系,可以用来分析动作者出力时的内在态度。"动形"是指身体的形状,由"动质"的四个元素所转化发展出来的,"动形"描述身体的样态,身体如何动,又如何与周围的空间互动,不同的空间设施又如何塑造我们身体的形态。[①] 交流动作法适用于盲和低视力儿童、智力落后儿童、多动性注意缺陷障碍儿童、沟通障碍儿童和病弱儿童,如脑瘫、肌肉萎缩等。

4. 动作质量训练法

动作质量训练法是改善患者的表情动作在张力、空间、时间、力度等方面的素质,调整并提高患者理解生命、准确地表现生命的能力。拉班的动作质量分析的最大特点是培养和提高个体的肢体的灵活性、有序性和节奏性,克服肢体僵化、刻板和混乱现象,并通过身体动作训练来达到心理训练。在鲁道夫·冯·拉班的动作分析理论中"空间"的直接与间接,是指人的"注意力"集中在何处,显示是"向何处移动和行进";"时间"的快与慢,延续性或突然,显示的是"何时发生的";"力量"的强弱与轻重,力量显示的态度是一种"动机"或"意图",是"如何动的"。动作质量训练法适用于肢体残疾儿童、情绪与行为障碍儿童、智力落后儿童和病弱儿童,如脊髓损伤、癫痫、糖尿病、神经运动损伤等。

5. 团体动力应用法

团体动力应用法是通过团体动力的相互影响,改善患者交流障碍并提高人际关系的处理能力。团体心理治疗以集体的方式进行,一般由1~2位治疗师主持,每周1~2次,每次时间1~1.5小时,治疗次数依据患者的问题和具体情况而定。这种治疗像个舞蹈聚会,在团体治疗中,治疗师不仅要具备人格魅力和应变能力,还要有足够的经验和技巧调动起患者的情绪,激发他们适当的反应。玛丽·怀特豪斯主张让每一位患者都能够扮演三种不同的角色。分别是领导者、跟随者或计划者,或是老师、学生或旁观者。角色的交换很简单,却很重要,可以帮助患者了解不同角色的立场。如特殊儿童舞动治疗中的角色扮演可以用手偶练习法,引导特殊儿童用手指扮演角色,用手指进行舞蹈活动练习。儿童天性好奇、好动、好

[①] 李宗芹.倾听身体之歌:舞动治疗的发展与内涵[M].台北:心灵工坊文化事业股份有限公司,2001:217-219.

模仿,对游戏性强的舞动治疗活动特别感兴趣,而手偶练习法能让特殊儿童积极主动地参与治疗活动,有利于进一步熟悉动作顺序和建立秩序感。团体动力应用法适用于情绪与行为障碍儿童、智力落后儿童和病弱儿童,如肌肉萎缩、脊髓损伤、糖尿病、神经运动损伤等。

6. 创造性动作疗法

创造性动作疗法是以自发性和创造性动作体验,可以在无准备的情况下即兴而舞,让患者自由地沉浸在潜意识的表达中,直接接触自己所不自觉的部分,用身体动作直接释放情绪和情感,培养患者的内省能力,引导患者提高自然的表达能力和养成良好的习惯。达尔克罗兹深入地研究了儿童节奏能力以及音乐教育的基本原理,他认为节奏运动具有一种"人格的力量",节奏运动练习是促进人们身心和谐的手段,是培养健康心灵的有效途径。创造性动作疗法是在治疗师的不同治疗目的、项目和要求下进行,但患者的动作和意识都是在瞬间产生的。这一特点决定了创造性动作评估要按照治疗师经验、能力、患者或治疗组情况与人数、身心状态、治疗原因及目的和即兴质量,在治疗中随时动态点评。创造性动作疗法适用于智力落后儿童、学习障碍儿童、情绪与行为障碍儿童、自闭症儿童、聋和听力损失儿童、肢体残疾儿童、多动性注意缺陷障碍儿童和病弱儿童等。

二、舞动治疗的程序

舞动治疗的程序,包括:搜集患者资料、初期评估、制订治疗计划、实施治疗计划并进行连续性的评估以及随访。

(一)搜集个人资料

对患者个人资料搜集,包括基本资料、致残的原因、是否伴随其他残疾和诊断情况等。基本资料包括姓名、性别、出生年月、家庭住址、性格、兴趣爱好和联系方式等;致残的原因包括先天(产前)、早产、难产和环境等;是否伴随其他残疾包括视力、听力、肢体、言语、心理或其他;诊断情况包括诊断机构、诊断结果、确诊时间和既往治疗情况等。

(二)初期评估

初期评估是对患者的能力、需要和问题进行的分析,并在治疗过程开始前进行。以鲁道夫·冯·拉班的"动质"动作质量分析为评估依据之一,科学记录分析患者的肢体语言在空间、力量、时间、流动中互动的关系。舞动治疗师会与患者谈论自己的需求以及患者来进行舞动治疗的理由;接下来,舞动治疗师会请患者在房间任意舞动,借此,可以了解分析患者的身体外形、体态和动作。包括患者的身体是直立的还是弯曲的,是开放还是保守内向,是顺畅还是缩手缩脚等。

初期评估的目的是确定患者的功能水平,通过评估确定其正常功能、患者的需要以及存在的障碍或问题,为制定远期、近期目标和治疗方案提供依据,也为中期、末期评估阶段疗效提供客观指标。通常,对患者的评估是由一个多学科领域的医疗和心理治疗小组共同完成的。评估的结果将决定着为患者所提供的治疗服务的性质和范围。

(三)制订治疗计划

制订治疗计划首先要确定治疗目标。治疗的目标分为阶段目标和终极目标。终极目标是对患者的一个较为理想状态的预期,终极目标的达成要依靠阶段目标来完成。阶段目标是根据患者在舞动治疗中的行为表现,分成一个一个的目标,阶段目标是通往终极目标的桥梁。因此,治疗干预方案是伴随着治疗过程中患者表现出的不同问题和需要,不断地调整和完善而形成的,治疗干预方案是一个动态形成的过程。

在所进行的舞动治疗活动中,干预方案一般会围绕以下几个方面展开。

(1) 观察患者,寻找和验证患者的特殊需要。

(2) 反馈患者的特殊需要和表现。

(3) 就舞动治疗中所观察到的问题与患者或家属及时沟通,希望并争取得到他们的支持与配合。

(4) 根据患者的特殊需要,给予必要的介入和干预。

(5) 随时就患者的情况与患者或家属交换意见,与他们保持密切的沟通和联系,根据患者的现实表现确定下一步的干预措施。

(四) 实施治疗计划并评估

实施治疗计划并评估患者阶段性的绩效是一个动态形成的过程,主要包含以下四个阶段。[①]

第一阶段:观察身体动作和潜藏的情感。

第二阶段:内在情感的触动。

第三阶段:创造性的介入与转化。

第四阶段:结束与整理并进入身心整合的另一个阶段。

中期评估是患者经过一段时间治疗后进行的再次评估。评估的过程同初期评估,但重点或目的是对前一阶段的舞动治疗进行小结。判断障碍是否有改善、改善的程度及治疗方案是否需要调整。通过将中期评估与初期评估结果进行比较,检查初期评估以来的变化或进步是否与近期目标相符合从而判定疗效。中期评估后实施治疗计划并评估患者阶段性的绩效是一个动态形成的过程。中期评估判定如果所得进步已达到近期目标,则可重新制定治疗目标;如果进步不大,或变化与目标不符合,表现出治疗措施或方法不当,则需要及时更改。

末期评估通常是在患者结束治疗时进行的。目的在于判定治疗效果如何,是否达到预期目标,对遗留的问题提出进一步解决的方案与建议。

(五) 随访

随访指对结束治疗后回归家庭的患者进行跟踪访问。目的是了解患者功能和行为状况,即是否保持着已经获得的进步还是退步,是否需要继续治疗。

第3节 自闭症儿童的舞动治疗

儿童自闭症属于儿童精神障碍中广泛性发育障碍的一个诊断类别。其特征为在出生后不久出现社会性互动障碍、语言交流障碍及行为的同一性。从沟通的角度来说,成人可以通过"说出来"的方式使某些心理问题得以化解,而自闭症儿童用语言来表达复杂的思想情感、冲突或防御较为困难。他们可以停止说话,却不会停止用自己的"身体语言"(动作隐喻)及其他非语词交流方式进行交流。因此,以自闭症儿童的生理和心理特征为依托,借助舞动治疗的理论和实践体系,来帮助自闭症儿童化解内心的矛盾和冲突是具有科学性的。

---

① 李宗芹.倾听身体之歌:舞动治疗的发展与内涵[M].台湾:心灵工坊文化事业股份有限公司,2001:283-286.

自闭症儿童舞动治疗的理论核心有以下三点推论：① 自闭症儿童在具有极大的交际障碍的同时，也具有交际交往的可能性。② 让自闭症儿童运动起来，在运动的过程中发现特殊儿童受障碍的程度及困难所在。③ 身体和心理的相互作用是一个功能性整体。

下面通过一个案例来介绍自闭症儿童的舞动治疗。

实例 9-1

晓强，5岁，患有自闭症。一直与妈妈住在A城，爸爸是位军人，在B城某部队服役，晓强在A城居住的时候，爸爸一般一个月回一次家，回家待上几天就要回B城部队。晓强很喜欢爸爸，每次爸爸一回来，就会送给他许多玩具：手枪、坦克、大炮等，还会讲许多部队战士们如何训练的故事，他就高兴地缠着爸爸不放。晓强特别不愿意爸爸走，加上言语表达和交流的不畅，久而久之，就出现每当爸爸回部队时，晓强就会全身肌肉紧绷并持续大声尖叫，而且还有打击头部的自伤行为，以此来阻止爸爸的离去，并拒绝他人的安抚策略（如语言安慰、肢体接触）。此后，爸爸就会趁其不注意的时候悄悄地离去。但是，晚上妈妈要晓强睡觉时，他却久久不入睡，缠着妈妈陪他玩，或是玩爸爸送给他的玩具汽车，无奈之下，妈妈只有揍他，晓强便大发脾气，伤心鸣咽，但并无眼泪流下，到头来，妈妈只好任由晓强沉湎于这种重复性的行为中。

一、自闭症儿童舞动治疗的导入

合理运用自闭症儿童舞动治疗的导入方法，并遵循自闭症儿童舞动治疗的导入原则。

（一）导入方法

自闭症儿童舞动治疗的导入方法包括个案资料的搜集、创设治疗环境、游戏及舞动发泄法。

方法一：实例9-1中个人资料的搜集（见表9-2）。

表9-2 晓强的个别化训练登记表[①]

舞动治疗登记表					
姓　名	晓强	性别	男☑ 女□	出生年月	2003年6月18日
家庭住址	南京市玄武区×××××××××				
家长姓名	林兰	与特殊儿童关系		母子	联系电话:138××××××××
致残原因 　　先天☑　　早产□　　难产□　　疾病□ 　　生态环境☑　其他□					
是否伴随其他残疾 　　视力□　　听力☑　　肢体☑　　言语☑ 　　癫痫□　　其他□					

---

① 赵悌尊.社区康复学[M].北京：华夏出版社，2005：118.

续表

诊断						
诊断机构:南京脑科医院儿童心理卫生中心						
诊断结果:根据儿童孤独症评定量表(CARS),评分33分,诊断为轻度孤独症。						
根据孤独症儿童行为评定量表(ABC),评分57分,诊断为孤独症可疑。						
确诊时间:2007年7月15日						
既往治疗情况						
感觉统合训练☑　　舞动治疗☐　　游戏治疗☐　　音乐治疗☐						
美术治疗☐　　心理治疗☐　　家庭治疗☑　　其他☐						
补充说明:建议舞动治疗和其他治疗相结合。						
治疗师签名	庞佳　安迪	家长签名	林兰	治疗日期	2008年3月16日	

　　方法二:创设治疗环境

　　创设治疗环境包括物理环境和心理环境两个部分。物理环境主要是指治疗室;心理环境主要是一种自由、尊重、接纳、关注的氛围。

　　开放性治疗室是舞动治疗的必要条件。所谓开放性的治疗室,并不是房间门窗的开放,而是室内空间和物品的开放,自闭症儿童可以随便取放各种玩具、任意在室内走动。治疗室与外面的环境相比,有它自己独特的地方,主要表现在固定的时间、固定的空间、固定的关系。正是这种固定不变的治疗室环境,给自闭症儿童创设了一种建立秩序感的条件和支持性的心理环境,使受到帮助的自闭症儿童感觉到自己受人保护、受人喜欢且受人尊重。一个有耐心、友善、安静、有自信且自制的治疗师能保护自闭症儿童,并让他得到情绪上的安全感。

　　支持性的心理环境是自闭症儿童表达问题的前提条件。这与主张让自闭症儿童在舞蹈活动中获得自由和愉悦体验的教育理念是一致的。支持性的心理环境就好像一个后台,自闭症儿童不需要将自己暴露在大庭广众之下,不用担心观众的指责和评论,自闭症儿童可以在这里重复地练习,直到他认为可以在观众面前表演为止。

　　方法三:游戏

　　儿童心理学研究表明,儿童生来就好动,甚至以游戏为生命。游戏源自于儿童的内心生活,能够典型地说明所表达的冲突或防御。成人可以通过"说出来"的方式使问题得以化解,而儿童必须通过"玩出来"的方式来化解内心的矛盾和冲突。克莱因(Klein)认为游戏之所以对儿童有用,是因为它能让儿童表达他们尚无法用语言来表达的复杂思想和情感,游戏是儿童表达思想和情感的天然媒介。① 从沟通的角度来说,非语词交流方式比语话交流方式更重要,其中一个原因是非语词交流是连续性的。自闭症儿童可以停止说话,但是他却不会停止用自己的身体或游戏及其他非语词交流方式进行交流。游戏能使自闭症儿童放松防卫的心态,能够帮助舞动治疗师更好地通过游戏活动与自闭症儿童沟通,并建立治疗性的平等合

---

① 邱学青.学前儿童游戏治疗:10名边缘儿童的个案研究[M].南京:南京师范大学出版社,2007:205.

作关系。在治疗室中,以实例 9-1 为例,通过对自闭症儿童几次游戏活动的观察,进一步验证自闭症儿童晓强母亲的介绍,并逐步明确其特殊需要所在。

方法四:舞动发泄法

同样以实例 9-1 为例,为了维持自闭症儿童的心理平衡,帮助自闭症儿童舞动发泄,可以用"开汽车"和"士兵打仗"等治疗性舞蹈活动,来帮助自闭症儿童把如"爸爸经常不在家"等引起的心中积压的负性情绪宣泄和稀释出来,从而摆脱这些负性情绪的干扰,保持如"爸爸出差"时的心理平衡。因此,通过舞动发泄情绪的表达方式使治疗师去了解自闭症儿童的心理困扰,并进一步引导他利用身体表达去调适、面对或进而处理心理困扰,引导其情绪回到正常健康的轨道,然后,再以健康的心情去面对当初造成困扰的问题所在,不但能够使其重新面对现实,有些情况下还可以进一步找到解决困扰的办法,再度重新塑造身心的健康。

(二)导入原则

自闭症儿童舞动治疗的导入原则,包括循序渐进、观察记录与分析、解释、建立良好的关系、提出适应性行为的可行性建议和方法等。

1. 循序渐进

自闭症儿童对任何新的人和事,适应上较慢,尤其在导入阶段,任何的身体动作接触或游戏都不可急于让自闭症儿童尝试,以免产生压力造成排斥。应让自闭症儿童慢慢熟悉治疗环境,以便治疗师观察和寻找自闭症儿童的特殊需要。

2. 观察记录与分析

观察自闭症儿童的身体动作并记录与分析是非常重要的,自闭症儿童使用的动作元素少于发展正常的儿童,且动作语言较少又缺乏变化,在记录分析后,可辅导他们尝试以不同的身体动作语言,表达内心的情绪与想法。

3. 解释

分析和解释自闭症儿童的身体动作现象,帮助自闭症儿童和家长找出当前行为和自闭症儿童以往经验的联系,并从中发掘自闭症儿童的无意识观念和情感。

4. 建立良好的关系

治疗师与自闭症儿童、家长和自闭症儿童的教师建立良好的关系,并共同寻找问题所在及改善方向。

5. 提出适应性行为的可行性建议和方法

以自闭症儿童晓强的个案为例,如:① 爸爸每周回家和晓强团聚,带着晓强乘坐爸爸的小汽车外出游玩,并给晓强创造与同伴交往的机会。② 家长尽量用身体与晓强多接触,如每天拥抱,并引导晓强也拥抱家长,让晓强感觉到父母的关爱;支持晓强扩展肢体,用身体语言代之表达情感。③ 每天抽 20～30 分钟时间与晓强一起自由舞动,或谈论他感兴趣的事物,激发晓强产生身体探索意识和用身体与他人交流的愿望。

二、自闭症儿童治疗计划的制订

治疗计划的制订是要从自闭症儿童给予的各种反应来进行判断与安排,也就是在整个治疗活动中要很仔细地观察自闭症儿童的变化。治疗计划的内容常常因为自闭症儿童不断的发展去变化,适时地去做调整与引导,不能用固定的治疗进度去要求自闭症儿童跟随,因此,治疗师的洞察力在治疗过程中尤为重要。

1. 初期评估

在本章节的训练效果中有详细表述,在此不再说明。

2. 治疗计划的制订

终极目标:对实例9-1进行舞动治疗的终极目标是对自闭症儿童的一个较为理想状态的预期,可以从以下六个方面的阶段目标来实现:① 改善自闭症儿童的运动协调能力。② 改善自闭症儿童对感觉刺激的异常反应。③ 促进自闭症儿童的语言交流能力。④ 培养自闭症儿童的兴趣,改善其仪式性或强迫性行为。⑤ 促进自闭症儿童的社会交往能力。⑥ 提高自闭症儿童的生活自理能力。

阶段目标:是依据自闭症儿童在舞蹈活动中的行为表现,分成一个一个的目标,阶段目标是通往终极目标的桥梁,如与自闭症儿童建立良好的关系、让他充分暴露问题及发泄情绪、帮助其澄清舞蹈活动中的特别问题、能逐渐面对问题并找到相应的解决方法等。

3. 治疗活动

我们假设,"爸爸与汽车"、"士兵与手枪"是实例9-1中自闭症儿童心理的症结,通过以这些为切入点的亲子体验活动,化解自闭症儿童对爸爸离家的担忧和焦虑。

治疗主题:亲子律动。

治疗目标:引导父母带领自闭症儿童共同学习成长,支持自闭症儿童的潜在身体能力的开发;引导自闭症儿童通过对舞动身体的探索,培养自闭症儿童自发性的律动;引导父母做律动动作指导,帮助自闭症儿童体会到物我交流的敏感度及人与物的关系,并学习表达自己。

治疗内容:第一次,体验探索舞动中的身体元素;第二次,"乘上我的小汽车"理解律动发展中扮演角色的含义、汽车的功能,并理解与汽车互动的关系;第三次,"小小士兵"律动动作模仿,培养自闭症儿童的观察力及理解力,化解如对爸爸出差等问题的担忧;第四次,"士兵与手枪"和"大树与小树"律动的空间练习,体验造型,身体高、中、低层次,方向,动作幅度的大小,运动的轨迹及目光的方向等;第五次,"龟兔赛跑"时间律动游戏,体验速度的快与慢;第六次,"呼呼吹和呼呼吸"发声律动游戏,体验力度的松与紧,力道的重与轻,培养自闭症儿童的发音能力;第七次,"大声公公与小声婆婆"力量律动游戏,体验声音的大与小、强与弱,培养自闭症儿童的语言沟通能力;第八次,肢体想象与道具的应用,培养自闭症儿童的想象力和物我交流能力;第九次,走进大自然,设计大自然的景物,不仅鼓励自闭症儿童说出想法,而且引导用身体表达出自己的想法;第十次,快乐的家庭,舞动治疗成果汇报演出。

三、自闭症儿童舞动治疗的方法[①]

自闭症儿童舞动治疗计划的制订可以概括为以下几个方面:① 自闭症儿童由于缺乏语言表述能力而产生的表达障碍,通过舞动治疗训练,治疗师运用身体动作的表现而代以

---

① 庞佳.自闭症儿童的舞蹈动作治疗[J].现代特殊教育,2009(9):33-35.

表达。② 通过共同、重复的舞蹈动作练习建立起治疗师与自闭症儿童之间的交流关系,并小心谨慎地改变交际方式,以扩大交往的范围。③ 循序渐进增大心理运动量,并引导自闭症儿童渗透到生活中去,以扩大自闭症儿童窄小单一的兴趣范围。④ 通过训练使自闭症儿童与治疗师在呼吸上产生默契,把呼吸运动作为自闭症儿童语言训练的基础,用以提高他们语言能力。⑤ 自闭症儿童的紧张、不愉快及侵犯性情绪可以通过舞蹈动作发泄出去,舞蹈动作的变化可以影响到孩子情绪的变化。⑥ 音乐及动作节奏带来的愉快轻松气氛,可以帮助自闭症儿童进入有规则的舞蹈训练中来,从而也为他们接受其他的社会规则做了准备。[1]

(一) 运动协调能力的训练

运动协调能力的训练是指自闭症儿童在意识控制下,训练其在神经系统中形成预编程序,自动的、多块肌肉协调运动的记忆印迹,从而使自闭症儿童能够随意再现多块肌肉协调、主动运动形式的能力。其本质在于使儿童集中注意力,进行反复正确的练习,主要方法是分别进行全身或局部调性的活动训练,并反复强化与练习。

1. 暖身

暖身是指从身体局部的动作与伸展肢体开始,逐渐过渡到有针对性的活动。如训练活动"我是汽车小司机",从双手舞动方向盘,到双脚的跑动,逐渐过渡到有针对性的全身舞动,包括运动空间、时间和运动的轨迹等。训练活动"小小兵",从双脚的踏步走,到手臂的前后摆动,逐渐过渡到有针对性的全身舞动。每一次的暖身环节内容不重复,并运用不同的动作方式。可以配合即兴动作、游戏、呼吸,使得活动达到整体性,并体验舞动中的身体元素。

2. 呼吸训练

呼吸训练是指训练自闭症儿童的发声与语言沟通的能力。如训练活动"学做解放军",当瞄准敌人时,身体向前移动 3~4 步吸气,再向后退 3~4 步吐气;当自闭症儿童做蹲立动作射击时,深吸口气,略憋片刻;射中敌人后,双臂上举,脚使劲地踩并高喊"哈哈哈"。训练活动"吹泡泡"、"吹气球",自闭症儿童吹出了泡泡或吹动气球时,治疗师要求他用手指一指,并随即用手触碰或抓住泡泡或气球,引导自闭症儿童说:"我要泡泡"、"我喜欢气球"……对于某些没有言语能力的自闭症儿童,用儿歌加上动作配合做呼吸练习,可增强他们言语和非言语的表达能力。

3. 模仿动作训练

模仿动作训练是指从模仿比较大的或显眼的动作开始,然后过渡到较为精细的动作。如大肌肉动作训练"走路",可以在大自然中展开此项活动,引导自闭症儿童双手在头顶上模仿小兔的耳朵,双脚做蹦跳步;左右摆胯模仿小鸭摇呀摇过桥;五指分开屈伸臂模仿小乌龟向前慢吞吞地爬;小花猫走路静悄悄;小朋友迈步高抬膝走……再如"小朋友爱上幼儿园",治疗师引导:"小碎步,双手前后摆动,模仿小鱼自由游动;小鸟爱在树上唱歌;小蝴蝶爱在花间飞;小朋友爱上幼儿园……"引导自闭症儿童模仿向前后、左右方向走或跑等动作,尽量

---

[1] 疗育方法.舞蹈训练法[EB/OL].温州市星雨儿童康复中心.(2008-01-30)[2008-02-12]. http://www.wzxyet.com/New_view.asp? s_id=9&n_id=141.

把身体向外扩展。如小肌肉动作训练，手部腕部活动"我有一双小小手"，要求自闭症儿童四指并拢虎口张开，旁平位扩指，从小拇指开始向里依次轮指至握拳，再由大拇指依次轮指打开，手腕里绕成手心向外，双手模仿洗脸、刷牙、穿衣……治疗师可以给自闭症儿童一个舞蹈动作或一句话，让他以肢体探索来表现自己的处境，例如："用双手握住方向盘开汽车"，来表达"我能做到"的感觉。

在舞动治疗过程中，需要自闭症儿童身体各个部位协调运作，会使他们对肌体的运用从本能的无意识状态过渡到具有舞蹈功能的有意识状态，模仿动作能有效地提高他们的速度、耐力和灵敏度，增强他们的大脑机能、身体机能、各器官各系统的生理机能，强身健体。

4. 动作质量训练法

动作质量训练法包括"空间"训练、"时间"训练和"力量"训练。"空间"训练是指通过舞蹈造型帮助自闭症儿童感知动作幅度与空间位置的关系。如训练活动"我和树儿做朋友"，治疗师引导："大树高，占的空间就大，要立起脚尖和大树拉手；小树矮，则占的空间小，要蹲下身体和小树拉手。"从而使自闭症儿童理解，动作幅度大，所占的空间就大；反之则占的小。此外，引导自闭症儿童在舞蹈活动中占用可利用的所有空间，如训练活动"小小飞行员"和"小鸡吃虫"，治疗师引导："天空很大，飞机可以在每个地方飞行；草地上到处有小虫，小鸡可以找空的地方捉小虫吃……"引导自闭症儿童发现和利用所有空间，培养自闭症儿童在空间自由活动的意识。"时间"训练是指以改变活动行进速度来调节自闭症儿童与同伴间的距离关系。如训练活动"走小路"，治疗师引导："小朋友可沿一条小路走，也可以沿一条岔路走，在无人的路上快走、慢走或原地停留片刻……"这样时走时停，时快时慢，可以避免相互碰撞，逐步学会控制自己的情绪，学会轮流、等待、谦让等，在不知不觉中摆脱了以自我为中心，增强了自我控制的能力。"力量"训练可以想象自己是大象，身体的每个部位都很重，表现出力道的重；想象自己是一只飞在空中的小鸟，表现出力道的轻等。

5. 夸张

夸张是指以动作和呼吸的夸张方式运动，使自闭症儿童舞动时的动力反应显得更为强烈。例如，训练活动"小小兵"要求自闭症儿童踏步走时把双脚抬高一些、双脚踏地时更用力一些、快些或慢些；夸张地向前方走或向后方退、左右侧向走、变换行走速度；帮助自闭症儿童捕捉到个体比较熟悉的身体特质，从自己觉得熟悉的身体姿势中，以"夸张形态"的样式表达出来，拓展自闭症儿童的身体语言。

6. 想象与即兴

治疗师要能仔细洞察自闭症儿童的童心世界，了解自闭症儿童稚朴的情感，观察其生活的乐趣。如利用自闭症儿童玩开汽车、开大炮、捉蝴蝶、玩泥巴等活动，激发自闭症儿童的参与热情与想象力，治疗师要善于发现自闭症儿童独特的、新颖的想法，并给予鼓励，因势利导，解答各种问题，使他们的求知欲得到满足。如训练活动"郊游"，治疗师可以把自闭症儿童带到大自然中去，让其直接接触大自然，和自闭症儿童一起过山林、索桥，来到瀑布下、溪水旁，把双脚浸到溪水中，体验溪水流过脚背的感觉；让孩子们对着大山呼喊，领略一下回声的美妙……真正体验郊游的乐趣。自闭症儿童走进大自然的怀抱，神奇的大自然总会让他们心旷神怡，参与活动的强烈愿望会油然而生。这时，治疗师再回过头进行舞动治疗活动，鼓励自闭症儿童创造性地用身体动作反映郊游情景，在理解和感受动作的同时不断地想象与即兴。此时的自闭症儿童会积极主动地开动脑筋,一会儿攀爬、荡悠,一会儿攀高、滑坡,一会儿钻爬、走平衡,跳进跳出大声高喊,随心所欲。适应儿童好玩和好动的心理特点,引导自闭症儿童在想象与即兴活动中,有意识地认识到自己身体活动状况,有目的地控制和调节自己的身体活动,使身体各部分的活动相互协调一致。

(二)触压觉体系的训练

触压觉体系的训练是指尽可能多的刺激自闭症儿童感觉系统中迟钝的部位,以便能唤醒与此相适应的反应能力。在治疗过程中避免出现对自闭症儿童的任何强迫或某过度刺激感觉系统中敏感部位的信息,应该使治疗成为自闭症儿童能够接受的活动,同时,促使自闭症儿童从心理上接受这些刺激,而不只是被动地接受,治疗才可能有积极的作用。

1. 身体探索

舞动治疗时,首先引导自闭症儿童对身体的自由探索,尝试各种未知动作的可能性;接着以不同的方式进行身体的深入探索,如触摸、停留、分开、捶击、敲打、挤压等方式。身体探索可以从设置舞蹈游戏情景开始,治疗师的任务是:鼓励自闭症儿童进行尝试,反馈自闭症儿童的尝试,组织交流和帮助自闭症儿童分析整理探索的规律。如"镜子"舞动游戏,两人一组,其中一人做镜子,模仿另一人的动作,做动作的一方要有快与慢、轻与重和大与小之分。触压觉部位以面部、颈部、上肢、躯干、下肢等遍及全身。应注意两侧对称部的身体探索,压力的大小应以使自闭症儿童皮肤下陷以刺激感受器即可。对感觉刺激反应过度的自闭症儿童,刺激不应过频;而对感觉刺激反应过少的自闭症儿童,刺激应增多、增强。如模仿小动物在地面上滚动与扭动的活动,有助于自闭症儿童身体各部位触压觉刺激得以强化。

2. 媒介的应用

在治疗活动中,治疗师应鼓励自闭症儿童与物体积极互动,让他们努力了解触觉材料的特性,从而使中枢神经系统能更好地统合来自周围环境的刺激,再来发展身体动作与触觉材料的关系。使用各种道具或用品,如扇子、绸带、铃鼓、玩具汽车和手枪等,让自闭症儿童的手指、手心、手背接受触摸,强化手部的感应力,对触觉敏感的自闭症儿童有相当大的帮助。触压觉体系训练往往强调以自闭症儿童为中心,致力于提供与其发展程度适宜的舞蹈活动,并且进而导致其沟通、交往和适应性行为的产生。

3. 集中身体焦点

通过感觉的区别进行身体定位,然后注意这些身体部位,去除身体的压抑。当身体放松并将注意力放在身体感觉上时,许多与自闭症儿童相关的问题、过去的经验也随之浮现。如实例9-1中的自闭症儿童不停地摆弄小汽车,久久站在门和窗户旁观望等行为,此时,治疗师应协助自闭症儿童区分身体感觉,并与爸爸出差不回家等问题、情绪状态相联系。建议自闭症儿童送爸爸出门,亲眼目睹爸爸开着汽车离开,体验汽车可以带着爸爸走,也可以带着爸爸回家的关系等,再通过舞动将经验转换成意象或思想,化解自闭症儿童对爸爸不回家的焦虑。

4. 训练活动及示范

① 活动主题:眼睛变魔术。② 活动准备:五颜六色的用透明纸做成的眼镜。③ 活动目标:运用眼睛观察人和事物的特征,能追视物体并与他人进行眼神交流;用语言和身体动作表达自己的感受。④ 活动步骤:治疗师为自闭症儿童提供引起视觉的直观形象的

环境,与自闭症儿童一起戴上五颜六色的用透明纸做成的眼镜,观察周围的人和事物的特征。此时的一切都变颜色了,当治疗师用手指出某一人和事物时,要求自闭症儿童用眼睛去注视,并且说出是何人何物,何种颜色,促使自闭症儿童在丰富的五颜六色的情境中进行物我交流,从而产生积极的眼神互动,引导自闭症儿童用语言和身体动作表达自己的心得与体验。

(三) 前庭体系的训练

前庭体系的训练是指通过恢复平衡能力训练,激发自闭症儿童的姿势反射,加强前庭器官的稳定性,从而改善平衡功能。自闭症儿童前庭方面的问题较为严重,从而导致平衡功能障碍。

1. 姿势位置的体验

姿势位置的体验不但可以加强自闭症儿童的平衡能力,也可以强化其上肢、腹背肌的肌力以及耐久力。如训练活动"大雁飞",给自闭症儿童带上大雁的头饰,加上羽毛翅膀,做上下的大波浪姿态,要求自闭症儿童单侧或双臂运动,开始跟随治疗师做动作,手臂动作基本掌握后,再由自闭症儿童自由舞动……又如训练活动"小木偶",引导自闭症儿童观察蓝猫、灯卡通人物以及各种不同的木偶造型,即兴舞蹈小木偶造型。在训练中,给予自闭症儿童一定的外来力量,破坏自闭症儿童维持平衡的能力,也可与自闭症儿童进行舞动绸带、传球、抛球、拍手和拉手的训练,以增加维持平衡的难度。训练时,应随时调整距离,治疗师可以从各个方位各个角度与自闭症儿童互动,训练其身体前后、左右的重心转移动作,以舞动道具的力度来增加训练的难度。

2. 舞动发泄法

舞动发泄法不仅能提高自闭症儿童的平衡能力,也能对其运动企划能力的发展产生良好的影响。如训练活动"儿童乐园",自闭症儿童舞动发泄的"旋转木马"和"荡秋千"等动作,治疗师适时启发自闭症儿童时而左右,时而前后,时而360度大旋转等,速度可做快慢也可做间断控制。舞动发泄时要注意自闭症儿童的脸色、表情和姿态,动作过大时,治疗师要随时保持警觉,以免发生意外。如果自闭症儿童舞动得很开心,没有身心不适时,可以尽量舞动发泄久一些,以加强趣味性和前庭感觉体系的自我调整。

3. 训练活动及示范

以实例9-1中的晓强为例。

① 活动主题:晓强坐飞机。② 活动准备:同伴、音乐。③ 活动目标:加强前庭器官的稳定性,改善平衡功能。④ 活动步骤:治疗师在活动区内用太阳图片表示"东",南瓜图片表示"南",太阳躲在山后面的图片表示"西",大风把树叶吹落的图片表示"北"。

自闭症儿童闭上眼睛,两臂侧平举,模仿飞机在天空中盘旋转动,双脚自由跑动;转动数圈后,两臂放下,双手触摸地面并且蹲下;停留片刻,再睁开双眼,双跳双落成大八字步站稳,双手叉腰,表示飞机著陆。治疗师与自闭症儿童对话:"请你说出东西南北。"自闭症儿童用手指出四个方向,并大声说出东西南北。治疗师说:"棒!棒!你真棒!"并且可以用食物作为奖励。第二遍、第三遍互换角色。

需要注意的是,当自闭症儿童在模仿飞机盘旋转动时,治疗师应在旁边适时保护,以免摔伤。

（四）交往能力的训练

交往能力的训练是指由动作的互动来建立彼此密切互信的关系，培养自闭症儿童的内省能力，引导自闭症儿童建立自然和真挚的表达能力和习惯，提高其社会交往能力。团体中因团结与分享的感觉所产生的节奏性会帮助自闭症儿童觉察到自己身体的活动力与变化，探索分享动态的感觉与注意别人不同的情感与身体活动的关系。促使他们在团体活动中能获得较大的安全感。

1. 行为模仿

① 治疗师首先向自闭症儿童展示正确的交往行为，再要求他在模拟环境中扮演舞动的角色，根据他的表现，治疗师不断地提供反馈，自闭症儿童在反馈的指导下不断重复正确的行为，直至能熟练完成此行为。② 自闭症儿童直接观察并模仿他人的言行，包括说话、与他人如何建立友好关系等。③ 治疗师模仿自闭症儿童的行为，通过反移情，对自闭症儿童的行为进行解释与干预，帮助其解决生活中的某些行为问题。

2. 角色转换

治疗中尽可能让自闭症儿童扮演不同的角色，协助其觉察与抒发情绪、体验相关人物的感觉与想法、学习新行为与预演即将面对的情境。无论是在舞动治疗室或生活中的各种状况里，自闭症儿童所关心的是各种角色的扮演，进而会得到不同的感受和收获。如以实例9-1中的自闭症儿童为例，训练活动"我是汽车小司机"，自闭症儿童扮演汽车小司机体验接爸爸出差回家时的喜悦心情，逐渐过渡到开车送爸爸回部队的不舍心境，再回到接爸爸出差回家时的喜悦心情。如此动作经验和心理循环，让自闭症儿童知道爸爸会开着汽车到部队，同样也会开着汽车回家，就不再惧怕汽车带着爸爸离开而不回家，让情绪和身体从紧张、焦虑和害怕中释放出来。又如训练活动"狼与小羊"中体验紧张、遇到困难时的心情以及想出办法战胜大灰狼时的胜利心情，享受扮演不同角色的快乐。治疗师引导：当小羊在山坡上吃草时大灰狼来了，请自闭症儿童想办法对付大灰狼，或是引导其设想让谁来帮助小羊逃命呢？请大象来帮忙、请猎人来帮忙……

对不敢有身体接触的自闭症儿童来说，角色转换的练习是根本的，也是必要的，这样的练习可以培养自闭症儿童的专注力与持久力，建构物我状态的能力。为了满足社会交往的需要，治疗师在活动中要重视让自闭症儿童用动作、表情、眼神进行相互交流、合作，以此扩展自闭症儿童身体的交往能力。

3. 过程—经验

过程—经验心理治疗重视受治者过去形成的人际关系和交往方式，即通过对其过去生活中形成的人际交往关系过程经验的分析，初步确定其习惯性的人际交往时身体动作和个体内部的交互作用的过程经验。

舞动治疗活动"你、我、他"，讲述两个孩子争抢一个玩具变形金刚的小故事，两个孩子都很喜爱这个玩具，正争执不休时，变形金刚从玩具柜里边唱歌边跳舞边讲道理："妈妈生下我，就有你我他，排排坐，吃果果……你为我，他为我，大家乐呵呵。"通过治疗师的动作和语言的引导，自闭症儿童在治疗的过程中懂得了道理，与同伴间相处应相互礼让，训练过程中自闭症儿童会伴有语言"我……"、"你……"、"他……"的交流。成人无论如何不会相信玩具变形金刚能说话，可是在孩子的心灵中，生活真实与艺术真实之间完全可以架起一座桥梁，变形金刚能说话、做事,却是天经地义的事儿!

4. 以同伴为中介

从自闭症儿童的角度说,他们之所以想学习,使用社会交往技能,一部分原因是受到同伴(正常儿童)的接纳并在与同伴交往中得到快乐。以同伴为中介的干预,主要通过训练同伴来强化自闭症儿童社会交往行为,参与同伴与自闭症儿童的年龄相仿,且关系较为熟悉。[①] 治疗师首先要让同伴明确自己的任务,在与自闭症儿童接触的时候,要主动分享玩具并引领他一起舞动。如果自闭症儿童不理睬他们,也需要继续和自闭症儿童一起玩动作,治疗师对自闭症儿童同伴此时的表现要极力表扬,在与自闭症儿童社会交往结束后,这些同伴会得到物品的奖励。由于同伴在与自闭症儿童一起舞动时增加了社会交往的主动性,自闭症儿童社会交往的主动性也会明显提高,他会努力注意与同伴交往的信号与目光接触理解。

从学习行为扩展化的角度说,自闭症儿童的社会交往行为不仅仅是在一对一交往的场合中强化,也可以在其他社会环境中,如幼儿园里得到强化。治疗师在取得幼儿园教师的配合下,可以对自闭症儿童和其班级的幼儿做一些舞动活动,如集体舞"我们都是好朋友"训练活动,要求小朋友们说出和自闭症儿童的共同之处与不同之处。治疗师引导:"每个小朋友可以找与自己兴趣相同的人做朋友,也可以找与自己兴趣不相同的人做朋友,因为我们都是好朋友……"当自闭症儿童主动伸出手和同伴进行舞蹈交流时,同伴要做的是及时强化此时自闭症儿童的沟通能力。如看见自闭症儿童笑一笑并表现出伸出手等身体语言时就及时和自闭症儿童互动。通过具体、生动、直观、可感的以同伴为中介的形式促使自闭症儿童在直接感知社会交往的过程中展开想象,充分表现自己的感情,以此唤起自闭症儿童对周围事物产生兴趣,能够辨认、增长知识、提高智力和规范作为。在集体舞"找朋友"的活动中,同伴与自闭症儿童轮换找朋友,如果没有同伴找自闭症儿童跳舞,自闭症儿童可能会闹个不停,此时同伴可以提醒说:"你刚找到我做朋友,现在轮到我找朋友了,你等着,我一会儿来找你。"在活动中轮换机会,培养自闭症儿童合作与分享的习惯。自闭症儿童在提高社会交往能力的同时,审美情趣得到提高,形成健康良好的审美态度,心理与人格得到和谐均衡的发展,逐步形成尊重、关爱、友善和分享等品质。

5. 训练活动及示范

以实例 9-1 中的自闭症儿童为例。

① 活动主题:我们都是好朋友。② 活动准备:同伴、音乐。③ 治疗目标:引导自闭症儿童与他人目光对视和身体接触,提高社会交往的能力。④ 活动步骤:全体幼儿围成大圆圈,身体面对着圈心站立,随着音乐节奏拍手,身体跟随音乐自由摆动。在治疗师的指令下小跑步拍手,找到自己的好朋友,站在好朋友的对面,目视好朋友的眼睛,双手相握,开心地笑着点点头;接着展开双臂抱住对方跟随歌词说:"相亲相爱到永久,好朋友。"当两个好朋友身体分开时,双手相互握住,开心地点点头,自由转圈,目视好朋友;接着被邀请的晓强成为邀请者,去找自己的好朋友,另一名小朋友站在原地等待舞伴的邀请。

第二遍和第三遍动作探索不同的空间与舞伴完成。

[①] 黄伟合.用当代科学征服自闭症:来自临床与实验的干预教育方法[M].上海:华东师范大学出版社,2008:151-157.

四、自闭症儿童舞动治疗的效果评估

1. 实例 9-1 初期评估与小结（见表 9-3）

表 9-3 晓强的个别化训练评估表

舞动治疗训练评估表					
评估对象	晓强	性别	男☑ 女□	出生日期	2003 年 6 月 18 日

初期评估与小结

空间
  造型：造型的开始能力和结束能力较差。
  层次：中层次一般,低层次、高水平和空中层次较差。
  方向：平面空间中的上、下两个方位一般；左、右两个方位较差；右斜上、右斜下、左斜上、左斜下较差；立体空间十二个方位较差。
  大小：造型和动作幅度的大小调节不当。
  地方：能原地空间移动；离开原地的空间移动较差。
  焦点：目光注视较差；追视物体移动较差。
  轨迹：运动能力较差,运动协调排列单一,只能做简单而熟悉的直线轨迹；曲线、闪电形、多角形、对称和不对称轨迹较差。

时间
  速度：速度的快慢调节不当。
  重拍：力量的强弱调节不当。
  持续度：持续度较差,不能使身体完成平滑、顺畅持续运动的能力。
  舞句：组合动作、重复动作较差,如每隔一定的距离（或时间）做出相同的动作。

力量
  突发的力量：质感尖锐,轨迹迂回平顺的质感较差,体现在动作不对称,重心移动过程不平衡；当突然受到外界刺激引起重心变化时,四肢和躯体不能及时自主运动,不能恢复重心到原有稳定状态。
  力道：力道的轻重调节不当。
  力度：力度的松紧调节不当。
  力流：动作质感的自由流畅度较差,如对语调、语速及轻重音方面异常；会把"我"说成"他",或是把"你"说成"我"。

  运动能力：动作僵硬且运动企划较差,如不能跳起；运动思维较差。
  感觉能力：前庭和触觉体系调节不当,有重力不稳现象；对周围的事情漠不关心,但有时反应过于灵敏,对汽车喇叭声音特别敏感,常会引起烦躁不安；对爸爸出差的概念不清；对新的事物,掌握较为困难。
  社会交往能力：目光接触和身体接触较差；有需要时不会用眼神和姿势表达；与周围小朋友社会性交往困难；参加集体活动能力较差；对家长依恋需要一般；不能正确理解社会交往信号；注意力与专注力较差。
  语言交流能力：模仿词和短句较为困难；代词运用较差；说简单的短句较为困难；不会正常表达需求。
  生活自理能力：存在饮食障碍,选食范围过窄；不能正确使用餐具；不能按时睡觉和起床,有严重的睡眠障碍,要母亲陪伴睡觉,半夜或过早醒来；大小便自理较差；不会穿脱衣服；不懂得保护自己；偶尔伤害他人；不能正确使用玩具。

续表

　　我们发现晓强的舞蹈游戏活动一直围绕着"汽车"、"手枪"和"士兵"等内容,喜欢玩"开汽车"、"开枪"和"打仗"等以车为主的交通工具和枪械玩具;只关心自己做的事情,对环境一直保持着警惕状态,不时地隔着玻璃往窗外看,跑到房门处,停下。晓强的问题可能与他早年对爸爸开汽车去部队工作的经历有关。站在窗户和门旁停留,并久久注视着窗外等爸爸回家都是他经验的再现,"爸爸与汽车"、"士兵与手枪"等情景最为明显。正是由于身体和心理的综合相互作用和相互影响,导致晓强出现了目前的混乱状态。使整个身心出现了矛盾和冲突等不平衡的现象,这种不平衡影响到晓强功能的整体性。心理因素直接影响到晓强身体的动作表现,反之也是如此。所以,通过舞动治疗改变晓强的身体行为,并由于改变而影响到心理的变化。

治疗师签名　　庞佳　安迪　　家长签名　　林兰　　评估日期　2008年6月16日

2. 实例9-1中期评估与小结(见表9-4)

表9-4　晓强的个别化训练评估表

舞动治疗训练评估表					
评估对象	晓强	性别	男☑　女□	出生日期	2003年6月18日

中期评估与小结
训练效果:　　　明显进步　　　有进步√　　　无进步

空间
　　造型:造型的开始能力有进步,能做简单而熟悉的造型开始动作,如舞蹈游戏中开汽车、打枪等动作;而造型结束能力无进步,如造型还没有结束,就会中断造型,进入另一个造型。
　　层次:低和中层次有进步;而高水平和空中层次无进步。
　　方向:平面空间中的上、下、左、右四个方位有进步;而右斜上、右斜下、左斜上、左斜下无进步;立体空间十二个方位无进步。
　　大小:造型的大小有进步,如8拍或12拍的速度慢慢变成大气球;6拍或4拍的速度慢慢变成中气球;2拍或1拍的速度慢慢变成小气球;动作幅度的大小无进步。
　　地方:原地的空间移动有进步,如走和转等;离开原地的空间移动无进步,如跑和跳等。
　　焦点:目光注视有进步,如静止动作时,眼睛注视手的方向和同伴的方向;目视物体移动无进步,如头及目光焦点追视前方跑动的同伴或物体等。
　　轨迹:直线和曲线轨迹有进步;闪电形、多角形、对称和不对称轨迹无进步。

时间
　　速度:速度的快慢无进步,如在各种姿势下的启动和停止的速度不准确。
　　重拍:力量的强有进步;而力量的弱无进步。
　　持续度:持续度无进步,如节奏长所用到的时间就较长,反之较短,不能使身体完成平滑、顺畅持续运动的能力。
　　舞句:组合动作和重复动作无进步,如每隔一定的距离(或时间)做出相同的动作。

力量
　　突发的力量:尖锐的质感是晓强一直以来具备的;轨迹迂回顺畅的质感无进步,体现在动作不对称,重心移动过程不平衡。当突然受到外界刺激引起重心变化时,四肢和躯体不能及时自主运动,不能恢复重心到原有稳定状态。
　　力道:力道的轻重无进步,可能与晓强的想象能力较差有关。
　　力度:力度的松紧无进步,如肌肉紧张,所表现的动作力度越紧,反之则越松。

续表

力流：动作质感的自由流畅度无进步。如对语调、语速及轻重音方面异常；会把"我"说成"他"，或是把"你"说成"我"。

运动能力：动作僵硬且运动企划无进步，如运动跳跃能力；运动思维无进步，如左手动作不协调，左右、上下肢体运动不协调，运动与运动思维脱节等现象。

感觉能力：前庭感觉无进步，有重力不稳现象；触觉体系有进步；对汽车喇叭声音较为适应，偶尔会引起烦躁不安；对爸爸出差的概念有进步；对新的事物，掌握较为困难。

社会交往能力：目光接触和身体接触无进步；有需要时用眼神和姿势表达无进步；与周围小朋友社会性交往无进步；参加集体活动能力无进步；对家长依恋需要有进步；理解社会交往信号无进步；注意力与专注力无进步。

语言交流能力：模仿词有进步；模仿短句无进步；代词运用无进步；说简单的短句无进步；表达需求无进步。

生活自理能力：选食范围无进步；正确使用餐具有进步；按时睡觉和起床有进步；大便自理无进步，小便自理有进步；穿脱衣服无进步；懂得保护自己无进步；偶尔伤害他人无进步；正确使用玩具无进步。

训练中存在的问题
1. 过多的辅助限制了晓强自主性模仿动作发展。
2. 对晓强在治疗过程中的动力问题考虑欠缺。
3. 晓强不能够把强化训练中学习到的模仿能力应用到自然生活和环境中去。

训练计划的调整
1. 在训练方法上消减辅助的程度，尽量引导晓强进行创造性的舞动。
2. 让晓强在模仿动作中得到乐趣，以扩大窄小单一的兴趣范围，并在生活环境中得以扩展。
3. 培养晓强社会交往的能力，如掌握并使用社会交往的技能，对晓强进行以同伴为中介的社会交往能力培养等。

治疗师签名　<u>庞佳　安迪</u>　家长签名　<u>林兰</u>　评估日期　<u>2008 年 9 月 16 日</u>

3. 实例 9-1 末期评估与小结（见表 9-5）

表 9-5　晓强的个别化训练评估表

舞动治疗训练评估表						
评估对象	晓强	性别	男☑	女☐	出生日期	2003 年 6 月 18 日

末期评估与小结
训练效果：　　明显进步　　　有进步√　　　无进步

空间
　　造型：造型开始能力和结束能力有进步。
　　层次：低、中层次和高水平有进步；而空中层次无进步。
　　方向：平面空间中的上、下、左、右、右斜上、右斜下、左斜上、左斜下有进步；立体空间十二个方位无进步。
　　大小：造型和动作幅度的大小有进步。
　　地方：空间的移动和离开原地的空间移动有进步。
　　焦点：目光注视有进步；追视物体移动有进步。

续表

轨迹：直线、曲线和闪电形轨迹有进步；多角形、对称和不对称轨迹无进步。

时间
  速度：速度的快慢有进步。
  重拍：力量的强弱有进步。
  持续度：持续度有进步。
  舞句：组合动作和重复动作无进步。

力量
  突发的力量：尖锐的质感和轨迹迂回平顺的质感有进步。
  力道：力道的轻无进步；力道的重有进步。
  力度：力度的松紧有进步，如当爸爸离开家时，晓强的情绪较为放松。
  力流：动作质感的自由流畅度无进步。

实现治疗目标情况
  1. 运动能力：   明显改善☐ 改善☑
  2. 感觉能力：   明显提高☐ 提高☑
  3. 社会交往能力： 明显提高☐ 提高☑
  4. 语言交流能力： 明显提高☐ 提高☑
  5. 生活自理能力： 明显提高☐ 提高☑

  运动能力：运动企划和运动思维有进步。
  感觉能力：前庭感觉有进步，重力不稳现象有所改善；触觉体系有进步；对汽车喇叭声音较为适应；对爸爸出差的概念有进步；对新的事物，掌握较为困难。
  社会交往能力：目光接触无进步；身体接触有进步；有需要时用眼神表达无进步，而用姿势表达有进步；与周围小朋友社会性交往有进步，参加集体活动能力有进步；对家长依恋需要有进步；理解社会交往信号无进步；注意力与专注力无进步。
  语言交流能力：模仿词有进步；模仿短句有进步；代词运用无进步；说简单的短句无进步；表达需求无进步。
  生活自理能力：选食范围有进步；正确使用餐具有进步；按时睡觉和起床有进步；大便自理无进步，小便自理有进步；穿脱衣服无进步；懂得保护自己无进步；偶尔伤害他人无进步；正确使用玩具无进步。

  对晓强进行的舞动治疗，我们关注了晓强表现出来的心理问题，重视早年生活中的种种经历对他的影响，相信他有自我成长的潜力；同时，从他的问题入手，教给他适应环境行为的方法，让他重复发泄自己的焦虑，还在治疗室以外设置真实的情景，帮助他克服内心的焦虑和担忧。通过探索动作，晓强积极主动地与周围互动，改善了人际关系。对晓强来说，身体动作可能起到缓解来自外在的各种压力、维护心理健康发展的效果。因此，通过舞动治疗来修复和调整晓强的心理环境，帮助晓强表达心中的问题，以唤醒晓强自我发展的能动性，帮助他解开了内心的结。

  尽管音乐和舞蹈这一形式在今天更多地用于娱乐和业余消遣，但它作为治疗训练方法，用音乐和舞蹈动作作为交往手段，在帮助自闭症儿童晓强克服运动、语言及交往障碍方面无疑提供了一个良好的途径。

治疗师签名 <u>庞佳 安迪</u> 家长签名 <u>林兰</u> 评估日期 <u>2008 年 12 月 10 日</u>

本章小结

本章是特殊儿童的舞动治疗。第1节是舞动治疗发展简述,介绍了舞动治疗的概念、起源及发展、主要流派和舞动治疗的效用及原则;第2节介绍了舞动治疗的方法及程序;第3节是自闭症儿童的舞动治疗,介绍了自闭症儿童舞动治疗的导入、治疗计划的制订、舞动治疗的方法和舞动治疗的效果评估表格。

舞动治疗是一种创造性的治疗方法,与编舞、教育、表演不同,是令人身心都愉快的众多心理治疗手段中富有创造性的一种。舞动治疗对象包括心理障碍者、康复中心病人、残障人、监狱犯人、有阅读和听力障碍的孩子以及正常人等。舞动治疗的理论认为人的身体和大脑是相互联系的。人的心理和情感上的问题往往反映在身体上;反过来,肢体的状态会直接积极或消极地影响到人的态度和情绪。在西方,舞动治疗已经被证明是一种特殊有效的心理治疗方式。当传统的心理治疗途径难以用语言方式接近和治疗患者时,舞动治疗无疑是一种很好的选择。伴随着音乐,患者在一种近乎潜意识状态下用肢体语言宣泄自己的感情和内心冲突,从而达到缓解心理压力的目的。舞动治疗帮助那些因心理疾病而无法正常生活的人重新融入社会,它和传统心理治疗是相辅相成的。舞动治疗是我们找到的迄今最有效同时也是最容易推广的治疗方法,所以通过舞动治疗来改善人们身心健康是一项非常迫切的任务。

 思考与练习

1. 简述舞动治疗的基本概念。
2. 简述舞动治疗的基本效用及原则。
3. 舞动治疗的程序包括哪些?
4. 简述自闭症儿童舞动治疗的导入方法。

参考文献

[1] 杨东.艺术治疗[M].重庆:重庆出版社,2007.
[2] 邱鸿钟.音乐的精神分析[M].广州:暨南大学出版社,2006.
[3] 张乃文.儿童音乐治疗[M].台北:心理出版社,2004.
[4] 庄婕筠.音乐治疗[M].台北:心理出版社,2000.
[5] 吴幸如,黄创华.音疗十四讲[M].北京:化学工业出版社,2010.
[6] 普凯元.音乐治疗[M].北京:人民音乐出版社,1994.
[7] 张鸿懿.音乐治疗学基础[M].北京:中国电子音像出版社,2000.
[8] 何化均.音乐治疗[M].北京:科学普及出版社,1995.
[9] 高天.音乐治疗学基础理论[M].北京:世界图书出版公司,2007.
[10] 顾定倩.特殊教育导论[M].大连:辽宁师范大学出版社,2001.
[11] 郑莉.现代音乐教学理论与方法研究[M].北京:中国文联出版社,2004.
[12] 李妲娜.奥尔夫音乐教育思想与实践[M].上海:上海教育出版社,2002.
[13] 蔡觉民.达尔克罗兹音乐教育思想与实践[M].上海:上海教育出版社,1999.
[14] 杨立梅.柯达伊音乐教育思想与实践——音乐基础教育的原则与方法[M].北京:中国人民大学出版社,1994.
[15] 张初穗.音乐与治疗[M].台北:先知出版社,2000.
[16] 韦小满.特殊儿童心理评估[M].北京:华夏出版社,2006.
[17] 吴增强.多动症儿童心理辅导[M].上海:上海教育出版社,2006.
[18] 肖非.智力落后教育通论[M].北京:华夏出版社,2000.
[19] 林贵美.音乐治疗与教育手册[M].台北:心理出版社,1993.
[20] 胡结续.音乐保健与医疗[M].北京:中国文联出版社,2004.
[21] 龙厚仁.少儿歌曲分析及创作[M].重庆:西南师范大学出版社,2006.
[22] 左尚宝.小儿脑瘫的自然疗法[M].北京:中国医药科技出版社,2007.
[23] 石红.心理剧与心理情景剧实务手册[M].北京:北京师范大学出版社,2006.
[24] 高天.音乐治疗导论[M].北京:军事医学科学出版社,2006.
[25] 金宁.文体疗法学[M].北京:华夏出版社,2005.
[26] 李宗芹.倾听身体之歌:舞动治疗的发展与内涵[M].台湾:心灵工坊文化事业股份有限公司,2001.
[27] 邱学青.学前儿童游戏治疗:10名边缘儿童的个案研究[M].南京:南京师范大学出版社,2007.
[28] 赵悌尊.社区康复学[M].北京:华夏出版社,2005.
[29] 高颖.艺术心理治疗[M].济南:山东人民出版社,2007.

［30］霍莉钦.都市生活减压法［M］.南京：江苏科学技术出版社，2006.

［31］刘全礼.个别教育计划的理论与实践［M］.北京：中国妇女出版社，1999.

［32］刘振寰.小儿脑瘫家庭康复［M］.香港：香港医药出版社，2005.

［33］王梅.智力障碍和孤独症儿童的学与教：教学活动设计200例［M］.北京：华艺出版社，2003.

［34］谢明.自闭症儿童的教育康复［M］.天津：天津教育出版社，2007.

［35］许家成.资源教室的建设与运作［M］.北京：华夏出版社，2006.

［36］尹爱青.外国儿童音乐教育［M］.上海：上海教育出版社，1999.

［37］尹文刚.大脑潜能——脑开发的原理与操作［M］.北京：世界图书出版公司，2005.

［38］张鸿懿.儿童智力障碍的音乐治疗［M］.北京：华夏出版社，2004.

［39］周世斌.音乐教学与心理研究方法［M］.上海：上海音乐出版社，2005.

［40］贺丹军.康复心理学［M］.北京：华夏出版社，2005.

［41］黄伟合.用当代科学征服自闭症——来自临床与实验的干预教育方法［M］.上海：华东师范大学出版社，2008.

［42］刘青弋.现代舞蹈的身体语言［M］.上海：上海音乐出版社，2007.

［43］孙天路.中国舞蹈编导教程［M］.北京：高等教育出版社，2004.

［44］庞佳.自闭症儿童的舞蹈动作治疗［J］.现代特殊教育，2009(9).

［45］苏琳.儿童自闭症音乐治疗［C］//第五届学术年会论文集.北京：中国音乐治疗学会，1999.

［46］何化均.弱智儿童的音乐治疗［C］.北京：中国音乐治疗学会，2002.

［47］［英］朱丽叶特·阿尔文.音乐治疗［M］.高天，黄欣，编译.上海：上海音乐出版社，1989.

［48］［英］史贝利.成为有影响力的治疗师［M］.张莉娟，译.北京：世界图书出版公司，2006.

［49］［美］林恩·赛瑟.干预与技术［M］.安芹，译.北京：北京大学出版社，2008.

［50］［美］欧文·B.韦纳.心理治疗的法则［M］.第二版.成都：四川人民出版社，2007.

［51］［英］朱丽叶·阿尔文.自闭症儿童音乐治疗［M］.张鸿懿，译.上海：上海音乐出版社，2008.

［52］［德］劳特·施洛特克.儿童注意力训练手册［M］.杨文丽，叶静月，译.成都：四川大学出版社，2006.

［53］［美］约瑟夫·莫雷诺.音乐治疗和心理剧［M］.张鸿懿，译.上海：上海音乐出版社，2008.

［54］［美］阿瑟·罗宾斯.作为治疗师的艺术家：艺术治疗的理论与应用［M］.孟沛欣，译.北京：世界图书出版公司，2006.

［55］［美］卡拉·卡迈克尔.游戏治疗入门［M］.王瑾，译.北京：高等教育出版社，2007.

［56］［英］梅塞德肆·帕夫利切维奇.音乐治疗理论与实践［M］.苏琳，译.北京：世界图书出版公司，2006.

［57］［美］莫琳·德拉帕.音乐疗伤：抚慰我们身心的古典处方［M］.阿昆，译.西安：陕西师范大学出版社，2003.

[58] 联合国教科文组织.全纳教育共享手册[M].陈云英,译.北京:华夏出版社,2004.

[59] [美]西华德.压力管理策略:健康和幸福之道[M].许燕,译.北京:中国轻工业出版社,2008.

[60] [美]詹姆斯·丹吉洛.用声音打通经络[M].李旭大,译.长春:吉林文史出版社,2007.

[61] [美]苏赞·B.汉斯尔.音乐治疗师手册[C]//第五届学术年会论文集.苏琳,译.北京:中国音乐治疗学会,1999.

[62] 艺术中国.中国古籍全集.子库·杂家.吕氏春秋[DB/OL].(2005-7).http://guji.artx.cn/article/9634.html.keys=%C2%C0%CA%CF%B4%BA%C7%EF.

后　记

　　《特殊儿童的音乐治疗》的编写工作，得到了许多专家、领导、同事及特殊学校老师的支持。华东师范大学学前与特殊教育学院方俊明教授，南京特殊教育职业技术学院院长丁勇研究员，南京特殊教育职业技术学院党委副书记谢明副研究员，山东聊城大学体育学院副院长谢国栋教授，华东师范大学学前与特殊教育学院周念丽教授，中央音乐学院音乐治疗研究中心主任张鸿懿教授，首都师范大学音乐学院音乐教育系副主任郑莉教授等对本书的编写进行了悉心的指导和教诲。同时，本书还得到北京联合大学特殊教育学院陈莞副教授，南京特殊教育职业技术学院特殊教育研究所所长谈秀菁教授，南京特殊教育职业技术学院特殊教育系副主任王辉教授，南京特殊教育职业技术学院艺术学院院长杨荔副教授，南京晓庄学院音乐学院崔学宝副教授，北京新源西里小学周玲、张艳丽老师的关心和支持，在此一并表示感谢。

　　本书撰写分工如下：南京特殊教育职业技术学院艺术学院胡世红副教授撰写了音乐治疗方面的内容（包括：音乐治疗的概述、特殊儿童音乐治疗、音乐治疗的流派、自闭症儿童的音乐治疗、多动症儿童的音乐治疗、智力障碍儿童的音乐治疗、脑瘫儿童的音乐治疗和特殊儿童的音乐心理剧治疗）；南京特殊教育职业技术学院艺术学院庞佳副教授撰写了舞动治疗方面的内容（包括：特殊儿童的舞动治疗）。全书由胡世红统稿和定稿，南京晓庄学院音乐学院崔学宝副教授负责全书的校对工作。

　　另外，在编写过程中，本书还参考、引用了一批有关书刊的资料，在此，向这些书刊的作者表示感谢。本书还有部分内容来自互联网中网站登载的相关文章，在此也一并对作者及编辑人员表示感谢。网站如下：

中山网·健康　http://www.zsnews.cn
中国制造网　http://cn.made-in-china.com/
百度空间·潇湘斑竹　http://hi.baidu.com/
北京体感音乐疗法研究中心　http://www.visic.cn/index.asp
上海市徐汇区特殊教育网　http://tj.xhedu.sh.cn/cms/data/html/doc/

编　者
2011年8月28日

北京大学出版社
教育出版中心 精品图书

21世纪特殊教育创新教材·理论与基础系列

特殊教育的哲学基础	方俊明	36元
特殊教育的医学基础	张 婷	36元
融合教育导论（第二版）	雷江华	45元
特殊教育学（第二版）	雷江华 方俊明	43元
特殊儿童心理学（第二版）	方俊明 雷江华	39元
特殊教育史	朱宗顺	39元
特殊教育研究方法（第二版）	杜晓新 宋永宁等	45元
特殊教育发展模式	任颂羔	36元
特殊儿童心理与教育（第二版）	杨广学 张巧明 王 芳	49元
教育康复学导论	杜晓新 黄昭鸣	55元
特殊儿童病理学	王和平 杨长江	48元

21世纪特殊教育创新教材·发展与教育系列

书名	作者	价格
视觉障碍儿童的发展与教育	邓 猛	38元
听觉障碍儿童的发展与教育（第二版）	贺荟中	49元
智力障碍儿童的发展与教育（第二版）	刘春玲 马红英	55元
学习困难儿童的发展与教育（第二版）	赵 微	59元
自闭症谱系障碍儿童的发展与教育	周念丽	32元
情绪与行为障碍儿童的发展与教育	李闻戈	42元
超常儿童的发展与教育（第二版）	苏雪云 张 旭	39元

21世纪特殊教育创新教材·康复与训练系列

书名	作者	价格
特殊儿童应用行为分析（第二版）	李 芳 李 丹	49元
特殊儿童的游戏治疗	周念丽	42元
特殊儿童的美术治疗	孙 霞	38元
特殊儿童的音乐治疗	胡世红	32元
特殊儿童的心理治疗（第二版）	杨广学	45元
特殊教育的辅具与康复	蒋建荣	29元
特殊儿童的感觉统合训练（第二版）	王和平	56元
孤独症儿童课程与教学设计	王 梅	37元

自闭谱系障碍儿童早期干预丛书

书名	作者	价格
如何发展自闭谱系障碍儿童的沟通能力	朱晓晨 苏雪云	29元
如何理解自闭谱系障碍和早期干预	苏雪云	32元
如何发展自闭谱系障碍儿童的社会交往能力	吕 梦 杨广学	33元
如何发展自闭谱系障碍儿童的自我照料能力	倪萍萍 周 波	32元
如何在游戏中干预自闭谱系障碍儿童	朱 瑞 周念丽	32元
如何发展自闭谱系障碍儿童的感知和运动能力	韩文娟 徐 芳 王和平	32元
如何发展自闭谱系障碍儿童的认知能力	潘前前 杨福义	39元
自闭症谱系障碍儿童的发展与教育	周念丽	32元
如何通过音乐干预自闭谱系障碍儿童	张正琴	36元
如何通过画画干预自闭谱系障碍儿童	张正琴	36元
如何运用ACC促进自闭谱系障碍儿童的发展	苏雪云	36元
孤独症儿童的关键性技能训练法	李 丹	45元
自闭症儿童家长辅导手册	雷江华	35元
孤独症儿童课程与教学设计	王 梅	37元
融合教育理论反思与本土化探索	邓 猛	58元
自闭症谱系障碍儿童家庭支持系统	孙玉梅	36元

特殊学校教育·康复·职业训练丛书（黄建行 雷江华 主编）

信息技术在特殊教育中的应用	55元
智障学生职业教育模式	36元
特殊教育学校学生康复与训练	59元
特殊教育学校校本课程开发	45元
特殊教育学校特奥运动项目建设	49元

21世纪学前教育规划教材

学前教育概论	李生兰	49元
学前教育管理学	王 雯	45元
幼儿园歌曲钢琴伴奏教程	果旭伟	39元
幼儿园舞蹈教学活动设计与指导	董 丽	36元
实用乐理与视唱	代 苗	40元
学前儿童美术教育	冯婉贞	45元
学前儿童科学教育	洪秀敏	39元
学前儿童游戏	范明丽	39元
学前教育研究方法	郑福明	39元
外国学前教育史	郭法奇	39元
学前教育政策与法规	魏 真	36元
学前心理学	涂艳国 蔡 艳	36元
学前教育理论与实践教程	王 维 王维娅 孙 岩	39元
学前儿童数学教育	赵振国	39元